Матера вам не наймичка,

або **Чому діти — це прекрасно...**

Відгуки про книжку

Я впевнена, що через рік вагітним жінкам, щоб підготуватися до народження дитини, будуть не тільки радити дивитися відео Комаровського, а й обов'язково прочитати книжку Каті Бльостки.

Такої правди-матки про вагітність, пологи і перший рік життя дитини я не зустрічала в жодній книжці.

Видання буде цікаве і жінкам, які вже раніше народжували, бо згадувати цей період з добірними жартами від Каті — суцільне задоволення.

Читаючи деякі сторінки, я хотіла одразу бігти вагітніти знову, а перегорнувши сторінку, думала: «Та нє, ну його», бо таке воно, материнство.

А ще я не пропустила б можливості дати почитати цю книжку своєму чоловікові, бо не знаю, хто ще простіше і веселіше може розказати про шлях і почуття жінки від зачаття до перших слів малюка.

Галина Шкіндер,
авторка інстаграм-блогу
про життя з целюлітом
і без фільтрів (galinda007)

Як це — бути мамою?

Це коли тривога твоя всепроклятуща народжується, перш ніж лікар-уздист покаже солодкі пальчики на моніторі. Це коли всі кругом щось кажуть, баба каже, мама каже, подруга каже, санітарка в поліклініці каже, свекруха каже — і ти в усьому тому, мов риба в киселі, пливеш і думаєш... Та що там думати.

Бути мамою — це коли після першої дитини ти така ідеш по другу в жіночу консультацію і думаєш: «Та я ж опитна, йопта, я щас всьо тут бігом порішаю — і родім, як за клуб сходим». Но ніт, як мама двох, мушу сказати оте відоме «Не все так просто».

І книжка Каті Бльостки — це така правдісінька правда про материнство, бо Катя — це вам не первоход, вона матера з опитом.

Дякую, Катю, тепер я знаю, що я теж нормальна мама.

Дякую і люблю!

Татуся Бо,
блогерка, дитяча письменниця,
мама двох дітей

Катя Бльостка

Матера вам не наймичка, *або* Чому діти — це прекрасно...

віхола

Київ · 2021

УДК 612.63/.64(02.062)
Б79

Бльостка Катя

Б79 Матера вам не наймичка, або Чому діти — це прекрасно… / Катя Бльостка. — К. : Віхола, 2022. — 328 с. — (Серія «Життя»).

ISBN 978-617-7960-27-9

Немає значення, планували ви дітей чи ні, дивлячись на дві смужки тесту на вагітність, жінка все одно переживатиме купу суперечливих емоцій. І чоловік, коли дізнається, до речі, також.

Ця книжка про реальне, живе, неідеальне материнство. Про матеру, яка через призму гумору та самоіронії, використовуючи легку дозу елегантних матюків, намагається день перестоять і ніч передержатись. Від тесту на вагітність до баталій у садочку. Про перші купання, зуби, соплі й незручні запитання.

Поважною ходою пройдемося по всіх періодах материнства, намагаючись триматися курсу на збереження здорового глузду та душевної рівноваги. Розберемо стереотипи, зруйнуємо шаблони, ніжно «обезврєдимо» бабу. Виробимо імунітет до непрошених порад і забобонів.

Ця книжка для мам, щоб підтримати і надихнути; майбутніх мам, щоб налаштуватись і знати, чого чекати; бабусь, щоб згадати і пережити знову; і татусів, щоб краще зрозуміти всіх цих дам.

Катя Бльостка — «матера» чотирьох синів, блогерка. Народилась і виросла в смт Гоща Рівненської області. У 2014-му переїхала у США.

УДК 612.63/.64(02.062)

ISBN 978-617-7960-27-9

Зміст

Присвячую цю книжку моїм синам — Артему, Іґґі, Юлисису та Форесту. Вони є невичерпним джерелом натхнення і мотивації в моєму житті.

Дякую чоловіку Еліоту за підтримку, віру й любов, а також за те, що систематично брав те «джерело натхнення» і віз десь у світ, щоб у хаті ніхто не мамкав і матера могла спокійно сісти й сотворити цю книжку.

Дякую всім жінкам мого роду за силу, мудрість і неймовірну красу, яку я, канєшно же, успадкувала.

Приємного читання

Дошморгалася, або Тест на вагітність

«Ну шо, Катю, дошморгалася?» — запитувала я себе, ідучи в аптеку по тест на вагітність, хоча й без нього підсвідомо наперед уже знала, що таки дошморгалася і «котенятко більше срать не буде». Аптека недалечко, через дорогу від гуртожитку. Надворі грудневий дубак, у пику дме, губи на вітру парусять, а я йду поволі, вдивляючись у червоні обличчя людей, що проходять повз, і здається мені, що всі вони знають, чому Катерина туди чеше, і також думають: «Дошморгалася».

Заходжу в аптеку, вливаюсь у чергу, тупаю з ноги на ногу. Попереду мене молода симпатична дівчина, напевно, з мого ж гуртожитку. За мною в приміщення зайшли дві бабусі в сірих пальтах і стали позаду. На одній — пухова хустка. На другій — червоний бюрет у стилі чегеваро. По погляду видно, що та, яка в бюреті, більш нарвана і може всипать кому хоч. Підслуховую їхню жваву розмову (точніше, не підслуховую, а слухаю, бо бабулечки ґелґочуть на всю аптеку). Нічого нового не почула: їбуками обкладають владу, бо вважають, що то Рада затверджує ціни на «Троксевазин», і підсирають сусідку Любку, бо та в сімдесят літ отказується думать про смерть і взяла, зараза така, записалась на йогу. Діалог перебиває молода дівчина, яка досить голосно замовляє у віконечко: «Презервативи, будь ласка. "Дюрекс". Ні, ті, що рельєфні. Дякую». Дивлюся на бабусь. За виразом облич розумію, що вони вже забули про безстижу жагу до життя сусідки Любки і вся їхня увага прикута до дівчини, що купує контрацептиви. У літніх очах читається: «От же прастітутка! Хай бог милує...». Дівчина виходить з аптеки, прямуючи в пристрасну ніч, і бабулечки починають свою стандартну пісню про безпорядочні статеві зв'язки сучасної молодьожі. Посміхаюсь, бо знаю, що зараз купуватиму тест на вагітність і моментально буду зарахована в браві лави здешніх прастітуток.

Підходжу до прилавка. Сую морду у віконечко. Звідти: «Слушаю вас». Кажу: «Дайте тест на вагітність, будь ласка». Дивлюсь, як продавчиня закотила очі, чмакнула роздратовано ротом і стукає нарощеним нігтем, на якому красується золотий узор у стилі класичного циганського рококо, по вітрині, де лежать усі тести, ніби сигналізуючи мені: «Вибирай скоріше і війобуй». «Какой? Дєвушка, какой?» — питає вона. «Негативний», — кажу я, трішки істерично посміхаючись сама до себе. Бачу, що провізору, яка стовідсотково була рождєна, щоб працювати з людьми, і явно знайшла своє покликання в цій професії, мої шуточки до сраки, тому справді час закруглятися з цим животрєпєщущим діалогом. Вибираю дешевший тест, розраховуюсь і дрелюю назад в общагу, по дорозі думаючи, що таке чудове обслуговування клієнтів я зустрічала лише в паспортному столі.

Карабунюся сходами на п'ятий поверх гуртожитку. Захекалась, упріла, піт по дупі тече. Знімаю пуховик. «Йобтвоюмать, Катя, а одноразовий стаканчик? Куди ж ти маєш цього теста вмокать? То ж не в кружку дзюрить?!» — говорю сама до себе. Трохи поматюкавшись, знову п'ялю на себе пуховик і шапку (так, у віці двадцяти років я вже перестала вийобуватись, щоб бути красівой, і почала носить головні убори в холодну пору року) і йду в магазин.

Звичайно, можна подумати, що це все — пиздьож і провокація. Як у студентському гуртожитку, святому місці, де стабільно бухають п'ятдесят відсотків мешканців, я не змогла знайти одноразового стаканчика? А я твердо відповім, що цьому є раціональне пояснення. Кінець грудня, сесія на фінішній прямій, більша частина студентів усі екзамени поздавала й роз'їхалася по домівках, попередньо відсвяткувавши закінчення семестру й випивши все, що горить (з тих самих стаканчиків). Як же годиться на останніх п'янках перед канікулами, закушували алкоголь останньою банкою консервованих патисонів, які мама передала з умовою «сам як хоч, а слоїка додому щоб привіз», і в результаті обблювали унітази на всіх п'яти поверхах гуртожитку.

«Ну, все, стаканчик єсть», — підсумовую я, прийшовши захекана з магазину. Обережно, немов обезврєжуючи атомну бомбу, розпаковую той тест. Чому на упаковках такої продукції жирним шрифтом не пишуть фрази «Усе буде добре! Не сци!»? Ну круто ж, якби писали, правда? Хоча «не сци» в цьому випадку звучить досить іронічно. Розпакувала, все на місці. Починаю уважно читати інструкцію, хапаючись за кожне слово на папірці. У голові мелькнуло: «Ти, Катя, пизда з ушима, в економічну теорію так вчитувалась би, як у цю срану інструкцію. А то здала на трійку. Хєр тобі на воротнік тепер, а не стипендію!».

Прихопивши стаканчик і розпакований тест, попередньо випивши дві кружки чаю, у позі бігущого єгиптянина пру довгим коридором у туалет, який аж у кінці малого крила п'ятого поверху гуртожитку, що на Російській, 70. Обираю кабінку, яка найменш засрана. Вибір тяжкий. Визначилася. Пісяю в стаканчик і щиро хвалю себе за приціл і точність, бо якщо є талант, то треба його визнавать. Під дверима чую: «Катрофан, мілая, ну шо там?». Ледь підтягнувши ажурні труселя, куплені на Дарницькому ринку, відчиняю двері вбиральні, за якими стоїть моя подруга Юляха. Вона прийшла підтримати. «Может, тєбя за руку подєржать в такой важний момєнт?» — питає вона, дивлячись на мене якось так по-доброму, перелякано й трохи приречено. «Стаканчик подержи», — кажу я і протягую їй наполовину повного (бо я — закінчена оптимістка) «кубка». Вона тримає, я поправляю штани і дістаю з кишені ту тонесеньку судьбоносну смужечку. Мокаю, вголос відраховуючи п'ять секунд. Дістала, стрепенула й поклала на підвіконня в горизонтальному положенні. Виробник обіцяє, що результат буде готовий через дві хвилини. Точність 99,9 %. Ті дві хвилини тягнуться, як хуй по стєкловаті — болісно й дуже довго. Не витримую, беру тест у руки і, не відводячи очей від поля результату, чекаю.

На, Катерино, получи, розпишись! Дві яскраві рожеві смужки з'являються перед очима, підтверджуючи той факт, що я таки дошморгалася.

Що я відчувала в той момент? Нічого. Якесь дивне оніміння. Подруга невпевнено сказала: «Паздравляю». Точніше, це звучало більше як запитання: «Паздравляю?». «Ага», — це все, що я могла з себе вичавити в ту секунду.

...Полягали спати. Планувала Катерина трохи пострадать перед сном, можливо, навіть легонько всплакнуть, як же годиться в тому віці й ситуації, але ні, заснула одразу, бо хай яка срака в житті Катрусі траплялась, а її сон і апетит не могло потривожити ніщо.

На ранок, після чайку і хлібчика з абрикосовим варенням, прийшов страх: «Ти не готова!». Потім у двері постукалася розгубленість: «Що ти будеш робить з дитиною, матня ти дурна? Ти на третьому курсі! А навчання? А плани? А подорожі світом?». Наступною навідалася злість: «Заливалася тим халявним вином у Хургаді, як циган сироваткою, то тепер маєш!». Останньою прийшла радість. Спокійна й трошки дивна радість, про яку не хотілось одразу нікому розповідати, а залишити для себе, як останню шоколадну цукерку в багатодітній поліській сім'ї. «Я буду мамою», — пробубніла тихенько, ніби переконуючи себе. «Йобтвоюмать, Юляха, я буду мамою!» — кинулася до подруги, яка ледве продерла очі від сну. «Ой, Катрофан, ти будеш атлічнай мамай», — позіхаючи, промовила вона. Саме так, я буду атлічнай мамою...

Це була моя перша вагітність, від першого чоловіка (дай йому, Боже, здоров'я і мішок грошей. Недавно в нього народилася двійня, тому вони йому точно не лишні). Від нього я маю прекрасного сина Артема. Якщо ви думаєте, що Катерина на тому зупинилася, то ніт. Як то кажуть, для бєшеної собаки кілометр — то не крос. Після Артема, не покладаючи рук та інших частин тіла, ми з моїм теперішнім чоловіком склепали ще трьох чудових україно-американських хлопчиків: Гната, Ілая та Фореста. Когось клепали свідомо, хтось став для нас величезним сюрпризом (прівєт, Ілаю, прівєт, синку). І знаєш, що я скажу? Навіть якщо вагітність запланована й очікувана, ти все одно переживаєш усі ті суперечливі емоції, дивлячись на обпісяну смужку тесту на вагітність. Безмежна радість може межувати зі страхом і сумнівами в собі. Коли жінка дізнається про вагітність, у неї в голові формується діалог із цілою купою різноманітних запитань. Деякі з них досить логічні й закономірні, наприклад, чи впораєшся ти фізично й морально; як відреагує він; чи потягнете фінансово; що скажуть батьки; як бути з навчанням... Думок усередині роїться стільки, що здається, ніби всі стіни цього вєтхого й непостійного світу обвалюються на твою міліровану голову. Хочеш прикол? Це абсолютно нормально. Дозволь собі відчути весь спектр почуттів і емоцій, від страху й злості до радості й ейфорії. Не приглушуй їх, не дави. Проживи їх і будь терплячою до себе. Ти, їдрийогомать, подаруєш цьому світу нову людину. Нову людину, а не бульку з носа.

Усе буде добре.

Любий, я вагітна!

З тестом розібрались. А далі шо? А далі треба придумати, як повідомити щасливу новину своєму суверенному, з яким ти, придавшись пристрасним любодіяніям, сотворила сіє чудо. Живе хлоп спокійно й у вус не дує, що скоро стане татком. Новина ж хвилююча, хай ти де! Як сказати так, щоб і душевно, і красіво, і щоб не злякати мужчину, бо внутрішня організація його може бути така тонка і слабка, як моє тазове дно після четвертих пологів? Що ж робить?

Новомодні тенденції соціальних мереж підказують нам, що подати цю інформацію треба якось по-особливому, небанально. Проаналізувавши сторінки успішних вітчизняних блогерів, інфлюенсерів і зірок, пропоную наступний сценарій.

Чому б тобі не орендувати повітряну кулю, саксофоніста та відеооператора? Тільки уяви! Майбутня мама, єстєствєнно, на десятисантиметрових каблуках, у довгій сукні з червоним люрексом, що обтягує витончені форми, при макіяжі й локонах, як у юної випускниці, повільно йде до кулі, ведучи за руку майбутнього тата, якому зав'язали очі шарфом з останньої колекції Gucci. Попереду, ледь торкаючись землі, біжить білокуре дівчатко допубертатного віку в костюмі янгола (німб з підсвіткою, крила в пір'ї, усе по фен-шую), устеляючи їхній шлях пелюстками пахучих білих троянд. Плавною ходою пара підходить до кулі, яка готова в будь-який момент здійнятися в небо.

Майбутня мама ніжно розв'язує коханому очі. Майбутній тато блимає та протирає свої діоптрії, але так і не може зрозуміти, шо це робиться. «Коханий, у мене для тебе сюрприз!» — таємничо повідомляє мама. Саксофоніст починає тихенько награватн романтичну мелодію, тим самим створюючи відповідну атмосферу. Відеооператор намотує круги навколо пари, знімаючи кожен момент, щоб потім було що виложить у сторіз. Мама продовжує: «Я запрошую тебе, любове моя, в політ, який змінить наше життя назавжди». Елегантним взмахом витонченої руки вона сигналізує, що всім пора пакуватися в кошик.

Повітряна куля починає плавно здійматися в багряне небо. У кошику тато, мама, саксофоніст, відеооператор і чувак, який керує польотом. Набирають висоту. Здається, що хмари можна торкнути рукою. Далі все як у кіно: пара, обнявшись, вдивляється в захід сонця. Оператор знімає чудесну мить. Удалині летять білі лелеки, як символ майбутнього поповнення в щасливій сім'ї. Раптом чується ніжний спів: «...Намалюю тобі сонце...». Голос до болю знайомий: «...що блищить в твоїх очах...». Повз кошик, з парашутом за плечима, пролітає Тіна Кароль, заводячи свою відому та всіма любиму пісню. Татові повело мову. Точно неясно, чи то від здивування, чи від підбиття в умі вартості цього душевного празніка. Чарівну мелодію улюбленої пісні переривають лише звуки, що видає позеленівший саксофоніст, голосно блюючи за борт, тому що, як виявилося в ході польоту, вестибулярний апарат у нього такий сильний, як у горобця під коліном.

Мама вдихає повні груди повітря й нарешті видає: «Коханий, нас буде троє! Я готова, а ти?» — питається мама, вдивляючись татові в очі, немов у душу. «Троє?! Я, ти і Тіна? Ой, я завжди хотів таке попробувать», — у голосі тата відчувається нотка захоплення. «Я вагітна, любий... Стоп! А ти що подумав?» — мама виймає із сумочки тест і тицяє тату в очі. Той, не розгубившись, хапає маму в охапку. «Я не вірю своєму щастю!» — голосить він. На брутальному лиці блищать скупі чоловічі сльози. Татусь пристрасно цілує маму, далі, на емоціях, чмокає відеооператора, черга доходить навіть до дядька, який керує кульою. А де ж саксофоніст? А саксофоніст, скрутившись калачиком та обнявши інструмент, лежить у куточку корзини, забльований і без сознанія, періодично дригаючи кінцівками...

Куля приземляється. Під оплески друзів, рідні і Тіни Кароль (вона, до речі, встигла вдало приземлитися, переодягнутися в сукню з розпоркою і поправити гламурну зачіску) з корзини виходять щасливі майбутні батьки, тримаючись за руки та блаженно всміхаючись усім довкола. У вечірньому небі бахкають салюти, та такі, що все те, що ми бачили на День Незалежності, в порівнянні здається недолугим пуком на вітру. Спеціально найняті для цієї події офіціанти розносять просеко та амюзбуш. Фотозона з живих екзотичних квітів заповнена людьми, що бажають увіковічить цю шикарну мить. За кадром залишається лише ледь живий саксофоніст, якого забирає скора.

Ну що? Занадто? Ну, як варіант, можна ще на Мальдіви злітати. Там на білосніжному піску якимось патиком напиши «Серденько, ай ем прегнант!», таким чином здивувавши й ощаслививши свого любого під шум лагідних хвиль теплого Індійського океану. Ну що? Мєчта ж! Обов'язково знімай цю процесію дроном, щоб потім у всіх при перегляді відео щелепа відпала, голосно цокнулась об ламінат і покотилася за диван (чи то від краси пейзажів, чи то від твого віртуозного володіння англійською).

Нема бабла на Мальдіви? Ну, хоч у Хургаду махни, не жмись. Попроси, щоб персонал готелю на вашому ліжку в номері скрутив бейбіка з рушників. Якщо додатково заплатити, то вони такі шедеври з тих махрових полотенець накрутять! Кіт на глині так крутити не вміє, як фінансово заохочений працівник готельної індустрії.

Отже, твій милий заходить у номер. Дивиться на ліжко в нєдоумєнії, чухаючи пузо, в якого щойно впхнув три кілограми олінклюзівa. «Завше ж лебедів крутили. Що це могло б значить?» — питається він. Тут ти його одразу новиною по довбешці бабах — і приклала. Ех, красота й романтика Червоного моря.

Так і бути! Не хочеш нікуди їхати, лежня кусок, то хоча б влаштуй милому домашній квест. Він прийде з роботи — і що він найбільше хоче? Правильно! Брати участь у такого роду конкурсах. Я знаю, всі ми, жінки, трошки тамада. Упакуй обпісяну смужку красиво, поклавши в коробочку та вчепивши зверху бантик, і заховай далеко-далеко, наприклад, за бойлер. По периметру обійстя потикай підказки, які в кінцевому результаті, якщо він збере їх усі в номерному порядку та зуміє розгадати ребус, приведуть його, коханого буслика, до тієї коробочки. Нехай він бігає по хаті з язиком на спині, шукаючи твої писульки, а сама сядь на диван і споглядай, жваво мотиляючи ногою. Весело ж, їдрийогомать! Живий тобі «Форт Буаяр». Правда?

Особисто я, як те село без магазина, чомусь на інстаграмні тренди не повелася. Тоді ще в планах у мене слави не водилось. Натомість вирішила повідомити просто: сказати ротом, не готуючи промов, не добираючи високопарних слів. Видох, вдох — і кажу своєму милому: «Я при надії».

Особливо запам'яталася реакція чоловіка на вагітність нашим третім сином. Як усі нормальні баби, я хотіла почути у відповідь: «О Боже, яка радість! Я і мріяти не міг, що ти, як український чорнозем, родюча й плодовита!». І щоб він схопив мене на руки і кружляв, кружляв, як у кіно. А потім ми з ним, міцно обнявшись, тихенько заплакали б від щастя, витираючи соплі одне одному об камизельки. Після цього, висякавши носи, почали б одразу вибирати ім'я для майбутнього пуп'янка. Усім жінкам хочеться такої реакції (давайте зізнаємося), тому його «Ну Катю, ну йобтвоюмать!» мене легонько здивувало.

Думаю, зайвим буде казати, що на руках мене ніхто не кружляв. Натомість він сам вальсував по хаті, однією рукою тримаючись за серденько, іншою махаючи, немов псика хвостом, і бубнів щось типу «WTF», що в перекладі на милозвучну українську мову означає «Я надзвичайно спантеличений. Як так сталося? Не розумію…».

Могла б я, звичайно, на це образитись і вже ніби на емоціях скривила губу, але все ж згадала, що чоловіки — теж люди і мають право на переляк, сумніви, штупор, розгубленість, страх… Тобто на весь емоційний спектр, які ми, прекрасні жони, переживаємо, вперше дивлячись на той обпісяний тест. Саме тому я не гасала за ним по кімнаті, вилупивши очі, з войовничим криком «Як ти міг, казьол паслєдній?!». Я собі спокійно вмостилася на кухні, монотонно попиваючи м'ятний чайок, закушуючи десятим коржиком і споглядаючи, як суверенний шукає п'ятий куток у хаті, переварюючи щасливу новину.

Через п'ятнадцять хвилин із сусідньої кімнати показується сонцеликий образ мого чоловіка. «Я вітаміни для вагітних уже замовив. На УЗД йдемо разом. Гарантую, що буде хлопчик, — каже він, усміхаючись. — А зараз іду-но я швиденько пошукаю на ютубі відео про те, як провести вазектомію самотужки, у домашніх умовах за допомогою кухонного ножа і скотча».

Я ж кажу, все буде добре.

«Ти ж вагітна, тобі не можна...», або Животворящий забобон

Вагітність повинна бути щасливим і спокійним етапом у житті. З цим погодяться всі. Але все ж, як не крути, без хвилювань не обійтися. Тим паче якщо ти молоде й зелене, як та паперівка навесні, і не володієш столітнім запасом народних премудростей, як середньостатистична українська баба. Будеш мучитися на синю сливку. Куди не потикнися — небезпека, вроки, погані очі... З усіх боків тобі кричать, що то не можна, сьо не можна, туди не ходи, на це не дивись, упасі Боже, не чіпай... Кого слухать? Що ж робить?

Переживать не варто. Провівши ретельні антропологічні дослідження, поспілкувавшись із наймудрішими сансеями (читай — бабусями, прабабусями), сама пройшовши через чотири вагітності, я назбирала всі ті «не можна» і втулила в цю чудесну книжку, щоб подарувати світло тим, хто блукає в темряві незнання. Збирала їх ретельно й сумлінно, як колись колорадських жуків з картоплі в банку (бо баба пообіцяла мені п'ять гривень, а дід — по сраці, якщо не допоможу. Не один від мене не втюк, і назбирався трохлітровий слоїк). А все для того, щоб уберегти й допомогти. Хтось скаже, що це забобони, а я скажу: це життєво необхідні знання. Хтось скаже, що це брєд, а я скажу, що це вікова мудрість. Хтось скаже: «Де наукові докази?» — а я скажу: «В сраці». Отже, починаємо.

Насамперед не можна нікому розповідати про вагітність, щоб погані люди не зврочили. Ні пари з уст, особливо перші три місяці. А ще краще, приховуй свою «інтересну» ситуацію якнайдовше. Морозся до останнього так, наче тебе тато в п'ятнадцять з папіросами за школою спалив, і ти доказуєш йому, що то не твоє, а подружки. Морозся так, ніби мама знайшла презерватив у кишені твого полушубка і стоїть у дверях з очима навикоті й питанням: «Доця, а це ще шо, блять, таке? Я не поняла…». Морозся так, ніби баба дізналася, що ти не їси її ладні пироги, бо худнеш і ще й рік у причастя не була. Одним словом, прикидайся шлангом. Щоразу, коли тебе прямо запитують про вагітність, хутко переводь тему в політичне поле і починай матюкати владу. Це обезкуражить опонента та поверне розмову в знайоме та комфортне для всіх русло.

Якщо приховувати той факт, що прекрасна діва при надії, уже не вдається, то необхідно озброїтися животворящою дулею і тримати її в кишені щоразу, як на тебе падає взор людей, які у вільний від повсякденних клопотів час врочать вагітних жінок. Таких скатін інколи дуже тяжко відрізнити від загальної маси адекватного населення, тому рекомендується ходити з дулею постійно.

Також від вроків захищають шпильки, приколоті до натільної сторони одягу, та носіння трусів навиворіт. Якщо застосовувати всі ці прийоми в сукупності та одночасно, то вроки від тебе відскакуватимуть, як кулі від бронетранспортера. Дрелюємо далі по списку.

Вагітній не можна шити, в'язати, вишивати, зашивати, плести макраме... Язиком плести — то можна, а макраме плести — ніт. Ось така от життєва іронія. Тобто все, що пов'язано з нитками й руками — забудь. То зло і страшна небезпека. Як це «чого»? Бо ж дитина буде обвита пуповиною. Це ж логічно, йпрст! Також не можна переступати через шнурки, дроти, шланги; вивішувати білизну; носити шарфи та пояси. Причина та сама — обвиття пуповиною. Що? Обвиття, спричинене рендомними рухами плода, довшою ніж звичайно пуповиною чи надмірною кількістю навколоплідних вод? Ще дурнішого не чула (закотила очі так, що аж мозок побачила).

Може, ще скажете, що й нігті вагітній фарбувати дозволяється? Ніяких манікюрів і педикюрів! Через нігті мами дитинка дихає в утробі. Так, саме через нігті. Де наукові підтвердження? Де докази? Де дослідження? А навіщо вони, якщо так сказала баба Леся/Зоя/Орися? Також баба вважає, що грім на небі — то не звук, спричинений електричними розрядами блискавки, то так Бозя свариться. Шах і мат, науковці, шах і мат! Так, не відволікаємось, а повертаємось до наступних «не можна».

Не можна стригти волосся, вискубувати брови, голити пахви, ноги і геніталії. Як це «чому»? Відповідь очевидна: відрізаєш дитині віку. Отак безсердечно хєрак — і вкоротила літ. Тому не вздумай! Не зважай, що ти, як той сніжний барс, лахмата. Не жалійся, прошу, бо материнство — це не про красу, це про самопожертву і терпіння.

Що? Це змушує тебе почуватися невпевнено в ліжку та негативно впливає на якість сексуального життя з чоловіком? Яке сексуальне життя, ти що, з дуба йобнулася?! Його під час вагітності бути не повинно. Наявність сексуального життя в мами напряму впливає на розвиток мови в малятка — це широко відомий факт. Ті діти, що в утробі бачили пісюн, дуже лякаються, тому пізно починають говорити. Ось такі серйозні наслідки переляку. Нє, ну а ти не злякалась би? Лиш уяви себе на місці дитятка: релаксуєш у себе в апартаментах, хочеш — подрімуєш, хочеш — пуповину на ногу намотуєш, пальця смокчеш... Раптом стіни починають труситись і в хату лізе ЦЕ: «Добрий вечір, здрастє». Ну, ти не злякалася б? Признайся чесно! Та кожен у штани наклав би. Тому заведи собі «каракуля» між ногами й відлякуй ним чоловіка, щоб дурне в голову нікому не лізло. Такий собі готовий натільний оберіг.

Повернуся до теми зачіски і волосся, щоб зауважити, що особливо небезпечні стрижки для матусь саме хлопчиків. Зараз поясню. Окрім укорочення віку, разом зі своїм волоссям ти відрізаєш йому пісюна, і в результаті народжується дівчинка. Ех, була би я, напевно, Валентином чи Альбертом, якби моя матера на четвертому місяці чілочку собі не підрівняла. Тому щоразу, як ідеш стригти посічені кінчики, знай, що насправді обрізаєш на одного кінчика більше.

Поїхали далі. Про харчування. Важливо! Вагітним не можна їсти рибу, бо дитинка народиться німа. Не можна пити газовану воду, бо від бульбашок оглухне. Виноград і банани теж не можна, бо буде в дитини величезна голова. Ледь не забула: якщо будеш їсти соняшникове насіння, то дитина буде слинява. А що може бути гірше, ніж слинява дитина? Хіба що вічно голодна. Так, так! А вічно голодною вона буде, якщо мама під час вагітності на ходу перекушує. Якщо не хочеш, щоб твоє чадо було злодійкувате, то в жодному разі не рви плодів з чужого саду. Бо зараз ти, з пузом наперевєс, потрошиш чужу абрикосу, а через надцять років пакуєш передачки в СІЗО. Воно тобі треба? Ні! Тому держись. От народиш, тоді дєрзай.

Я розумію, що вкрадене набагато смачніше, розумію. Ще з дитинства пам'ятаю: барбар, що ріс у сусідки Ліди, завжди був соковитішим, зараза, хоч бабуся садила точнісінько такий самий і в нас на городі. Саме тому я і мої сестри, утворивши бандитську групіровку, тирили той сусідчин барбар у сутінках літніх гощанських вечорів.

А про каву знаєш? Її теж не можна. Ні, не через кофеїн і його вплив на організм, а через те, що якщо пити цей запашний напій, то дитина народиться чорною. Чорна кава — чорна дитина. Ось так народилося в Сніжани й Олега дитя, як Дензел Вашингтон. Олєжка, дурне, підозрює Сніжану у зраді. На студента з Ефіопії, що квартиру в сусідньому під'їзді знімав, грішить. А проблема в чому? Як виявилося, його вірна дружина, будучи при надії, регулярно еспресо посьорбувала. Ось і все. Шо кому не ясно? По-моєму, логічно. Зв'язок прямий, факт неоспорімий, дурного не думай, то все кава. Читай далі.

Не можна бити котів і собак, бо дитя народиться волохате, як той бурий ведмідь. Мусить Мурчик усе якось перемучитися дев'ять місяців без твого чарівного пенделя. Та що там бить, гладить не можна, бо спина в дитятки буде заросша аж до самої сраки. Одним словом, держись від тої живності подалі, а ще краще випри те звірйо з хати кібенімать, щоб не спокушатися його тапком турнуть, як воно тобі за сервантом насере.

Також не можна сидіти на порозі, бо під час пологів дитина застрягне в родовому каналі. Та не те що сидіти, навіть переступати небажано, тому лізь у хату через вікно. Якщо побачиш жінку на дев'ятому місяці вагітності, яка намагається протиснутись у віконну раму, знай, у неї будуть легкі пологи, полюбе.

Не можна купувати нічого наперед для новонародженого, щоб не накликати біду. А коли ж його купувати? Хороше питання. Отак з роддома вийшла — і пиздуй по магазинах. Якраз ідеальний час для шопінгу. І розвієшся, і людей побачиш. Коли ж іще, як не після пологів, бігати з чоловіком по магазинах, закинувши язик за спину, і вибирати ліжечко, ванночку, пелюшки, одяг, підгузки і далі все по списку? Нитки з «каракуля» стирчать, шви болять, груди печуть, а ти насолоджаєшся шопінгом. Ну, можна, звичайно, це довірити бабі, але то вже діло вкуса.

Не можна плювати у вогонь. Цей пункт, до речі, дуже тяжко виконати. От запалюєш ти камін у кімнаті чи мангал під шашлички, і так же хочеться в нього плюнуть, правда? Це ж перше, що приходить у голову кожній нормальній людині, коли вона бачить вогонь — плюватись. Але мусиш себе стримувати, хай як би ті язики полум'я тебе не манили в них харкнуть. Якщо ж даси слабінку, то всьо — у дитини буде червона пляма на обличчі. Так собі і знай. Пляма. Велика, червона і страшна, як торба павуків.

Також вагітним не можна сидіти на пустому відрі й переступати через плоди, що ростуть у землі. Цей пункт мені дуже нравиться. Як це «чому»? Бо картоплю вибирать уже не прийдеться. Я була така щаслива, коли дізналася про саме це «не можна», що забула уточнити, чим конкретно воно є небезпечним і які можуть виникнуть наслідки для дитинки. Скажімо так, бігти раком із тим відром по щойно зораних рядках, збираючи в нього бульбу — не найулюбленіше моє заняття.

Сидіть на відрі, переводячи дух, поки коняка оре поле — ще куди не йшло, але теж не айс, бо дуже терпне дупа. Ще з дитинства всі мої ангіни і прочі нездужання припадали виключно на сезон збору врожаю. Якось так дивним чином складались обставини. «Психосоматика чистої води», — скаже хтось. «Сачкування і вміння прикинутись галошею», — скажу я.

А тепер найголовніше «не можна», якого просто повинна дотримуватися кожна вагітна жінка. Воно є есенцією щасливої вагітності, без зайвого стресу та набутого неврозу. Отже, вагітним НЕ МОЖНА дослухатися до різного роду дурних забобонів, які, не маючи жодного наукового підґрунтя, вкарбувалися в нашу культуру на рівні фольклору і передаються від покоління до покоління, як той старий сервіз із прабабиного серванту. Ці забобони сягають корінням часів, коли Перун був за главного, біляча шкурка — ходовою валютою, а кусок сажі — основою модного мейкапу.

Якщо вагітна жінка дивиться на світ через призму здорового глузду і лише він — її путеводна звезда, то і на порозі можна посидіти, і кавусі вранці бахнути, і у вогонь поплювать. З таким підходом, точно кажу, усе буде добре.

Баба — людина-легенда

Ви знаєте, у який момент ваша мама та свекруха стають бабами? Ні, не тоді, коли народжується довгоочікуване, омріяне внучатко. Бабами вона стають у той момент, коли дізнаються про вашу вагітність. Усе, клямка падає, скринька Пандори відкривається, ховайся в жито, накрийся колоском. Бути бабою — це ціле мистецтво, бути бабою — це стиль життя. Її любов, як цунамі, зносить усе на своєму шляху, накриває з головою і колошматить несамовито. Тому, якщо молода мама вчасно не окреслить особисті кордони та рамки, за які навіть бабі не можна заступати, то всьо, їй (мамі) точно пиздець.

Пам'ятаю, як колись спитала свою матусю, на той час бабу лише одного внука, у чому різниця між любов'ю до своєї дитини і до внучатка. «Розумієш, доцю, — відповідає мама, — як це краще пояснити? Онуків більше шкода. От так сильно за них душа болить, що аж ноги терпнуть і щемить у грудя́х. І як же хочеться вберегти від усього поганого і захистити. І вкрить... І вдіть... І нагодувать...».

Як ти, напевно, зрозуміла, у розмові вияснилося, що бабусям здається, що внучатка постійно мерзнуть. Їхній внутрішній гідрометеоцентр цілодобово повідомляє про заморозки, шквальний вітер та рекордно низькі температури, незалежно від пори року за вікном, тому «Одягни дитині шапку» звучить не як пропозиція, а як наказ, за невиконання якого баба тобі стільки всипле, що аби видержала, мачуха ти така. Знай, вкрить і нагодувать — це фактично свята місія кожної баби, задля виконання якої вона готова на все, навіть вступить у нерівний рукопашний бій з молодою і крепкою мамою, яка сама, як та гормональна бомба, може бахнуть у будь-який момент так, що мало не покажеться. Саме тому спецпідрозділ, що гордо зветься «БАБА», готовий у будь-яку хвилину її знешкодить, перерізавши проводочки, бо хто ж іще, як не вона? Лиш на бабу надія. Лиш баба може, вміє і, головне, знає, як правильно.

Не бійся. Не все так страшно. Хорошою новиною є те, що з кожним наступним внуком переважну більшість бабусь попускає, і вони повертаються у свій першопочатковий, довнучатковий стан. Якщо з першою лялькою баба, махаючи своїм досвідом і цінними знаннями, пре, як той броненосець, щоби брати активну участь у всіх виховних процесах, то після третього-четвертого внучатка бабуся розуміє, що глядіти треба себе, і починає співати українську народну пісню «Ці діти мене кончать. Дайте пожить. Я своїх уже вигледіла, а ви своїх гледіть самі. Одчепіться від баби». Якщо докладніше, то розвиток подій відбувається за наступним сценарієм.

Баба, дізнавшись про першу вагітність невістки, звонить подрузі: «Так, Галю, вагітна Наталя. Щастя-то яке! Аж не віриться! Як я цього ждала! Нарешті Боженька послав діточок. Надіюсь, буде подібне на мене. У мене не генофонд, а золото! Шо "чого на мене"? Ти Наталіного шнобеля бачила? Можна кедра довбать. Галю, я її одразу попередила, що про вагітність нікому не можна розказувати, нікому, особливо перші три місяці. Головне, щоб ніхто не знав. На облік підем ставать під покровом ночі, у мене в реєстратурі є связі. Я за коробку "Червоного маку" все порішала. А шо я? Я лише тобі розказала, Ліді з кутка, Марусі Петькиній і матушці в церкві. Але це великий секрет, то ти ж нікому. Так, так, знаю, що не можна їй стригтись, фарбуватись, ноги схрещувать, як сидить, шить, в'язать, через бульбу переступать, фотографуватись... Шо ще забула? А! Любиться теж не можна! Кончилось, уже долюбились, пока хватить. Можна дев'ять місяців і потерпіть. Я Альошку налякала, що як ще раз побачу, що він її за попу щипає, то принесу в їхню спальню розкладушку, вмощусь і буду пильнувати. Альошка думає, що я шуткую. Ха! Як треба буде, то я і між ними ляжу». З бабою шуткі плохі!

Невістка вагітна другим внуком: «Алло, Галю! Так, знов! Єсть контакт. Не впильнувала баба! Партизан проскочив повз мій патрульний пост. Ти бач, який Альошка проворний? Ну, де єдин, там двоє. Діти — то щастя. Сказала невістка, що на цей раз не буде мене слухать, а піде підстрижеться, нігті і реснічки наростить. Бо всю попередню вагітність проходила як висрана ягода, а в цю хоче бути красівой і спокусливой для Альошки. Колись чистого фартуха вділа — і вже спокуслива, а тут бач, шо треба видумувать? О часи пішли!».

Невістка вагітна третім: «Алло, Галю, алло? Шось погано чую, алло! Слухай, шо! Наталя з тими рєснічками, видно, така вже Альошці гарна була, що другому внуку три місяці, а вони вже третє склепали. Я в шокові! У неї кожна вагітність або коли картоплю садить, або як буряки чистить. Коли вже ця богиня плодородія на город покажеться? Шо я одна там горба гну? Знайшли наймичку. Ну, але то щастя велике, так. А я шо? Я радію, але якось швидко все стало. Баба не вспіла опаментатись. Ну, так, два внучка є, то третя хай буде дівчинка. Галю, мо' і я на рєснічки піду? Може, таки ще пару раз з дідом переморгаєм на старості літ?».

Наталя чекає четверте дитя: «Галю, за три літа штири діта! Мої діти помішались, ґвалт! Невістка сказала, що вона — вєдіческая женщіна. Вона Альошці дарить любов і насолоду, а він їй — достаток і безопасность. Мені дід щороку сервіза дарить, а оказується можна було безопасность заказувать. Дурдом якийсь! Вони помєдітірували і вирішили, що родить будуть стільки, скільки всєлєнна їм пошле дітей. Бо всєлєнна їх забезпечує і оберігає. Хай би ще та всєлєнна їх картоплею забезпечила, щоб нам з дідом менше тих городів і паїв тримати. Що вони будуть робить з чотирма дітьми? Це ж їх накормить, одіть, вивчить... Живе одним днем молодьож! Роблять бабі нєрви...».

Невістка вагітна п'ятим онуком: «Галю, алло, буде п'ятий. Мітька, капни мені барбовал на цукор, бо серце зробилось, як горішок. Да, Галю, чуєш? Вони його в Непалі намєдітірували. Називається "дурне поїхало в турне". Так, пам'ятаєш вони влітку "просвітляться" їздили, поки я гляділа чотирьох онуків? Просвітлились! Нормальні люди з путєшествій магнітики привозять, ну що, нє?! Поки Наталя з Альошкою, як горні козли, по непальським схилам лазили, ці малі спиногризи всі закрутки ще в серпні зжерли. Льох пустий. Ага! Ми там з дідом від них часом переховувались, то я знаю, що кажу. Пустий! Вони корову пробували осідлать, в неї аж молоко пропало! Такого Зорька стреса пережила, бідна, що ледь не скисла. А кури їм зразу в жмені неслись, з переляку. Вони ж бідного кота вчили плавати в цебрі з водою. Нявчик після цього заліз під стелю, за образи, і не вилазить. Бач, заглянув в очі смерті і став до Бога ближче. Пішли нарвали мені букетів, кажуть, хотіли зробить приємно, заразі такі. Як чого я серджусь, Галю?! Як це "чого"? Бо букети були з цвіту картоплі! Короче, робим з дідом паспорти і їдем в Італію на заробітки. Хоч оддихнем там трохи. Бо бачу, що Альошкіна всєлєнна закруглятьться з подарками не збирається, а ми ще хочем пожить...».

Хай якою комплексною особистістю не здавалась би тобі баба зараз, знай, усе буде добре.

Жіноча консультація

Облік у жіночій консультації — ще та пригода. Ти йдеш у поліклініку вся така піднесена й чарівна, у собі несучи тайну і щастя. Чому тайну? Ну здрастє, приїхали! Тобі що, свекруха, чи мама не сказали, що про вагітність нікому не можна говорити мінімум до дванадцяти тижнів? Нікому! Якщо не казали, то перечитай ще раз список тих всіх «не можна», які я так лєгантно виклала вище.

Так от, ідеш і думаєш: «Головне — нікого зі знайомих не зустріти». Приходиш у ту поліклініку, стаєш у чергу до реєстратури, а тут, як на зло, разом із тобою тьотя Зіна, Галя з пилорами, сусід Петя з двома синами, твоя перша вчителька і хресна троюрідної сестри, яка десять літ була на заробітках в Італії, а тут повернулась і приперлась у лікарню в той самий день, як ти принесла туди свою тайну, щоб поставити її на облік.

Стоїш ти в тій черзі, як хуй на іменинах, і думаєш: «Що ж брехать?». А вони всі, як коршуни, кидаються до тебе: «А шо ти тут робиш? А шо случілось? Якась ти, дєточка, марненька. Заслабла, да? Це ж таке, зараз ця молодьож геть некрепка. Шо там твоя мама? Продав твій батько той жигуль? А за скільки?..». І ти, розгублена, не знаєш, що й відповідати.

Може, плести щось про рутинну перевірку й аналізи? Ні! Не пайдьот. Ніхто в це не повірить. Чому? Бо рутинна перевірка здоров'я суперечить усій основі українського менталітету, тому що поки грім не гримне — дядько не перехреститься. То що ж казать? Зберися! Думай! Починаєш блеять про те, що треба взяти довідку в терапевта, підписати папірець, дізнатися розклад...

Фух, нарешті підходить твоя черга, рятуючи від потоку небажаних запитань від знайомих. Ти тикаєш бузю у віконечко й тихесенько запитуєш працівницю реєстратури, майже пошепки: «Я прийшла, щоб стати на облік з приводу вагітності». Працівниця тобі: «Шо?». Ти: «На облік треба стать». Вона: «Ви можете нормально сказати? Шо ви шепчете?!». Ти ще більше тиснешся в те віконечко і ледь голосніше: «Я вагітна. Десять тижнів. Мені треба стати на облік у гінеколога». Працівниця: «Все ясно. Так би зразу й сказали. Прізвище, адреса проживання?». Сумирно кажеш. У цей момент ця прекрасна жінка в білому халаті повертає свій ніжний стан у сторону колеги, що заховалася в дальньому кутку кабінету, між стелажами з медичними карточками пацієнтів, і волає на всю горлянку, як віслюк у передсмертних муках: «Ніна, тут дєвочка бєрємєнна прийшла на облік ставать. Да, бєрємєнна! Найди-но мені її карточку. Прізвище таке-то, вулиця така-то». І поки Ніна шукає твої медичні записи, ти в голові перебираєш усе матюччя, яке можна застосувати до працівниці реєстратури, яка ось так просто, не церемонячись, взяла й розтрубила про твій ніжний стан усім навколо.

Схопивши ту карточку і через зуби процідивши прісне «Дякую», повертаєшся, щоб іти, але хер ти просто так підеш... Галя з пилорами зачинає голосно вітати з поповненням традиційним «Щастя, здоровля». Тьотя Зіна філософськи затягнула: «Давно пора, літа ж уже підпирають». Сусід Петя підкотив із комерційною пропозицією і запропонував купити в нього самогонку на майбутні хрестини з нормальною знижкою. Хресна троюрідної сестри, змахнувши сльозу, кинулась тебе обіймати, немов найближча родичка. «Почекай-но, — каже вона і починає копирсатись у сумочці. Легким рухом руки дістає звідти гематогенку. — На, їж, бо ти така блєдна і страшна, шо хай Бог милує». Щоб якнайшвидше закінчити цю розмову, береш той гематоген, красно дякуєш і, як Фантомас, розчиняєшся в натовпі, що заповнив коридори поліклінки.

Не встигла ти дійти до кабінету гінеколога, як дзвонить твоя матера. «Ти мені скажи, звідки вже Галька з пилорами, насрать такій їй морді, знає, що ти бєрємєнна? Я ж тобі казала, шо не можна про вагітність нікому розказувать, бо всякі очі погані бувають!» Винувато пояснюєш їй ситуацію, що склалася. Мама: «От йолкі-палкі, як сироті жениться, то й ніч коротка. Але скажи мені, доця, ти ж дулю в кармані тримала, так?». Брешеш, що тримала дві — у кожній кишені по дулі, а карточку в зубах. Мама, заспокоївшись та радіючи з того, що таки навчила своє дитя, як правильно боронитися від вроків за допомогою нехитрої конфігурації з трьох пальців, продовжує: «Я сьогодні вареників наліпила з чорничками. Приходь у гості. Але по дорозі зайди в магазин і купи фейрі. Чого він у нас так бистро кончається? У мене є подозреніє, шо батько його п'є, чесне слово». Настрій від думки про варенички помітно покращується, і ти, вже пританцьовуючи, ідеш далі, розсікаючи простір у напрямку кабінету гінеколога.

Вибір лікаря

Попереду знайомство з лікарем. Поставитися до цього треба серйозно й відповідально, адже бачитися вам доведеться регулярно. Крім професіоналізму в галузі, що нижче пояса (професіоналізм для тебе мусить бути основним критерієм вибору гінеколога, бо це серйозна справа, а не коники з гімна ліпить), лікар має вміти зробити так, щоб ти відчувала себе безпечно, комфортно й не соромилася ставити їй/йому навіть найдурніші питання, яких, як свідчить загальна практика, у вагітних більше, ніж бліх у старому кожусі.

Жінка при надії повинна бути почутою, а всі її тривоги вислухані та максимально заспокоєні. Ну і що, що після того як ти вийдеш з кабінету, лікар і медсестра, накручуючи палець біля скроні, заливатимуться ігристим сміхом від твого запитання «А чи правда, що якщо займатися сексом на останніх місяцях вагітності, то у дитинки буде вм'ятина на лобику?». Пам'ятай, що ти переживатимеш цей прекрасний стан лише декілька разів у житті (а можливо, лише раз). Вони ж його переживають по десять разів на день разом зі своїми пацієнтками. Одне приходить про секс питає, інше цікавиться, чи дитинка через нігті мами дихає в утробі, третє признається, що через вікно в хату лізе, щоб легше розродитися, тож як тут не сміятися? Запитуй, перепитуй, занотовуй і не вздумай стидуватися.

А ще лікар має бути на позитиві. Це один з найважливіших моментів. Буває ж так: приходиш на прийом, не встигнеш сказати «Здрастє», а лікарка тобі вивалює про вранішню сварку з чоловіком, про проблеми сина в школі, про язву сусідки, про погоду — гімно, про те, що ріпак не вродив, про всесвітню змову масонів... І ти виходиш з кабінету не лише з вагітним пузом, а й з бєрємєнной головою, забувши, чого ти першопочатково туди прийшла і де тут двері.

Вагітність — період, у який хочеться уваги, турботи й розуміння більше, ніж зазвичай. Якщо ваш лікар не може вам цього дати, то час міняти лікаря за першої змоги. Не треба боятися, треба діяти. Це так само, як із токсичними стосунками — головне вчасно збрить, і буде тобі щастя. «Ні обіцянок, ні пробачень», як співає класик.

Я, наприклад, маю знайому, яка мусила змінити лікаря за місяць до пологів, і на це була вкрай важлива причина. Питаю: «Аню, що сталося? Чим тобі не вгодив цей лікар? Про нього ж стільки хороших відгуків». А вона мені: «Катю, прийшла я на останній прийом. Нічого не прєдвєщало біди. Він перевірив аналізи, поміряв животика, спитав, чи п'ю вітамінки. На фоні в кабінеті грає радіо, створюючи приємну, спокійну атмосферу. Тут чую мелодію моєї улюбленої пісні Стінга "Desert Rose". Я тільки почала під столом ногою вистукувати знайомий ритм і тихесенько підспівувати "лелей-леле", як той лікар мовить до медсестри: "Олечка, а що це в нас грає якась дурня? Перемикни, будь ласка, радіостанцію". І тут перемикнуло мене. Я зрозуміла, що не можу народжувать дитину в руки людині, яка вважає, що Стінг — це дурня. От не можу — і все! Це проти всіх моїх моральних та етичних принципів. Це ж чого від такого лікаря можна чекати? Може, він ще Арету Франклін попсою назве? Може, я буду народжувати, а він у родзалі Машу Распутіну врубає? І шо? І всьо! Отак ходиш, ходиш до людини... Щоразу оголяєш перед ним свою... хм... душу. А виявляється, ти його зовсім не знаєш».

Можна було б сказати їй, що така реакція — це просто вагітний заскок і музичні смаки гінеколога їй аж до самої спини, але ця ситуація була настільки значущою для Ані в той важливий у її житті період, що я просто вирішила її підтримати в бажанні знайти лікаря, з яким буде комфортно по всіх фронтах, включно з музичними вподобаннями.

Як часто довколишні люди, безцеремонно насміхаючись, поспішають знецінити такі важливі для вагітної жінки дрібниці? Спираючи все на шторм гормонів і супервразливий емоційний стан, вони поспішають вставить своє коронне «Ой, шо ти оце собі знов придумала?». Ти хоч усрись, але від цієї фразочки так звані дрібниці не стають менш значущими та хвилюючими для вагітної, правда? Аня, до речі, народила свою доцю під хіти легендарного гурту «Queen» лише за дві години. Її новий гінеколог сказав, що голос Фредді Меркурі завжди так позитивно на шийку матки впливає. Знайшла кришечка кастрюльку, і другу дитину Аня також планує народжувати в нього.

Музика музикою, але вкрай безвідповідально було би з мого боку проігнорувати питання грошей, правда? Поговорімо спочатку про державні медичні структури, оскільки більшість із нас є саме їхніми клієнтами.

Ти можеш ходити до свого гінеколога як на свято й радіти тому факту, що у вас повне взаєморозуміння, сумісність гороскопів, поглядів на життя, політику та спільна любов до фільмів Кустуріци, але для того, щоб саме він прийняв у тебе пологи, чистої синергії замало, треба башляти додатково і домовлятись наперед. Чому наперед? Тому, що є така українська народна приказка: «Канув, як лікар в отпуск». Лікар у відпустці просто недосяжний, як той далекий родич, що позичив у вас гроші до п'ятниці і не віддає вже вісім літ. Рекреаційні плани гінеколога не повинні накладатися на твою ПДР, тому за декілька місяців до пологів починай домовлятися про колаборацію. Навіть якщо твій лікар милиться їхати у світ і не зможе споглядати народження тебе як матері, у тебе буде час знайти іншого, притертися, познайомитися та полюбитися.

Уяви, що починаються пологи, а на дворі глупа ніч. Ти, не дивлячись на пізню пору, береш у руки телефон і дзвониш своєму лікарю. Так, ти маєш його особистий номер і, про всяк випадок, номер телефону його дружини (бо домовилася з ним наперед). Лікар бере слухавку, незважаючи на пізню пору, і спокійно вислуховує твоє перелякане і схвильоване блеяння. Потім, як і не спав, схоплюється з ліжка і пре хутко в пологовий, щоб з усмішкою та ентузіазмом допомогти з'явитися на світ твоєму любому дитятку. Ось що з людьми робить животворящий фінансовий стимул, який ви з чоловіком вручите йому після пологів (сума обговорюється наперед також).

Якщо ж без попередніх домовленостей ти подзвонила лікарю о другій ночі, щоб оповісти, що «йой, мене болит і то, напевно, воно вже сі починає», то не факт, що взагалі хтось підніме слухавку, як і не факт, що ти не будеш, у гіршому випадку, послана кібенімать, а в кращому — до чергового лікаря, якогоніколи в очі не бачила. Ось така сувора реальність, людино мила.

Чи можу я в чомусь звинувачувати лікарів у такій ситуації? Напевно, ні, тому що, на жаль, їхня офіційна заробітна платня така само низька, як лібідо в жінки, яка щойно почистила фуру кормових буряків і їй опше не до діл любовних. Вона просто хоче помить ноги і лягти спать.

Зазвичай чистого ентузіазму українським лікарям вистачає лише на перший рік роботи після медінституту. З приходом розуміння, що однією любов'ю до своєї роботи ситий не будеш, за газ не заплатиш, кіндера дитині не купиш, ентузіазм починає випаровуватись, і ми маємо те, що маємо.

Хтось зараз, прочитавши це, почне кидать у мене драні тапинки і кричать щось типу «Якого хера я маю за щось лікарям доплачувать?! У нас за законом безкоштовна медицина! Хай роботу свою роблять, блядь, блядь, блядь та ше раз блядь!». Кричіть, хоч пенькніть, а ситуація від цього не змінюється. Не заплатиш — не поїдеш.

Приватні гінекологічні клініки та пологові — це трошки інша реальність. Я там жодного разу не народжувала і на обліку не стояла, але, надивившись і начитавшись про роди найтоповіших українських блогерів, скромно вважаю себе експертом і в цій галузі.

Бабла треба буде три мішки. Звичайно, пропонуються різні пакети послуг — для багатих і для дуже багатих, тому є з чого вибрать. Найсучасніше медичне обладнання, трикімнатні палати, джакузі з позолотою, туалетні причандалля класу «самий більший люкс», кімнатні тапки з пушком рідкісного малайзійського рожевого єнота, харчування від італійського шеф-повара Джовані Ферич'яно, у якого мішленовських зірок більше, ніж тіктокерів серед тінейджерів. Лікарі й медсестри, які так біля тебе кружляють, що в повітрі, на ходу, роблять потрійний аксель. Хочеш фотографа, відеооператора, «Шикидим» від Віктора Павліка? Усе організують, комар носа не підточить.

Протверезіння приходить лиш тоді, коли тобі озвучують ціну за цю розкіш. Порахувавши, що навіть якщо здати в ломбард усі бабині золоті коронки, відправити батька на три місяці в Чехію на стройку і позичити в тьотки 800 євро, то все одно бракуватиме два цілих дев'ять десятих мішків грошей. Із цією нехитрою калькуляцією з'являється усвідомлення того, що державна поліклініка — теж нічого, і лікарі там нормальні, і роддом обласний влаштовує. Диви, як там гарно голубеньким стелю і батареї підкрасили. Любо-мило глянуть. А жінки колись узагалі в копицях народжували, тому оці всі понти з «Шикидим» нам не треба.

Щодо мого особистого досвіду, якщо він узагалі комусь тут інтересний (голосно цмакнула ротом), то скажу, що старшого сина я народжувала в Гощі, в пологовому відділені районної больниці, з лікаркою, з якою наперед домовлялась навіть не я, а моя ініціативна свекруха (баба всьо порішала бистро і недорого).

Двох наступних синів я народжувала в Америці з черговими лікарями, яких бачила тоді вперше і востаннє. З пологами наймолодшого сина мені пощастило, бо гінекологиня, яка вела облік моєї вагітності, заступила на зміну в той чудесний літній день, коли я народила Фореста.

На моє скромнєйше переконання, народжувати дитину з лікарем, якого ти хоч трохи знаєш, все-таки легше і комфортніше. Пам'ятаю діалог між мною і лікарем-акушером під час моїх других пологів.

Уперше ми зустрілися поглядами в пологовій палаті. Лежу я, розкарачена та ізнемождьонна, на родільному столі. Жопа гола, боляче так, що очі з орбіт вилазять, піт по морді тече, хочеться не то пісять, не то бльовкнуть. Лікарка, яка щойно зайшла в мою палату, привітавши нас із чоловіком дружнім «Хелоу», швидко встромила руку по саме зап'ястя в мій жіночий портал, щоб перевірити відкриття шийки матки. «Повне відкриття», — сказала вона, усміхаючись. Далі почалися світські бесіди: «Катерина. Яке красиве ім'я! Як давно ви проживаєте в Штатах? Подобається вам тут? Пробуємо тужитись». Я, зціпивши зуби так, що пломби тріщать: «Так, дуже подобається, вері кул». Починаю тужитись і водночас дізнаюся, що сама ескулап зі штату Кентуккі, але вже десять років живе в Сан-Дієго. Лікарка: «Вау, який цікавий акцент. А звідки ви, Катерино, родом? Тужимся. Вері найс, ван, ту, срі...». Я: «З України. З Вестерн України». У цей момент я починаю підозрювати, що трішки вкакалась, і соромливо ховаю очі, але на наш діалог це не впливає. Він, такий жвавий та офіційний, активно триває, і я, в потугах, дізнаюся, що в Східноєвропейському регіоні лікарка жодного разу не була, але дуже хотіла б. Я продовжую випихать дитя на світ і паралельно у перерві між потугами, запрошую її відвідати золотоверхий Київ, романтичний Львів, засніжені Карпати, Одесу — жемчужину у моря... Рекламую Неньку, аж куфайка загортається. Чоловік стоїть збоку переляканий, як олень у світлі фар, але жваво мені піддакує.

Діло йде до завершення, і вже скоро буде «квітка», аж раптом до розмови підключається медсестра: «Чорнобиль — це ж в Україні?» — питає вона, тримаючи одну з моїх широко розчепірених кінцівок. Думаю: «Коваль ногу кує, і жаба свою тиче. Нормально ж балакали, шо ти начінаєш?». Відповіді на це питання ніхто не дочекався, бо з порталу показалась голова Гната, і всі заметушилися, вітаючи нову людину на білій землі.

Типи вагітних у черзі до гінеколога

Сидячи в черзі під кабінетом акушера-гінеколога, я завжди любила розглядати жінок, які також прийшли на плановий огляд. Взагалі я сказала б, що там панує якась дивна атмосфера сестринства, бо хай хто ви, хай звідки ви, а все ж єднає нас одне — вагітність.

Око саме «хапається» за животики, і ти починаєш у голові мотигувати термін, стать і навіть набір ваги мами. Якщо вагітного живота ще не видно, то вмикаються екстрасенсорні здібності, і ти просто сидиш і вгадуєш (так більшість екстрасенсів і роблять — тицьнули пальцем у небо, з вас тища гривень). І розмови між жінками біля кабінету лікаря заводяться якось легше, бо час у черзі тягнеться довго, як танець у незручних туфлях, а спільних тем більш ніж удосталь.

Типологія жінок, яких ти можеш там зустріти

Мама-радіо. Ви тільки-но випадково зустрілися поглядами, а вона одразу в речитативній формі заводить захопливу розповідь, не нехтуючи особистими деталями: коли їй народжувати; кого чекає; кого хотіла б вона, кого хотів би чоловік і кого — свекруха; де народжувала її сестра; як назвала дитя її подружка; чого Мерая Кері після родів ніяк не схудне, уже ж десять літ минуло; де купить пелюшки, молоковідсос, крижму; і про то, що у главврача є внєбрачний син від санітарки Анжели з хірургії. І ти сидиш, дихаючи через раз, слова вставить не можеш, перебить боїшся, нащо ця інформація тобі, не знаєш, але слухаєш то все, бо шури-мури главврача — то альтернатива турецькому серіалу.

Наступний тип вагітних — **жінка-метелик**. Воно припурхало до лікаря все таке бадьоре і красіве, зі свіжим манікюром і укладкою, сіло й нервірує інших вагітних дам своїм сногсшибатєльним виглядом. Про главврача й санітарку з нею не поляпаєш, а от про йогу, стретчинг, аеробіку для вагітних — всігда пажалуста. Вона, зараза така, вся світиться і пурхає. Розповідає тобі, що такою здоровою, повною сил та несамовитої енергії себе ще ніколи не почувала, а ти, жеручи ватрушку і струшуючи кришки з цицьок на підлогу, апатично киваєш, мовляв: «Ага, я також. Зашибісь просто».

Наступна категорія вагітних — **просвітльонні**. Чому вони до гінеколога ходять, неясно, бо все одно будуть народжувати вдома, у надувному басейні, з бубном у руках, під вой спіритичних пісень. Поговорити з ними можна про духовні практики, медитації, афірмації, енергії та вібрації... Вона тобі розкаже, що хоч не була ні на одному УЗД, бо то зло, але точно знає, що в неї дівчинка, бо саме на дівчинку вона відправляла запит у всєлєнну. Її манера говору та голос введуть у транс кого хоч, навіть нервно-псіховану працівницю реєстратури, бо розмовляє просвітльонна діва при надії так, немов на її язиці сплять янголи. Звучить це все загадково й цікаво. І ти вже собі подумуєш, а чи не вступить тобі на путь істинний. А шо? Тобі кудись вступить — раз плюнуть. Як не в гімно, то в партію. Мислєнно почала формулювати запит до всесвіту на нову стіралку, але тут якраз твоя ясноліка співрозмовниця починає про чипірування людства методом вакцинації, і ти думаєш: «Ой, шось, напевно, нє. Сорі, всєлєнна, але стіралку я вже якось сама куплю».

Також у черзі часто можна зустріти **вагітну-переляка**. Вона ні з ким не балакає і про себе нічого не розповідає. Завжди сидить у дальньому кутку зони очікування і нервово прикриває живіт обмінною картою, щоб ніяке падло її не зврочило. Переляки інколи бувають помічені на прийомах у лікаря з мамою чи свекрухою, тому що разом легше оборонятися від заздренних очей.

На всіх них, скептично посміхаючись, сидить і дивиться **багатодітна мама**, яка вагітна знову, напевно, ушосте. Чому посміхається? Бо згадує себе вперше вагітну і розуміє, що свого часу також була ще тим переляком, але «ех раз, да іщьо раз, да іщьо много, много раз» — і вона сама вже може кого хоч консультувати і ставити на облік. Мені інколи здавалося, що ця легендарна жінка не приходить у жіночу консультацію перевіритися. Ні! Вона приходить, щоб перевірити, як там та бідна гінеколог. Може, їй шось підказати треба, га? І віє від неї якимось дивним спокоєм і фаталічністю. Із цим типом вагітних, до речі, у черзі завжди найцікавіші балачки. Їй точно є що оповісти, засмачуючи розмову власним життєвим досвідом та невигаданими історіями, без зайвої метушні та паніки, бо з такою кількістю дітей вона швидко відсіює другорядне від головного. Єдина порада, якої в неї просити не варто, — це та, що стосується контрацепції, бо в цій справі, як бачимо, «совєт свій собі посовєтуй».

Наступний вид вагітних — це ті, що на прийом до лікаря завжди **приходять із чоловіком**. Як ці діви виглядають, ніхто не знає, тому що взор довколишніх падає винятково на майбутнього татуся, бо «От же ж маладєц», «Оце я понімаю, настоящий мужик», «Де ця матня його вихватила? Шо він у ній знайшов, не пойму»... Із завмиранням серця і блаженним умілєнієм на нього дивляться всі: і багатодітна, і радіо, і метелик. Навіть переляк завтикала, визираючи з-за обмінної карти, у той час як просвітльонна філософськи мовила: «Вони просто впустили щастя в своє життя і навізуалізірували синергію атнашеній». Багатодітна, хоч у це все й не вірить, але на всякий случай почала тихенько візуалізірувати собі спіраль, бо в роддомі вона буває частіше, ніж на сповіді.

Тут з-за рогу показується **вагітна-я-тільки-запитать-на-секундочку** і пре в кабінет до лікаря, безсовісно ігноруючи решту жіночок у черзі. Її не любить ніхто, але то їй до сраки, бо вона має неймовірний дар узятися нізвідки. Своєю неочікуваною появою і нахабністю цей покемон обескуражує всіх, таким чином протиснувшись у кабінет ловко й швидко. Це її «шось спитать» затягується зазвичай на 45 хвилин. Виходячи нарешті з кабінету лікаря, вона відвішує публіці своєрідний погляд, озвучуючи який, вийшло б щось типу «Адьйос, неудачниці» — і мчить на вихід. Ця персона навіть просвітльонну виводить із себе, бо та на очах багровіє і мовить своїм заспокійливим, розміреним оксамитовим голосом: «Пиздець у ретрограді, яка наглість!».

Єдина, кому до дупи ці всі ландиші — це ота худа, зелена, ледь притомна жіночка (моя баба на таких казала «живий мрець»), яка сидить із заплющеними очима, спершись об холодну сіру стіну коридора й майже злившись із нею за гамою кольорів. Вона, глибоко дихаючи та подекуди видаючи звук, схожий на ледь чутний стогін, бебрає в слабких руках одноразовий пакетик, бо знає, що в любу хвилину може в нього бльовкнуть.

Ці пакетики у неї в кожній кишені й сумці. Без них вона не виходить з дому (по правді, вона нікуди, крім лікарні, зараз і не ходить). Весь її страждений вигляд каже, що саме ця вагітна не думає про блядки главврача, новий манікюр, вібрації, енергії… Я точно знаю, що думає вона лиш про одне: як пережити наступну хвилину, як? А знаю тому, що була нею аж чотири рази.

Перший триместр. Токсикоз

Блюю і їм, їм і блюю.
Виросли груди й геморой.
Болить спина, коли стою,
Але ж стою я, як герой!
Пісяти бігаю раз сім
За ніч. Їй-богу, як те «здрастє»!
Хочу сказати вам усім:
Вагітність — то велике щастя
Вагітні діви — ніжна сила,
Вони — і Гери, й Афродіти,
Навіть заблльовані — красиві,
Як на вітру тендітні квіти.
Жінки вже захопили б Марс
І посадили б там буряк,
Якби не бльовкали сім раз.
Не поборотъ слабость ніяк.
Ото якщо мені хоч раз
Хтось скаже, що ми — слабка стать,
Тикну виделкой прямо в глаз,
По носі дам — не зможе встать.

(12/03/2020)

Усі мої чотири вагітності проходили з Hyperemesis Gravidarum (HG) — це особливо тяжка форма токсикозу, за якої відчуваєш нудоту і блюєш нон-стоп. Частенько втрачаєш свідомість, болить голова, нема сили ходити, ти на межі зневоднення, тебе відкапують у лікарні, щоб геть не скоцопиздилася. Перший триместр ти просто втрачаєш вагу, замість того, щоб набирати.

На фоні вищеописаних мною симптомів розвивається депресивно-апатичний стан, тому що дуже складно радіти життю, коли почуваєшся так, ніби тебе збила фура з жомом. Усе це 24 години на добу, 7 днів на тиждень, починаючи з п'ятого тижня вагітності.

Після дванадцяти тижнів легше, як це зазвичай буває в більшості жінок із токсикозом, мені не ставало. До життя я поверталася, більш-менш, після двадцятого тижня вагітності. Так було за Артемом, Ілаєм і Форестом. Або не поверталася взагалі. За Гнатом я блювала впродовж усієї вагітності. Правду кажучи, після двадцятого тижня все ж стало трішки краще, і мої обімання з унітазом відбувалися лише один-два рази на день, а не шість-вісім, як раніше.

Приблизно 3 % жінок у світі страждають від HG. Лікарі не знають, чому саме так жіночий організм реагує на вагітність. Ми живемо у світі, де сотні мільйонів доларів щороку витрачаються на розробку пігулки для дев'яносторічного діда, щоб його пірик стояв, як солдат на присязі, а от вагітні HG-жінки — це непрофітний сегмент. Тому ми, жінки з HG, як то кажуть, бідкаємось. А лікарі шо? А лікарі розводять руками. Усе, що нам можуть запропонувати (у мене до цього не дійшло, бо все ж мала порівняно легку форму гіперемезісу), — це портативні крапельниці, годувальні зонди і таблетки від нудоти, які, до речі, призначають хворим після хіміотерапії.

Чим рятуватися? Що допомагає? На жаль, єдиної відповіді нема, бо кожен організм індивідуальний. Посмоктати лимончик, погризти імбир, колотить м'ятні чайочки бідонами, протинудотні браслети на дві руки, прийоми їжі частими малими порціями, дихальні практики, мольби о спасєнії... У моєму випадку це все було до самісінької сраки.

Якби в той час мені хтось сказав, що для полегшення мого фізичного стану потрібно в північ на роздоріжжі взасос поцілувати рябу козу, то Катя двічі не думала б, серйозно (гарантірую, козі навіть сподобалося б).

Єдине, чим я рятувалася в ті «найтемніші» дні, — це сон. Мій організм просто хотів цей стан переспати, і я давала йому таку можливість, щойно випадала нагода. Брудний посуд міг лежати в раковині до приходу чоловіка з роботи, прання починалося, коли я розуміла, що одягаю останні чисті труси, волосся милося, коли над головою вже починали роїтися мухи, у хаті прибиралося... А чи прибиралося взагалі? Щось не пам'ятаю. Але я спала. Усі чотири, страшні, як сто підвалів, токсикози я пережила завдяки сну.

Чи було відчуття провини перед чоловіком і дітьми? Звичайно! Чи картала я себе за те, що не радію вагітності так, як мені цього хотілося б? Бувало. Чи накривало відчуття несправедливості та образи на весь світ? Часто. Чи запитувала я, чому саме мені випали такі муки й коли цей вопіющий пиздець закінчиться? Щодня! Чи варте материнство таких страждань? Абсолютно! І я пройшла б через це знову і знову, щоб зустріти своїх хлопців.

«Катя, ти, як опитнєйша, грамотнєйша матера чотирьох дітей, порадь щось вагітним жінкам, які стикнулися з тяжким токсикозом». Ой, поради роздавать — це ж не каміння бить, тому всігда готова. Сідайте, записуйте.

Завжди розповідай лікарю про своє самопочуття в деталях. Не придурюйся здоровішою, ніж почуваєшся насправді. «Усі так страждають перші три місяці» — брехня. Далеко не всі і далеко не так. Тому, якщо якесь дурне тобі скаже, що блювати 15 раз на день — це норма, шли його кібєнімать і мчи до лікаря так, як фанатки Олега Винника на його концерт, збиваючи все і всіх на своєму шляху, бо зневоднення — штука дуже небезпечна. Прокапають, і в очах трохи розвидниться, по собі знаю.

Також усім, хто норовисто затягує «Ти вагітна, а не хвора», смєло показуй дулю і пропонуй замість у муку пердіть, спочатку грамотно дослідити питання. Не виправдовуйся перед іншими людьми за погане самопочуття. Ти ні в чому не винна!

Не треба геройствувать і брати на себе більше, ніж можеш потягнути. Якщо тобі хєрово, то нема чого сьогодні ті голубці крутить. Обійдуться, переморгають. Якщо ти блюєш, то сьогодні чоловік собі чай заварює сам. І тобі хай також чашечку наллє й принесе в ложе! А поки ти його сьорбаєш, то нехай твій суверенний пропилососить отого паласа. І не треба свої мощі зривать з ліжка і бігти до нього з криком «Я сама приберусь, Алєжка». Алєжку холера не вхопить! Не вийобуйся з оцим «я сама». Зараз взагалі не час. Проси про допомогу, коли її потребуєш, і вмій цю допомогу приймати з вдячністю, але без угризіння совісті.

Відпочивай. Твоє тіло вирощує та дбає про нову людину. Це і без токсикозу — шмат роботи, а з ним — і подавно. За потреби відкрий лікарняний (тяжка форма токсикозу — вагома на те причина). Знайди фільм до душі, задери ноги й дивися, укрившись теплим пледом. З власного досвіду знаю, що якісна кінематографія дозволяє хоч трохи перемкнутися й на п'ять хвилин забути про нудоту. Я, наприклад, як «50 відтінків сірого» дивилась, забула на цілих п'ятнадцять.

Вияви тригери, які погіршують твій стан, і постарайся їх ліквідувати. Для мене таким тригером був мийний засіб для підлоги із запахом марокканського апельсину. Чоловік купував його на постійній основі ще до вагітності, і проблем у мене з цим не було жодних. І склад хороший, і аромат приємний. В інтересному положенні цей запах не те що мені не подобався, він мене душив. Повітря від нього здавалося таким густим, що можна було сокиру вішати. Солодкі нотки того блядського апельсину немов осідали на піднебінні. Від цього все, що я їла чи пила, смерділо мені тим марокканським цитрусом. Я кавкала, як кіт, що зжер п'ятнадцять риб'ячих голів, і бігла до унітазу, долаючи звуковий бар'єр і перестрибуючи через старших синів. А потім з такою самою швидкістю відчиняла всі вікна в хаті, провітрювала кімнати й матюкалася, поки чоловік, насупившись, згрібав свої улюблені мийні засоби в сміттєве відро. Тому все, що воня, — з хати геть.

Мінімізуй стрес. Знаю, що це не завжди можливо, бо зовнішні чинники від тебе не залежать. А от твоя реакція на них усе ж залежить саме від тебе, тому, як казала колись моя викладачка танців, нерви в коробочку.

Зізнаюсь, оце «Не нервуй, тобі не можна» — мене бісило страшно. Особливо нервовою я була під час четвертої ходки. Тільки візьмеш курс на вагітне умиротворенієє, як, холєра, починається... Чоловік не може в холодильнику знайти двері, і взагалі, чого він уночі так голосно дихає? Оце сопе вночі, спати заважає. Молодший син на дивані намалював камаз. Красиво намалював. Правда, нутелою. Старший сів сракою в цю живопись. Пес наблював на ківера, бо лизав банку з нутелою, яка була небрежно забута митцем біля того самого дивану, а зараз умостився спати на твою любіму подушку і пердить так, що фіранки колихаються ...

Ну, як тут бути спокійною? Га, питаю? Псіхуєш, заводишся. Держіть мене семеро, зараз матера вам всипле. Хоча в довагітний час із цього диванного Лувру я лише посміялася б, бо в хаті, де є маленькі діти, а тим паче якщо вони не обмежені у креативних проявах, таке буває досить часто.

То що ж допомагало мені заспокоїтися в такі дикі моменти, коли хотілося примінять легоньке насилля? Нагадування, що моє бажання крушить, лупить і тицять в очі фак зумовлене гормонами, якими кишить зараз мій організм. Гормони тому виною. Це не я, це вони. Саме через них вагітні жінки інколи стають трошки ку-ку і можуть плакати не те що над брудним диваном (це ще, повірте, вміняємо), а над почищеними мандаринками, бо, можливо, без шкурки їм, бідненьким, самотньо і холодно (про такий випадок я також знаю).

Не гризи себе, будь до себе терплячою і доброю. Токсикоз — явище тимчасове. І хоч у деякі моменти здаватиметься, що слабкості нема кінця, усе ж навіть вона є частиною шляху, який веде тебе до зустрічі з малюком. Як кажуть американці, не зводь очей з призу, і все буде добре.

Дієта вагітної

Усі чули, що до питання харчування жінки під час вагітності треба підходити розумно. Обирати якісні натуральні продукти, стежити за балансом білків, жирів та вуглеводів, уживати достатню кількість свіжих фруктів та овочів, бла-бла-бла і ще раз бла... Усе це мусолилось, і не раз. Правда? Правда! Довбешка ніби й соображає теоретично, а на ділі ж хочеться всякої гадості, типу сухої мівіни з трюфелями, баунті 7 шт., «Крем-соди» з бульками й біляша з базару з рук самої стрьомної бабусі.

У голові точиться постійна боротьба світлих і темних сил. За верховенство влади борються між собою дві Каті. Одна — жертва страшного токсикозу, яка дозволяє собі все, бо змучилась на мутель і в неї відмовили мізки. Друга — доволі адекватна, науково підкута Катерина, яка стежить за тим, що споживає в цей тендітний та прекрасний період.

— Катю, бідосічко, тобі так погано... З'їж чипсів. З'їж — і стане легше, от побачиш.

— Катю, не вздумай! То хімія і ходячий канцероген. Не трави дитя в утробі. Ось огірочок органічний на тебе так гарно дивиться. Зжери його.

— До сраки той огірочок. Від одної пачечки чипсів ще нікому нічого не сталося. Ну!

— Ти сильна, вольова жінка. Ти контролюєш свої бажання, а не вони тебе. Ти харчуєшся, як і живеш, свідомо.

— Ой, не пиздякай! Пошли чоловіка за чипсами й не мучся. Дєцкій сад, чесне слово. І взагалі, тобі треба їсти за двох.

— Науковий факт для тих, хто в танку: вагітній удень потрібно лише 300 додаткових калорій, тому оце «їж за двох» — жорстока омана, за яку жінки розплачуються фігурою.

— Катю, ти живеш у прекрасну пору — пору розквіту бодіпозитиву. Їж скільки влізе, дєвочка моя. Шо там той муж? Іде за чипсами чи ні? Взувається?

— Фу! Ну, посмаж ти картоплі, як уже геть кранти, але не їж ту каку. Ти склад прочитала?

— Точно! Склад! А давай купим одразу двадцять пачок, щоб у тебе в хаті був міні-склад чипсів, щоб можна було вставать і їсти їх уночі?

— Я вдаю, що не чула цього жахіття.

— Чипси!

— Катю, я взиваю до твого здорового глузду!

— Чипси!

— Ну... Ну... Подумай, як вони горло деруть на виході. Ти ж їх зараз зжереш і через п'ятнадцять хвилин косточкою викладеш усе назад.

— У мене з'явилася краща ідея. А що, як ми Еліоту до чипсів безалкогольне пиво замовим? Геніально, правда?

— Ой, ідіть у сраку, дівчата. Як розуму нема, то пакуй...

— От і договорились. Консенсус — наша сильна сторона, дєвочкі. Бери зі смаком краба. Вони дивні і смердючі.

Отже, як ти зрозуміла, я, будучи вагітною, інколи дозволяла собі деякі ізлішества. Нечасто, несистематично, але бувало. Цікаво, що з кожною новою вагітністю смакові вподобання перевертаються з ніг на голову і тобі хочеться чогось такого, на що зазвичай ти навіть взору свого звабливого не поклала б.

Наприклад, за Артемом мені постійно хотілося салату з цибулі. Насправді салатом цю страву назвати тяжко. Нарізана кільцями цибуля, полита олією і оцтом, заправлена сіллю, перцем і приправою до курки. Я умантелювала дві здорові цибулини майже щодня, випиваючи з тарілки ту олійно-оцетову жижу. Після такої трапези я сама собі підсмерджувала і могла вбити муху, що пролітала повз, самим лише подихом.

Ближче до сьомого місяця я цибульку розлюбила. У мене з'явилася нова пристрасть, а точніше дві — свіжий батон і морквяно-яблучний сік з м'якоттю. Рецепт цього оргазмного блюда безстижо прост. Купуєте буханець свіжого батону та дві літри вищезазначеного соку. Батон ріжете на скибки, сік наливаєте в кружку. Елегантною кистю руки берете скибку, вмокаєте в сік, пхаєте в рота, воно на цицьки дрипає, але їсте, аж чямкаєте, та дякуєте за цей момент неймовірного щастя.

Я не знаю, як у ту вагітність набрала лише десять кілограмів, бо сама могла увалить більшу половину батона й літру соку за один присяд. Елємєнтарноє чудо, я вважаю.

Токсикоз за Гнатиком був найстрашнішим. Я не могла ходить по білому світу, але, лежачи під крапельницями, думала лише про дві речі: як це не дать дуба і коли вже мені сестра привезе з дому тушкованої капусти, бо вже 7:45 ранку, а капуста й досі не зі мною, я не з нею, ми не разом. О розлуко, ніжна тортуро! Серйозно, якби я могла обнятись і спати з тим півлітровим слоїком тушкованої капусти, яку мені готувала Наташка (ха, сестро, а ти переживала, чи згадаю я тебе в своїй книжці), то це був би найсолодший сон. Гаряча, соковита, з морковкою, в томаті... Я ніжно ласкала ту півлітрову баночку взглядом, а потім вкладала її за дві хвилини й одразу бігла в туалет, бо нудота брала своє.

Під кінець цієї вагітності, коли мені значно полегшало і я блювала лише один-два рази на день, у мені прокинувся страшний апетит, і я їла, як ніколи не бачила. У мене було два сніданки, два обіди і дві вечері, а також перекуси між ними. Чоловік, дивлячись на мої трапези, щиро сумнівався в адекватності його суверенної, а я сумнівалася, чи не замало він купив равіолі. Загалом набір ваги складав 12 кг.

За Ілаєм мені хотілося м'яса. М'яса! Багато! Постійно! Я була як герой Ді Капріо з фільму «Виживший». У цій стрічці є сцена, у якій він потрошить кусок сирого м'яса. Бачили? Бузя вся в крові, очі шалені, а він наминає... Пам'ятаєте? (Він ще там по лісу в шубі бігав.) Оце точно була я. Різниця лише в тому, що хутра я не ношу, сирого м'яса не споживала, але те, що готував чоловік, їла з таким самим полуумним і хижим поглядом, чим, беззаперечно, дуже лякала свого милого.

Пам'ять про вагітність Форестом ще свіжа, як вранішня роса на молодій гичці, тому описую детально. Жорстокий кабздець почався з п'ятого тижня вагітності. Настігнув він мене різко. Ще вчора лягала спати, почуваючись нормально, а вже вранці встала, як висрана ягода. Нудота, блювота, напівпритомний стан — стандартний мій набір.

На сьомому тижні, якраз після Нового року, ми із сім'єю летимо у відпустку, щоб помочити сраки в теплих водах Карибського регіону. Квитки, як і нові модні купальники, були куплені зарання, ще до вагітності, готель заброньований, усе організовано, тому скасувати цю оказію ми не могли. Та й несправедливо це було б щодо синів, які так чекали подорожі. Тому, зціпивши зуби й періодично запитуючи себе, чи я вообще при своєму розумі кудись летіти в такому стані, я все ж пакувала валізи.

Політ минув захопливо: половину часу я спала, притискаючи до грудей пластиковий пакетик, половину — активно блювала в той самий пакетик.

Незважаючи на всю різноманітність екзотичних страв, що пропонував популярний курорт, радував мене лише овочевий суп. Що простішим він був, то більше радував. Мені хотілося такого супу, який я їла в дитинстві лише декілька разів, десь у дев'яності, коли потрапляла в лікарню зі страшною ангіною. Там, у столовій дитячого відділення, на обід щодня готували голу юшку (так казала моя баба). Вода, у якій плавали синювата картопелька, одинока морквина, якась неопізнана крупа й краплинки олії. Тоді захоплення цей кулінарний витвір у мене не викликав від слова взагалі, а зараз, будучи на іншому кінці світу, в країні текіли, такос і маракасів, я зрозуміла, що жити не можу саме без того голого супу. Все, зараз без нього сіємінутно здехну.

Саме тому ми всім сімейством гасали по курортних рестораціях у пошуку чогось максимально наближеного. На сніданок — суп і кава (я завжди дозволяла собі одну чашечку в день), на обід — суп, на вечерю — суп. Та й блювати ним було якось приємніше, легенько заходило і плавно виходило. (Так, токсикоз учить тебе оцінювати властивості їжі з дещо іншого ракурсу.)

На юшках, вашими молитвами, протягнула Катерина до двадцятого тижня вагітності. А далі, відчувши полегшення, мій організм воспряв духом і гучно заявив: «Жерем усе!». І понеслася моя меркантильна душонка в рай.

Той факт, що карантин, викликаний пандемією, тільки почався, лише погіршував ситуацію, бо я сиділа вдома з дітьми і їсти було моїм улюбленим заняттям. Супчику вже не хотілось, хотілось булок з маком, макарон із цукром, торта розміром з бізона, печива, вареників... Одним словом, вуглеводів у необмеженій, гріховній кількості. Вага почала рости, дупа ширшать, морда щасливішать на очах. Так було до восьмого місяця, і 15 кг живого веса прилипли до мене, як хабар до чиновника, якого злапали на гарячому — «Я його не брав, то воно якось само».

А потім шо? А потім почалася найщасливіша пора в році, а саме сезон кавунів. Люди, які кажуть, що не люблять кавуни, завжди викликали в мене підозру. От таким я вообще не довіряла б. Кавунів не люблять! А ще шо? Вони, здається мені, із сокирою під подушкою сплять. Хто його знає? Не исключено.

Для себе ж я відкрила одну істину: кавуни я люблю більше, ніж сон. От набагато більше. Саме сном я жертвувала, бо трамбувала ту полосату ягоду, як сумасшедша, обробивши всі свої білі футболки і бігаючи пісяти всю ніч, від заката до рассвєту. Мій рекорд —

дванадцять разів. Дванадцять! Але хіба ж хтось рахує? Чи думала я, що вже легше постелитися біля унітазу, щоб не гасати туди-сюди, як той сайгак? Оу, єс! Чи вплинула ця думка на кількість знічтожених мною кавунчиків? Звичайно, ніт!

На дев'ятому ж місяці мій апетит повернувся в адекватний стан, і я скинула декілька кілограмів. Це є досить поширеним явищем для такого поважного терміну, оскільки жіночий організм, готуючись до пологів, скидає зайве, що було безбожно наїджене за останні дев'ять місяців. (Так пояснила мені моя лікарка.)

Навіть якось образливо було, що не хочеться більше о 21:00 гострої курочки і шматочка шоколадного торта. А моєму чоловікові було образливо вдвічі більше, бо раніше він, прикриваючись щитом солідарності з вагітною, ходив зі мною в нічні походи до холодильника, а зараз лежить, страдає в голодному припадку, повернувши до мене ісхудавшу сраку. Шкода його було, канєшно, але я не йшла на те маняще світло холодильної лампочки, хай як воно мене завлікало. Трималася.

Щоб підвести риску під вищесказаним у питанні харчування вагітної, мушу зауважити, що тут головне одне — міра. Як казала моя бабуся, як занадто, то і свині не їдять. Це абсолютна правда. Усе, що занадто, — то шкідливо, це кажу тобі я — матера чотирьох соколів, ветеранка чотирьох токсикозів, майстер спорту з фігурного блювання в папку від документів на станції метро «Печерська», бо пакетик вилетів з кишені, покружляв у повітрі і впав на рельси.

Май міру — і все буде добре.

Перше УЗД

Перші дванадцять тижнів вагітності для більшості жінок узагалі не айс, якщо чесно. Я — лише одна з багатьох стражденних. Ледве лазиш по світу, періодично кидаючись на перехожих у гормональних припадках. На морді — прищі, під очима — мішки. Не знаєш, чи то поплакать, чи то дивандека випрати. На обід душа бажає запечену шийку матки молодої годзіли з ляляпиздриками, а по факту є лише вчорашній капусняк, від якого ти не лише блюєш, а ще й пердиш, як старий запорожець.

От прям хочеться запитать: невже все так погано, Катю? Навіюєш ти грусть-тоску. Шо, взагалі нічого хорошого нема в тих перших дванадцяти тижнях? А я скажу: є. Звичайно, є.

УЗД — один з найкращих моментів першого триместру. Хай як хєрово тобі, але ти вилазиш з ліжка, можливо, навіть запшикаєш голову сухим шампунем, надінеш чистого светра і йдеш на прийом у кабінет ультразвукової діагностики, як на свято (у мене зазвичай це відбувалося десь між одинадцятим і дванадцятим тижнями вагітності).

Дрелюєш туди на всіх парах, зі швидкістю афганської борзої псики. Беззаперечно, швидкості додає той факт, що ти вдула літру води, тому що лікарка рекомендувала наповнити сечовий міхур по самі вінця.

Прийшла. Сидиш у черзі, йорзаючи сракою на стулі. Очі знервовано шукають ту завєтну табличку «Туалет». Серце вистукує ірландський степ, легенький мандраж лоскоче десь у районі сонячного сплетіння. Називають твоє прізвище. Заходиш. Мостишся. Опускаєш штани. Лікарка просить опустити трохи нижче. Свариш себе, що не побрила Варвару Семенівну, бо якось трохи невдобно. Лікарка видавлює холодненькй гель тобі на живіт. Ти підскочила. Лікарка запитує: «Що? Холодне?». Сама ж знає, що холодне. Ти така: «Та нє, все норм», — але вмить укриваєшся гусячою шкірою. Лікарка починає водити апаратом по животу, помірно натискаючи в районі матки. «Дивися!» — звертається вона до тебе. Повільно повертаєш голову…

А далі починається магія. Ти вдивляєшся в чорно-біле зображення, намагаючись розібратися, шо там і де. Ніхєра толком не розумієш, але точно знаєш, що це найпрекрасніша картинка, яку ти коли-небудь бачила.

Лікарка зупинилась нижче пупка й показує тобі серцебиття. Маленька крапочка блимає на екрані. Серцебиття в горошинці. І в той момент ти розумієш, що носиш у собі цілий світ — незвіданий, таємничий, але такий прекрасний… Цілий світ і літру води, яку ти випила спозаранку.

Настоятельно, майже з піною біля рота, рекомендую брати із собою на УЗД чоловіка. Є на то декілька причин. Крім того, що ви, як пара, розділите цей чудесний момент, сама візуальна форма цього експірієнсу дозволяє йому відчути всю реальність твого ніжного стану. Той факт, що він невдовзі стане татом, закріпляється в підсвідомості набагато швидше і якісніше.

Згадую, як ми з Еліотом уперше прийшли на УЗД, коли я була вагітна Гнатиком. Було це в Рівному, за кілька днів до Нового року. Мого американського чоловіка завжди цікавило наше медичне обслуговування, і нарешті він отримав нагоду хоча б мінімально до нього доторкнутися. Коли ми зайшли в клініку, нас радо зустріли запитанням: «А бахіли де? Мужчіна, куди ви прете? Не бачите, чи шо, тут поли помиті!». Еліот щиро не розумів, що з нього хочуть. Я переклала йому вітальний меседж.

«А де ж купить ті бахіли?» — по-дитячому розгублено питає він. «Ну, в аптеці», — кажу я. «А де ж та аптека?» — допитується чоловік. «Ось, у кінці коридора», — відповідаю. І тут по очах свого судьбоносного я зрозуміла, що в його голові відбувається когнітивний дисонанс. Він щиро не може второпати всієї тонкості цієї логістики. Як же пройти в кінець коридора, щоб купити бахіли, якщо без бахіл заходить не можна?

Прибиральниця дивиться на Еліота ніжним поглядом, який транслює: «Заре уб'ю, попробуй ступи». Він дивиться на мене поглядом «Спасіті», а я в цей час думаю: «От би зараз тушеної капусточки вальнуть».

Зрештою чоловік каже: «Кет, скажи цій жіночці, що левітувати я не вмію, тому айм сорі», — і потелепав до аптеки, де на мигах пояснив, що саме йому треба.

Справився. Сіли під кабінетом УЗД. На ногах — сині бахіли. Переможно дивимося на прибиральницю, яка, заслонивши вхід пишною груддю, зустрічає вже наступних клієнтів тією самою фразою про помиті поли і бахіли.

Нарешті нас викликають. Заходимо в кабінет. Я мощусь на кушетку, муж біля мене на стулі. Узистка, почувши англійську мого чоловіка, відвісила мені схвальний погляд, типу «Молодець! Закадрила принця», а далі заходилася удівлять нас обох своїми лінгвістичними талантами. «Сідайте», — каже вона Еліоту, який і так сидів, угрузнувши в крісло. «Зараз покажу вам бейбі, дуже літл бейбі». Чоловік оцінив її старання та комунікабельність і радісно всміхнувся. Лікарка дивиться на мене і крізь посмішку промовляє: «То це він шо, взагалі нічо не понімає, що ми тут говоримо?». Я відповідаю: «Взагалі». «Не мужик, а мєчта», — каже вона і чвиркає гель мені на пузо. Я киваю головою у відповідь, погоджуючись із пані лікаркою, і тамую подих.

Раптом на екрані з'являється картинка, на якій видно все: ручки, ніжки, голову... Мене завжди це дивувало й заворожувало. Дванадцять тижнів, пшоно мале, а вже людина. Наш Гнат (тоді ми ще не знали статі) активно крутився, стрибав, відштовхуючись від стінок матки, і всім своїм виглядом демонстрував, що йому там тепло і мухи не кусають, що все добре і моє блювання та періодичні обмороки його не турбують.

Я почала по дурному реготати. Це така звична для мене реакція у хвилюючі, захоплюючі, радісні моменти. Я не плачу від щастя, а сміюсь, як полуумне, чим завжди обескуражую аудиторію і змушую людей сумніватись у своїй притомності. Лікарка дивиться на мене в нєдоумєніі, бо звук я видаю, схожий на вдавившогося тюленя. «Ші ок?» — запитує вона чоловіка, поки я заливисто гигикаю. Він, не відводячи очей він монітора, жестом показує, що всьо гуд. «Ну, гуд, то і добре, — каже лікарка. — Давайте послухаємо серце».

Пульсуючий ритмічний звук лунає на весь кабінет. І тут уже розвезло Еліота. Мій досить емоційно стриманий мужчина почав радісно підстибувати на стулі, періодично викрикуючи щось типу «Вау». (Потім він мені зізнається, що саме цей звук дав йому можливість повною мірою відчути те, що він невдовзі стане татом, і батьківство в моменті стало чимось дуже реальним.)

Виходили з кабінету ми в надзвичайно піднесеному настрої, по черзі розглядаючи фотографію нашого пуп'янка, яку за 40 гривень роздрукувала пані лікарка. Поки я, прокручуючи в голові всі відомі мені забобони, думала, чи варто взагалі того знимка комусь показувати, моя двометрова любов сфотографувала його на телефон і попересилала всім, кого першими нащупала в телефоні: батьку, дядьку, сестрі, начальнику, сусідці, колишньому колезі і, випадково, чуваку, який п'ять років тому вигулював його собаку за гроші.

Виходимо з клініки, обговорюючи імена для нашої майбутньої дитини, складаючи список потрібних покупок для новонародженого. Еліот, радісний і щасливий, розповідає мені, яка ж прекрасна Україна взимку, і люди привітні, і прибиральницю ту треба зрозуміти, бо, можливо, у неї тяжкий день був...

Потік захопливого белькотання перервало епічне падіння мого милого на голольоді. Він гримнувся, як мішок із цементом, швидко й гучно, мелькнувши в повітрі ногами, на яких красувалися ті самі бахіли, які він просто забув знять. Піднявшись, обтрусившись і сказавши фразу, що українською звучатиме як «йобтвоюмать», Еліот узяв мене за руку, і ми пішли ходою упітаних пінгвінів у закат, назустріч щасливому сімейному майбуттю.

Другий триместр

Якщо перефразувати куплети відомої пісні, то другий триместр можна було б охарактеризувати словами «Єсть только міг між токсикозом і блюванням, варикозом і гемороєм, і іменно он називається жизнь». Усе, що я можу сказати: насолоджуйся!

Ти так чекала, коли те пузо почне рости, і цей період нарешті настав. Живіт активно круглішає. Якщо раніше неясно було, чи то ти трохи піднабрала, чи просто салтісона маминого переїла, то зараз добре видко, що сія прекрасна дама носить під серцем лялю.

Ти ловиш на собі погляди умілєнія від довколишніх. У громадському транспорті тобі поступаються місцем. А якщо й не поступаються, то в тебе є легітимні підстави, щоб витріщатися на них зверхньо, не відводячи очей, немов питаючи: «А чи не охуїли ви до решти, шановні? Я тут, може, бєрємєнна стою!».

Помічаєш, що шевелюра твоя погустішала. Радієш. Опускаєш очі нижче і розумієш, що не лише на голові те волосся почало колоситися. На ногах і між ногами теж. Росте, зараза, як поросята на преміксах. За іронією судьби, стає все тяжче до нього дістатися, щоб знічтожить. Якщо з голінням ніг усе ще якось більш-менш простіше, то з Ізольдой Дартаньяновной ти справляєшся всліпу, навпомацки. Можна використовувати дзеркало, кажуть мудрі люди. А можна покластися суто на власну інтуїцію.

Згадала історію, яку розповідала мені колега. Вона, будучи вагітною, перед плановим візитом до гінеколога завжди голилася. Живіт ріс, доступ до причинного місця ставав дедалі обмеженішим, тому з кожним разом «причоска» набувала все примітивніших форм.

Одного дня, запізнюючись на огляд, вона швидко стрибнула в душ. Встигла підстригти лише половину газона, бо зі станком сталась якась біда. «Так і буде», — подумала вона і вискочила з душу, швидко витершись рушником.

Це вагітне чудо так спішило, що не побачило, що з рушником щось не то. Її мама, яка працювала вихователькою в садочку, для уроку робила якісь подєлки, для яких використовувала дрібні розсипчасті бльостки. З хер зна яких причин, запаментавшись, вона витерла руки після тих бльосток об рушник вагітної доці, а та, своєю чергою, розвезла їх по Ізольді, сама того не знаючи.

Приходить моя колега на огляд до лікаря. Видерлась на гінекологічне крісло і жде. Гінеколог підходить ближче, дивиться на ту свєркающу красу і не вірить своїм очам. Відійшовши від легкого шоку, лікарка мовить: «Я працюю в цій галузі вже 18 років. Бачила всяке. Але ви перша, хто так креативно підійшов до огляду. Мало того, що вибрита якась абстракція, то ще й бльостки. Ну, мистецтво, не іначе. Хм, якщо постояти і довше повдивлятися в це панно, то можна навіть роздивитися фігурки. Я, наприклад, серце бачу. Лесю, іди сюда!» — гукає вона медсестру. Та заходить в оглядову частину кабінету, за ширму. «Дивись! Я серце бачу, а ти що?» Леся, примружившись і давлячись сміхом, відповідає: «Собаку». «Лесю, яка собака? Де? Покажи!» «Ну ось, — показує. — І хвостик». «А, точно, бачу. Але ти поняла, як нормальні пацієнти до огляду готуються? Вроді мєлочь, а приємно, страшне».

Моя колега мала відмінне почуття гумору, тому не багровіла від сорому, а щиро посміялася з цієї ситуації. Роки минули, а легенда про піську в блискітках ще й досі гуляє коридорами поліклініки.

Так, вальсуємо далі. Які ще приємності притаманні другому триместру? Точно! Беззаперечним бонусом цього періоду є сіськи. Навіть якщо до вагітності у твоєму ліфчику було пусто, як у держбюджеті, а мішки під очима були більші за бюст, то зараз ситуація змінилася. Бруньки набубнявіли, і ти можеш навіть трішечки відчути себе порнозіркою.

Якщо чесно, то сіськи значно побільшали ще в першому триместрі, але тільки зараз, коли той блядський токсикоз відступив, у тебе з'явилася нагода самій їх по-людськи роздивитись. Цим чудесним змінам особливо щиро радіє чоловік. Якщо раніше він брався за ціцьочку, а вона втікала, то зараз ця повна пазуха добра — це те, із чим він прокидається і засинає.

Одяг для вагітних

Твої нові шикарні форми не влазять у звичний одяг, що цілком закономірно, тому час оновити гардероб.

Ти йдеш у той магазин «Одяг для вагітних» в підприжку, в настроєнії, уявляючи, що зараз як накупляєш усякої красоти, то аби приватбанковська карточка видержала. Не дарма ж ти на Пінтересті створила цілу папку під назвою «Сексі мама», попідписувалася на всіх вагітних фешнблогерів і зберегла в телефоні найкращі вагітні образи Бейонсі. Усе для того, щоб не розгубитися в шоурумах і одразу формувати продумані функціональні образи.

Увєрєнним двіженієм руки відчиняєш двері цього магазину. Заходиш. Продавчиня миттю, відірвавшись від судоку, вітає тебе у своєму бутіку. Розглядаєш асортимент. Очі бігають по поличках і лисих вагітних манекенах, а на них…

Мати Василева! А що на них? Туніки з узором з дрібненьких польових квітів, які нагадують тобі щось до болю рідне… Хм, секунда роздумій… Точно, такий же узор красувався на підодіяльнику твоєї бабці, який вона заправляла на врочисті празники. Так, а де речі в обтяжку? Де сексуальний крой, я вас питаю? Шо це, блядь, таке вообщє робиться? Продавчиня, учуявши розгубленість клієнтки, пробує кувать залізо, поки гаряче, і трусить перед очима сарафаном зі стразами й паєтками, що виконаний у найкращих традиціях Боллівуду часів Міхнуна Чакроборті.

Ти намагаєшся зібрати думки докупи й зосередитися. В кутку магазину помічаєш чорне плаття. Класичний крой, досить стриманий образ. «Червоне — то любов, а чорне — то стройнить», — думаєш ти і розрізаєш простір у напрямку того убьору. «Мірну, за це ж гроші не беруть». Продавчиня воспряла духом, здерла плаття з вішака і провела тебе в примірочну. Тулиш його на себе. Одягнула. Поки влазила в той откутюр, то впріла, захекалась. Морда червона, аж пашить.

Продавчиня, побачивши тебе в цьому убьорі починає валить компліменти, як кіт на глині: «Ой, це така удачна модель. Вам так іде. Ізисканно, просто ізисканно. Ви як Перша леді». «Да? — запитуєш ти, зашарівшись. — Ну, стиль Жаклін Кеннеді мені завжди подобався. Відчуваю нєкую спорідненість. Розумієте?». Продавчиня мовчки, але многообєщающе киває головою.

Підходиш до дзеркала. Дивишся. Ну, не збрехала! Ну, не збрехала ж, зараза! Точно як Перша леді. Один в один! Як Ніна Хрущова під час візиту в США в 1959 році (пропоную не полінуватись і погуглити той фешн для візуального конекту).

Так, розчаровано знімаєш ту сукню. Хай бог милує! Зберись і думай, будь реалістичною. Що тобі, вагітній, необхідно в гардеробі щодня? Правильно, джинси. Перефокусувавши свій взор у сторону полиць із джинсой, чимчикуєш прямо до них, вся така решительно настроєна. Шопінг це чи булька з носа, врешті-решт? Береш джинси, розглядаєш. Мірять не поспішаєш, бо з того плаття ледве вибралась, ще не віддихалась. Резинка на пузі, аж під цицьки, приємний колір, тягнуться гарно, кармани на попі — усе як має бути.

Ти трохи воспряла духом. Непогано, непогано, щось наклььовується. Хапаєшся за цінник. Хапаєшся за серце. Це ж джинси — штані по-простонародному. Якого фака вони коштують, як крило самольота? Придивляєшся до етикетки в надії, що то, може, ти помилково якесь «Валентино» схопила, а ніт, «Маде ін Чайна». Розумієш, що ніжно-голубі джинси, які віддала тобі дружина твого брата після двох її вагітностей, ще таки досить нічого, можна носить. Із цією думкою оперативно чеберяєш на вихід.

Так, одяг для вагітних ніколи не був надто дешевим. Проте тут річ навіть не в ціні, що на етикетці. На голову нам давить той факт, що ці шмотки носяться лише декілька місяців. Саме тому вони дуже часто передаються від сестри до сестри, до подруги, до куми й так далі, як поздравітєльна картинка у вайбері в новорічну ніч, поки дірка на сраці не протреться.

Коли я була вагітною старшим сином, у мене була одна пара штанів. Після захопливого шопінгу я зрозуміла, що більше мені й не треба, до літа протягну, а літечком — сарафани, спіднички... У щось та й влізу.

За другим сином, на шостому місяці вагітності, уже в Америці, ми з чоловіком скупилися по повній. Він завів Катрусю в дорогий магазин для вагітних, де нас години дві кружили в комерческом танку три консультанти, підносячи чоловіку чай, а мені все нові й нові лахи. У результаті ми гребли все, що могли винести, роблячи банківському рахунку страшну мерву. Хто б міг подумати, що ці покупки, як скоро з'ясується, стали одними з найкращих і найраціональніших в історії нашої сім'ї.

Відносивши цей вагітний гардероб, я зібрала всі бебехи й передала їх вагітній сестрі. Поки сестра моднічала на просторах Гощі в моїх штанях, я, предавшись пристрасним любодіяніям, знову завагітніла. Таким чином, декілька пар джинсів, суконь і тунік емігрували назад у мій полон. Наша пісня гарна й нова, начинаєм її знову. Тільки Катерина народила і вилізла з тих джинсів з поясом-резинкою під самі груди, як завагітніла моя двоюрідна сестра, тому ці всі речі, які, на мій подив, були в чудесному стані, були передані їй.

Не буду стверджувати, бо пам'ять моя така непостійна, як погода перед Колядами, але здається мені, що деякі пари джинсів після двоюрідної сестри, носила також моя вагітна подруга. А потім і вона їх комусь «перепила».

Мораль цієї басні такова: якщо в планах малюється не одна вагітність, то витрачати гроші на якісні речі в спеціалізованих магазинах справді варто. Ціна на них відповідна, але й носяться вони всім селом. Якщо ж ні, то можна зекономити копійку й одягнутись у звичайних магазиках, купуючи одяг на декілька розмірів більший. Саме так я й робила за Форестом.

Будучи вагітною вчетверте, розуміючи, що для мене ця «ходка» вже остання, я вирішила, що перестрибаю в тому, що є. Карантинні реалії, скажу більше, показали мені, що єдина річ у моєму гардеробі, без якої я пропаду, як пук на вітру, це махровий халат. У ньому я провела 50 % своєї вагітності. Ті рідкісні вилазки з дому, як не крути, вимагали людського вигляду, тому щось я все-таки була вимушена прикупити. Я просто йшла в магазин, вибирала річ, яка подобається, замість свого розміру брала на два розміри більший і, щаслива, гребла додому. Мода на оверсайз для мене виявилася дуже вчасною, тому зараз я ще й досі ношу дещо з тих речей.

Я розумію, що вагітність — це період, коли жінка хоче почуватися красивою, хоча, відверто, не завжди має на це сили. У пріорітеті зручність і комфорт. Пам'ятай, що, зрештою, краса — це те, що транслюється зсередини. Усе буде добре.

Перші рухи

Момент, якого ти не забудеш. Відчуття, на які ти чекаєш із завмиранням серця, дослухаючись до свого тіла, як ніколи раніше. Ці перші рухи дитини — абсолютно новий виток реальності, якась невідома магія між двома найріднішими людьми, чарівні метелики, що пурхають у твоєму лоні... Я могла б іще довго виписувати тут ці рожеві метафори й сипати велюровими алегоріями, але, як не крути, а ці перші рухи схожі на гази.

Щось таке крутить і булькає в животі, як після поїдання немитого зеленого аґрусу, пів літри молока і хлібчика зі смальцем. Не питай, звідки я знаю, що відбувається в животі після цього неймовірного набору продуктів. Просто повір. Щось ніби булькає, лоскоче, лопає, ти не знаєш, чи розслабитися і пердіти, соромливо ховаючи очі, чи плакать від щастя і радіти, бо це воно.

Я, як людина, яка багато пукає і вагітніє частіше, ніж Ляшко угрожає вилами, так би мовити, з власного, просто безцінного опиту (який не знала куди приткнути, крім цієї книжки) хочу сказати, що для розуміння, чи це воно, важлива безпосередньо локація цих загадкових «бульок». Якщо це самий низ живота, то поздравляю, це не аґрус, це твоє мале, рідне і вже таке любиме, лупиться ніжками, сигналізуючи: готуйся, матера.

Більшість жінок починає відчувати рухи дитини між 16-м і 20-м тижнями вагітності. Люди розумніші за мене, з дипломами лікаря, кажуть, що худощаві матусі, які вагітні не вперше, можуть відчути рухи плода ще раніше, у 15 тижнів.

Моя гуртожитківська знайома Галя, яка була дівчиною пишною, розкішною і необ'ятною, скромно пропонує запхати їм ті дипломи в сраку, бо Галюся стверджує, що відчула перші рухи своєї дитинки на 11-му тижні вагітності, і хоть ти всрись. Я, як дєвушка ходяча по лезу ножа все своє життя, посміла зауважити, що то не дитина, а квасоля, яку вагітна Галина любила страшно. За свого язика Катерина була обдарована поглядом, що якби набув звукового забарвлення, звучав би як «Нє, ну ти подиви! Шо воно оце пиздякає? Я, може, лучче знаю, що в мене в животі робиться?! І вообще, іди ти нахєр!».

Благо, мені дійшло з першого разу, що, незважаючи на наукові факти, Галі справді видніше, що там у животі відбувається. А оці свої припущення я можу втикнути туди, куди прекрасна Галина пропонувала втикнути дипломи спеціалістів медичної сфери, які мали необережність із нею не погодитися.

А шо я? У першу вагітність я відчула рухи на 18-му тижні. Лежала в гуртожитку, думала, чи підтримати дівчат у їхньому прагненні приговорить півлітрову банку абрикосового варення з чайком об 11-й вечора, і раптом «стук» у животі. Тоді ще один. І ще один. В одну й ту саму точку. Дуже ніжні, але відчутні поштовхи. Воно!

На початках син давав про себе знати лише вечорами, коли я вже лежала в ліжку, витягнувши ноги. Я так чекала цих ніжних, ледь відчутних, майже фантомних вечірніх перестуків. Але протягом двох тижнів моє мале підросло, окріпло, трошечки обнагліло і почало лупить мене регулярно, незалежно від часу доби. Дівчата з гуртожитку, з якими я жила, по черзі підходили до мене, притуляли руки до живота й слухали Артема. І я, плюнувши на всі забобони, якими пічкало мене старше покоління, дозволяла їм торкатися животика, тому що радістю хотілося ділитися.

За другою вагітністю я також відчула рухи на 18-му тижні. Цього разу одразу стало зрозуміло, що всередині тусить хтось дуже жвавий. Колись чула таку теорію, що по активності дитини в утробі можна визначити майбутній темперамент цієї людинки. От, блядь, шось у цьому є. З перших рухів Гнат показав мені, хто тут за головного. Він такі піруети там виробляв, що вся трупа цирку Дю Солей дивилася б, плескала й тихенько плакала б, періодично голосно схлипуючи.

Пам'ятаю, як лежала й розмовляла із сестрою по фейстайму, поставивши телефон собі на пузо та оперши його об коліна, бо руки в мене, єстєствєнно, були зайняті якоюсь їжею. Гнат так мене улупив зсередини, що той телефон полетів на підлогу. Бідна Наташа не зрозуміла, шо це робиться, з якої причини її «уранілі», та подумала, що почався землетрус (до речі, у Сан-Дієго бувають землетруси). Сестра почала верещати мені в трубку, щоб я швидко бігла і ховалася в дверних пройомах, бо вони зазвичай найстійкіші частини будівлі. Жива тобі комедія, шо, нє? (Для справки скажу, що Гнат таки докрутився. Зв'язавши з пуповини макраме, син народився з двома повноцінними вузлами на ній.)

Третя вагітність настала так нежданно, як зима у грудні для працівників дорожно-комунальних служб. Рухи Катерина почала відчувати набагато раніше, ніж у попередні рази. Десь на 16-му тижні з'явилися перші відчутні удари. По них можна було сказати, що третій пупс не такій спокійний, як Артем, але й не такий каскадьор, як Гнат, — щось середнє.

Проте і в нього була своя фішечка. Він страшно любив потягатися. Так славно простягав ніжки та-а-ак мені під ребра, що я, вилупивши очі, пищала, як бабак навесні, і просила, щоб перестав, бо дам по сраці, яку, до речі, завжди було легко намацати крізь живіт.

Четверта вагітність. Форест. Ніби вчора то було. Як опитна матера, я була впевнена, що почну відчувати поштовхи ще раніше, ніж за Люсіком, тому з 15-го тижня була напоготові.

15 тижнів стукнуло — рухів нема. 16 тижнів — тиша. 17 тижнів — а хрін тобі замість помади, ніхто не ворушиться. 18-й тиждень — я, поклавши руки на пузо, просто лежу і чекаю. Нічого. Тихо, як у танку.

Тоді ти, як же торба з гормонами, починаєш себе накручувати, переживать, читать дурні мамські форуми зі всякими страшилками, на основі яких Стівен Кінг написав би не одну книжку... А потім сідаєш і просто гірко плачеш, бо що ж іще робить? Цілих півтора дні не плакала, мєжду прочім, тому пора. Тобі ж заплакать, як дурному з гори скотитися. Спочатку плачеш, бо рухів Фореста не відчуваєш, а Артем, Гнат і Люсік на цьому терміні вже штовхалися. Потім плачеш, бо якесь падло попило чаю, а чашку в мийку так і не поставило. Насамкінець плачеш, бо побачила репортаж про закохану пару одностатевих пінгвінів у зоопарку, які висиджують чуже яйце.

І ти ж мізками розумієш, що так буває; що кожна вагітність індивідуальна; що перші рухи можна відчути і після 20-го тижня, просто треба набратись терпіння і тому подібне. Ти це все розумієш, але, зрештою, нічого не можеш із собою вдіяти, тому продовжуєш порівнювати цю вагітність до попередніх, плакати через лякаючі відмінності, паралельно уміляючись любові тих зоопарківських пінгвінів.

Усі мої пиздостраданія закінчилися на 20-му тижні, коли Форест епічно заявив про себе під музику Джей Зі. Як це було?

Річ у тім, що мій чоловік дуже рано починав вмантулювати любов до прекрасного кожному з наших синів. Для нього це був своєрідний спосіб зв'язку з майбутньою дитиною, а для мене — можливість насолодитися таким приємним ритуалом, як лежати в ліжку, ніхера не роблячи, бо в майбутнього дитяти проходять законні 20 хвилин музичної освіти.

Еліот придбав великі навушники, створив плейліст з різноманітною музикою (від Бетховена й Чайковського до Бейонсі й Марун Файв) і щовечора крутив дискотеку для маляти, натягнувши ті навушники мені на пузо. Я впевнена, що якщо просто вмикнути гучно музику в кімнаті, то ефект був би такий самий, але чоловіку не перечила, бо в цих навушниках на пузі, які Еліот мені постійно поправляв, було щось неймовірно зворушливе.

І так під час одного з вечірніх музичних сеансів, коли звучав реп Джей Зі, я вперше відчула рухи Фореста. Ледь помітні, ліниві бамкання внизу живота. Декілька поштовхів поспіль, у ту саму точку. Сплутати ці відчуття я вже не могла ні з чим. З тієї радості я так швидко схопилася з ліжка й дременула до танцю, що мій чоловік не одразу вкумекав, чи це мої запальні фіцанія, чи це я так проживаю судороги литки, які, до речі, також часто є однією з прелєстей вагітності.

Повторюся, рухи дитини в животику — момент прекрасний, тому не забуваємо залучати до нього батька. Хай покладе руку, хай відчує, хай готується, їдрийогомать, бо забава його чекає капітальна.

Пам'ятаю, як же мене драконило, коли після довгих, пекучих очікувань цих перших поштовхів, коли вони нарешті відбуваються, уже такі відчутні і помітні, твій голуб ясний притулить руку до пуза, дивиться на тебе, як я на задачку з тригонометрії, і мовить: «Ой, я шось нічого не чую». «Ну як тут, йобжежтвоюнищечком, можна не відчувати?» — думаєш ти, намагаючись приховати роздратування натягнутою посмішкою.

Не здаєшся. Поправляєш його руку, наводячи її на місце активності та ніжно прижимаючи до живота. «А так відчуваєш?» — запитуєш ти. Милий лупає очима: «Ні». «Шо, бля, значить "ні"? Прижми гарно і жди».

Чоловік намагається вивільнити свою могучу клешню з твого полону, але від тебе так живим та неушкодженим ще ніхто не втюк. «Чуєш? Ворушиться», — радісно і водночас знервовано питаєш ти. «Де ворушиться?» — питає суверенний. «Де, де? В сраці! Не смикайся, сказала, бо вже получиш!» Чоловік насупився, як миш на крупах, але слухається, бо ніхто не вміє так ловко всипать пиздюлін, як знервована вагітна жіночка. П'ять хвилин напруженого нерухомого очікування, у результаті якого всесвіт нарешті змилостивилась, і мале лупануло та-а-ак батькові в жменю. І тут цей батечко як не підскочить з ліжка! Очі по п'ять копійок, ніздрі розтопирені, перелякано-щаслива усмішка осяює лице.

— Ну що, відчув нарешті?

— Капець!

— Злякався?

— Капець!

— Правда круто відчувати свою дитину?

— Капець!

Розумієш, що твій милий під враженням. Капець, під яким враженням!

З власного досвіду можу сказати, що така реакція тата на перші відчуті ним рухи маляти не змінюється, навіть якщо це ваша десята дитина. Дивним чином відбувається обнулєніє, і кожен раз, як перший. А можливо, просто саме цей момент є одним із тих перших, коли мужчин накриває розуміння, що вони створили життя, нову людину, своє продовження... І цей тактильний досвід вражає в саме серце. Ну, принаймні мені хочеться в це вірити.

*Стать дитини, або Вітаю, у вас буде хлопчик (*4)*

Закінчення токсикозу, пишні груди, шопінг речей для вагітних... Це все, канєшно, дуже захопливо, але є одна подія, яка робить другий триместр по-справжньому особливим. Це похід на УЗД, під час якого лікар повідомляє тобі стать дитини. Відбувається це приблизно на 20-му тижні вагітності.

Мене завжди дивували люди, які казали: «А ми вирішили не дізнаватися, на кого чекаємо. Хочемо, щоб це був сюрприз. Народиться — тоді й побачимо».

Це ж якою силою волі треба обладать, щоб мати нагоду дізнатись і свідомо від неї відмовитися? Га, питаю? Це те саме, що в холодильнику на тебе чекає пірожене, а ти така: «Ой, вранці з'їм». Ніч темна і повна ужасів! «Яке вранці?!» — питається в задачі. Я, наприклад, із тих людей, які те піроженe вкладуть і до ранку вже забудуть, що їли. Саме тому я завжди знала, що дізнаватимуся стать маляти за першої ж змоги.

Носячи під серцем старшого, Артема, я була впевнена, що він — дівчинка. Настільки впевнена, що могла б поспорить на бабині золоті коронки, маминого хрустального сервіза і дідового ровера, що матиму доцю. Не те щоб я її більше хотіла, ніж сина. Ні! Для мене стать була неважливою, але думки про хлопчика чомусь навіть не пролітали. Дивно, але я себе переконала, що по-іншому бути не може, і йшла в лікарню, щоб отримати підтвердження того, що, здавалося, я і так знаю на всі сто відсотків.

Приходжу на УЗД. Лягаю на кушетку. Кабінет якогось фака темний, як льох. Серце калахкає. Хвилювання через край, від якого починає крутити в животі. Ти скануєш периметр на наявність туалету і в умі прораховуєш відстань до нього.

Лікар починає водити тим джойстіком по животу. «Ну, що там? — питаю я. — Дівчинка?» «Ні», — відповідає лікар. Думаю, що, напевно, мене не дочули. «Дівчинка?» — голосніше перепитую. «Ні!» — голосніше відповідає лікар. «А хто?» — щиро дивуюсь я, цим самим питанням демонструючи рівень IQ такий самий, як у мішка з дустом. «Ну хлопчик же!» — відповідає лікар і дивиться на мене відверто як на дурочку. «Точно хлопчик?» — перепитую я. «Ну, ось пісюн, бачиш?» — лікар цокає пальцем по екрану. «Пісюн бачу. Точно хлопчик?» — ще раз матлошу душу ескулапу. «Ну, або хлопчик, або дівчинка з пісіком. Бо пісік там точно є, а хто до нього там причеплений — то загадка», — сміючись відповідає лікар.

Оговтавшись від шоку, зрозумівши, що Соломійка мені не світить, я почала приймати той дивний факт, що Катерина зуміла сотворити хлопчика.

Син!!! Мене переповнило відчуття гордості. Я вже тоді знала, що назву його Артемом. У мене буде син. Диво яке! «А що з ним робить?» — у голову влізло дурне запитання. «Любить!» — швидка відповідь з'явилася сама собою. «Ти будеш його любить. Сильно, як тільки вмієш», — тоді я й подумать не могла, що майбутнє готує мені сюрприз і одного дня пісюнів у моїй хаті буде більше, ніж каструль.

Кажуть, що стать першої дитини не має значення, бо це ж первшеньке. А от коли ти вагітна вдруге, то на прєдпочтєнія маєш повне право. Керуючись цією логікою, будучи вагітною Гнатом, я мала би хотіти дівчинку. Правильно? А хєрушки! Насправді все, що я скромно хотіла, — це просто не склеїти ласти, тому на ультразвукову діагностику з визначення статі мене попід руки привів чоловік. Це була 4D УЗД, де ми мали змогу побачити обличчя дитини. Що я можу сказати? Хай Бог сили вертає тому, хто придумав цю чудо-машину, бо це щось на грані фантастики. Як тільки я побачила те личко, я знала, що це хлопчик. Мені і підтвердження від лікаря не треба було. Я просто знала. Але лікарка все-таки показала мені пісюна (чоловік зараз лежить збоку і просить уточнити: «Дуже великого пісюна») і запевнила, що, попри мій жахливий стан… і вигляд… і, можливо, навіть запах, моя дитина здорова, розвивається згідно з терміном, їй там затишно, а це і є головним. Я подякувала, схопила фотографію, яку роздрукувала для нас напам'ять, вхопилася за чоловіка, і він поволік мої обезсилені, але щасливі мощі додому.

Коли я розповідала друзям і знайомим, що знову чекаємо на сина, то перше, що чула у відповідь, було «Поздравляю. Не розстроюйся. Третя буде дівчинка». Мене оце «не розстроюйся» так кумарило, страшне. Я не могла зрозуміти, з якого це хера я мала б розстроюватися. У мене все прекрасно!

Третя вагітність. Катерина якраз приклевала з Артемом і маленьким Гнатом в Україну провідати рідню на цілий місяць (так, я літала, будучи вагітною, з токсикозом, сама з двома спиногризами, із США в Україну). Удома стіни помагають, родичі глядять твоїх дітей, а ти гойдаєшся в гамаку під старою грушею. Що може бути прекрасніше? Якщо ще й періодично наминати ліниві вареники моєї мами, голубці тьоті Валі, салат з капусти, що робить сестра, та паперівки, напизджені в сусідському саду, то токсикоз, скажу я, пережити якось легше.

Усі родичі були переконані, що я вагітна дівчинкою. Комусь сон вєщий снився, хтось по формі живота напророчив, а хтось просто філософствував, що в одну воронку бомба тричі не падає…

Сестра, щоб розвіять усі сомнєнія, посадила мене на табуретку, вийняла голку, нанизану на нитку, і попросила простягнути руку. «Значить, слухай сюда, — твердо сказала вона, мотиляючи тим саморобним гадальним устройством над моєю долонею. — Якщо голка рухається по лінії, горизонтально чи вертикально — буде хлопчик, а якщо по колу — буде дівчинка. Поняла?» «Ага», — промямляла я в очікувані самоїточної діагностики у світі. І шо ви думаєте? Голка крутилася по кругу, пророкуючи мені донечку. Щоб знати навєрняка, ми з сестрою продєлали ритуал разів шість, і результат завжди був однаковий — голка, коло, дівка. Всьо, розходимося.

Моя мама, споглядаючи здалеку ці язичницькі обряди, крутила біля скроні й філософськи затягувала: «Лучче б лоба перехрестили, дурочкі дві. Вам по скільки років? Ото візьміть і підодіяльника разом зашийте, як награєтеся голкою!». «Мам, дівчинка буде!» — радісно засокорила сестра. «Ой, та ти шо? Справді? Ану покажи», — мама миттю підлетіла і мимоволі сама стала учасницею нашого культу. Особисто для неї весь перформанс із визначенням статі дитини був продєланий ще раз. Мама дивилася з відкритим ротом, а потім законстатувала: «Ну, мабуть, шось у цьому є...». А я дивилася на маму і думала, що, виявляється, нашу Аллочку у якусь секту затягнуть — це як два рази плюнуть.

За декілька днів до від'їзду назад у США, на 18-му тижні вагітності, вирішила я піти на УЗД, щоб перед такою дальньою і довгою дорогою переконатися, що все в нормі і при купі. Лікарем виявився дуже симпатичний мужчина, невеликого зросту, з величезною харизмою і ще більшою лисиною, який усіх пацієнток називав мамасітами. «А у вас, мамасіта, вже є дітки, так?» — питає він мене. «Так, — відповідаю я, — уже є два хлопчики». Почувши це, лікар починає загадково всміхатися, але робить усе можливе, щоб я цього не побачила. «Дохторе, шо ви душитесь?» — питаю я, хоча вже підозрюю причину. Лікар, уже не стримуючись, грайливо гигоче й питає: «Стать хлопчика дізнаватися хочете?». Ну, я й дізналася. Три сина. Мамо рідна! Або, як сказав би той красивий і лисий доктор, мамасіта рідна!

Як реагували рідні, друзі та знайомі на сію новость? Дуже обережно, прощупуючи почву. Вони ж бо хотіли дівчинку, тому топфразами були:

- «Ну, ти сама-то рада? Ну, тоді вітаю» — промовлялося сострадальческим тоном.
- «Хлопець — то хлопець. Зато гроші зекономиш. Після Гната купа ж лахів лишилася» — жваво і підбадьорливо.
- «У мого дядька було сім синів. Ти не уявляєш, скільки вони жеруть» — фаталічно.
- «Четверта вже точно буде дівчинка» — обнадійливо.
- «То ця вся діагностика з голкою — хуйня з-під коня, чи шо?» — удівльонно бубніла сестра, яка вже було запідозрила в себе якісь екстрасенсорні способності.
- «А я шо казала? В сраку собі треба було ту голку вткнуть», — відповіла мама, повертаючись у свій скептичний стан.

Три сини. Я не могла повірить. Три сини...

Четверта вагітність. «І снова здрастє». Знову блюю і вмираю. Знову стан такий, що без різниці, хто там у животі, син чи дочка. Дайте день перестояти і ніч передержатись.

Поки я обіймалася з унітазом, намагаючись затримати в собі хоч якусь людську їжу, моє оточення розділилося на два табори. У першому — всі родичі й друзі, які дуже хочуть дівчинку. Хочуть, хоч ти всрися. Та яке хочуть, вони її трєбують. У другому таборі — три мої сини, які мріють про братика, іншого й бути не повинно. У кожного з хлопців на це була своя причина.

Артем хотів брата, бо, на його скромне переконання, усі дівчата якісь трошки пальнуті (це бачення збудоване на основі спілкування з однокласницями, яких почав шторить тінейджерський період і вони на рівному місці закатували істерики так ловко, як моя баба компоти).

Гнат хотів меншого братика, тому що вважав, що Люсіка пора з хати вигнать, бо він його вже задовбав. От така ось дуже приземлена причина.

Люсік хотів братика, щоб узяти під своє крило, збудувати коаліцію і навчати всіляких умінь, наприклад їсти кози, носить труси на голові, стрілять у собаку носками... Йому треба був компаньйон.

Радість від очікування примножується в рази, якщо ти бачиш, що разом з тобою, з любов'ю і захопленням, на брата чекають твої старші діти. Це абсолютний факт.

Цього разу ми з чоловіком вирішили не тягнути до 20-го тижня, а дізнатися значно раніше. «Ото раніше дізнаємося, — думали ми, — більше часу буде, щоб сваритися на рахунок імені». (Це наше улюблене заняття, до речі.)

Ми купили домашній тест, який, спираючись на новітні досягнення науки, дає змогу дізнатися стать дитини на дуже ранніх термінах. Суть така: ти колеш собі пальця, набираєш кров у пробірку, відсилаєш у спеціальну лабораторію і чекаєш на результат аналізу, який тобі за декілька днів надсилають на електронну пошту. Якщо в крові мами простежуються чоловічі ДНК — буде пацан. Не простежуються — буде дівка. Дуже умовне пояснення, але суть уловима. Усе просто, швидко, зрозуміло, а головне, що стать дитини можна дізнатися від сьомого тижня вагітності. Коштував цей атракціон порядку 110 доларів, а потрапляння в яблучко вимірювалося 95–98 % точності.

Пам'ятаю, як зібрали всіх хлопців у кімнаті для прочитання електронного листа з результатами. Читаємо разом. «It's a BOY!» — виднілося жирним блакитним шрифтом на екрані телефону. Так на 10-му тижні вагітності ми дізналися, що наш домашній музей фарфорових пісюнів поповниться ще одним експонатом, а сім'я стане щасливішою на ще одного сина.

Я знаю, що деяким людям у це тяжко буде повірити, але ми не те що не засмутилися, ми зраділи, що народиться саме хлопчик. Наша сімейна динаміка крутиться навколо виховання синів. Цю дорогу ми знаємо від «А» до «Я тобі зараз покажу! Ти нащо на брата плюнув?!».

Я взагалі почувалась якоюсь особливою жінкою, якщо чесно. Ніби це моя суперсила — народжувати хлопчиків. Я ж мєчта всіх королів і монархів, шо, нє? Хочеш наслєдніка? На тобі! Ще одного? Получи, розпишися. Третього хоч? Він не лишній, він запасний. Ось, будь ласка. Що значить «хватить»? На ще четвертого, до пари.

Не всі, звичайно ж, розділяли мою ейфорію. Наша пісня гарна й нова, починаєм її знову, і мене вкотре накрила хвиля непроханого співчуття: «Ну, п'ята точно буде дівчинка»; «Ну, що поробиш? Уже як є. Така твоя судьба, як та стежка із ржавих гвоздів...»; «А ви, напевно, надіялися, що буде доця, да? Да? Да?». У відповідь просилася рифма.

Ніколи не подумала б, що люди можуть так страждать, бо хотіли МЕНІ дівчинку. Я впадала в нерви щоразу, коли чула ці воплі сочуствующих, очікування яких я, якогось хера, мала би виправдати, бо в їхній уяві картина моєї ідеальної сім'ї обов'язково мала би містити доньку. Апогеєм дурдому були слова: «Може, той тест помилився, може, лікар на УЗД добре не розгледів, і там усе-таки дівчинка? Не втрачай надії, Катю».

Інтересно те, що найпершими втішати мене бігли люди, з якими я зовсім не близька. Мільйон разів послала їх кібенімать подумки і кілька разів у вічі, бо це єдиний спосіб отрезвити тих, хто лізе не у своє діло, як сліпота в очі. Як не крути, а репродуктивне насильство — неодмінна частина нашого менталітету. Спочатку дівчину довбуть, що треба заміж. Треба. Бо пора. Бо подружки повиходили. Потім причитають, що пора заводити дитину. Уже. Часікі-то тікають. Дав Бог луг, дасть і плуг. Підкажуть, коли пора за другим іти, бо обов'язково маєш народити першому пуп'янку братика чи сестричку. І за третім пора, якщо в «наборі» є недостача конкретної статі.

Я точно знаю, що є категорія людей, які думають, що народжуватиму, поки в нас не получиться доця. І завжди ця грань між їхнім «Ой, а може, ще одненьке?» і «Мозгів нема більш ні на шо, то вона і плодиться» така тонка, що от-от порветься.

Справлятися з цим мені допомагає здоровий пофігізм і моя чудесна і цілюща мантра «кібенімать». Лише ти знаєш, що, коли, з ким і скільки. Хтось із мудрих сказав: «Не сприймай критики від тих, до кого ти не звернулася б по пораду». Геніально, я щітаю.

Третій триместр

Гамно тєряя по районам, ми на фінішній прямій. Останні три місяці. Уже офіційно можна починати стогнати і крехтати, що тяжко-важко ходить, стоять, сидіть, лежать, їсти… А нє, їсти в цей список не входить, бо на це Боженька силу дає.

Рухи дитини все сильніші, походи в туалет усе частіші, груди розміром з Монголію, спина болить, розтяжки…

Ех, розтяжки…

Розтяжки, сука, з'являються у багатьох жінок. Одразу скажу, щоб оце не тягнуть резину, схильність до розтяжок — суто генетичне діло. Все залежить від еластичності шкіри. Одні жінки народжують по десять дітей і не мають жодної. Інші ж поправляться на кілограм, і вже на тобі, тиць-пиздиць — бордово-бузкові полоски на стегнах, грудях, животі. Тому ти хоч гімном ту шкіру маж, але якщо вона схильна до розтяжок, то вони, найімовірніше, з'являться. Це не значить, що не треба використовувати кремів і лосьйонів для тіла.

Ці всі засоби — діло толкове. Вони доглядають і зволожують шкіру (а зволожена шкіра більш еластична), ти пахнеш, як цукерочка, і той факт, що ти чимось мажеш свої прекрасні тєлєса, тобто знаходиш час на догляд за собою, значно покращують психічно-емоційний стан. Тому мастися скільки влізе, я тебе прошу, але просто пам'ятай, що це не панацея.

У мене ж перші розтяжки з'явилися на третій день після народження Артема. На цицьках, які за добу виросли на два повні розміри, після прибуття молока. Мої груди тріщали по швах і виглядали так, ніби їх три дні і три ночі дерли собаки. Картина не для слабонервних.

Вагітність Гнатом і Юлисиком нових розтяжок не підкинула, зате подарувала геморой. Спасіба велике. Цей подарок мене ще й досі періодично радує.

Вагітне Форестом, моє тіло трималось як могло, на чесному слові. Охая, ахая і пердя, ми дотягнули до восьмого місяця без нових позначок на моєму тілі, чому я дуже раділа.

Недовго музика іграла, і одного літнього ранку я прокидаюсь і бачу, що мій лівий бік «поплив» — три великі бордові смужки. Я стояла і довго роздивлялась їх у дзеркалі. Ці нові позначки на тілі говорять про мою фінальну подорож у материнство. Я вирішила, що навчусь їх любить. Це я про розтяжки (геморой, тебе це не касається). Я навчусь їх приймать. Вони нагадуватимуть мені про подвиг мого тіла. Виростить у собі живу людину, народити, вигодувати її... Точніше, чотири людини. Хіба не диво? Га, питаю? (Чи, може, я просто дорослішаю? Нарешті, у 32 роки.) А якщо включити фантазію, то всі ці полосочки на тілі нагадують розкрас тигриці. Точно, я — тигриця, сексуальна і добре вгодована кішечка.

Сон

Спочатку ти крутишся, як гімно в ополонці, шукаючи максимально зручну позу. Як не ляж, то все не так. Фух, нарешті знайшла. Втомлені повіки заплющуються... Падйом!!! Пісять! Побігла. Прибігла. Лягла. Знов матлошишся в тому ліжку з боку на бік, бо легше знайти офшори наших олігархів, ніж позу, в якій тобі не заважають цицьки або живіт, або нога...

Ніби знайшла ту позу і вже по-тихеньку поринаєш в обійми, як казала моя кума, Морфіна. (Тоді я її сміла поправить, сказавши, що Морфей по сну головний, але Морфін у деяких випадках теж, кажуть люди, допомагає.) Нарешті розслабилася. Тобі тілько-но почав снитися Леонардо ді Капріо в еротичній конфігурації, як у животі починається дискотека. І матера знову прокидається.

І ти лежиш, дивлячись у стелю, періодично постогнуючи і чекаючи, коли ж квартирант утихомириться. А він розійшовся так, що йой, як твоя сусідка Лариса під пісні Винника. Танцював, дріботів, утомився. Сів перепочить на твій сечовий міхур. Витягнув ніжки під ребра. У цей момент у голові літає думка, чи реально нарошно син проводить такі нічні здівательства над матерою. Ех, знову встаєш і курсуєш в уборну. Знов шукаєш зручну позу. Отакий кругообіг мучєній у природі.

Мене, якщо чесно, дуже виручала спеціальна подушка для вагітних (така довга) до тієї пори, поки на неї не попісяла наша собака. Після цього інциденту я використовувала звичайні подушки, намощуючи їх собі між колінами, коли спала на боку (лікарі не радять спати на спині на таких поважних термінах). У мене їх було три, причому кожна клалася стратегічно в конкретне місце.

Одного разу посеред ночі чоловік, осмілівши і оборзєвши, в сонному брєду, спробував витягнути одну з них у мене з поміж ніг, бо бачте, вона йому була дуже треба. Катерина за це його так одмантелила, що в нього аж сон пройшов. Нічого з цього не пам'ятаю, бо сну мені цей мордобой не потривожив, але, судячи із синяка в милого на нозі, бойовик був у стилі Чака Норріса. Сонні вагітні жінки такі ж небезпечні, як біляші з базару, і в нічному рукопашному бою їм нема рівних, так собі і знай.

Печія, мать тебе нищечком, прівєт! Тебе якраз і не хватало. Розтяжки й геморой якраз питали, де ти пропала. А ти ось, тут як тут, щовечора зі мною.

Дитина росте, підпираючи шлунок (це я так по-простонародному пояснюю, щоб у гастроентерологів не забирати хліб). Усі ці метаморфози викликають відчуття, ніби ти наїлася жару з груби і зараз, не дай Боже, якщо пукнеш, то взорветься хата.

Головне — не терпіти печії. Треба говорити про це з лікарем. Є низка безпечних для вагітних препаратів, які полегшують страждання, тому повторюю для тих хто в танку: консультуйтеся з лікарями.

Люди кажуть, що також допомагає не жерти всякого на ніч, наприклад, кисленького чи гостренького, але мало лі шо там ті люди кажуть. Як можна стриматись, якщо ти, скажімо, на восьмому місяці, лежиш у ліжку, намагаючись заснути, а тебе з кухні кличе мандаринка? От як її не з'їсти? Чи яблучка шматочок... Чи котлетку... Три котлетки...

Спорт

Не варто забувати, що помірні фізичні навантаження корисні для вагітної жінки, звичайно ж, якщо нема протипоказань і вагітність протікає нормально. Прогулянки на свіжому повітрі, легеньке кардіо, вправи з мінімальною вагою — хто шо любить, обирай сама. Для когось каструлю голубців накрутить і підлогу помить — то ще те кардіо, тому концентруй ресурс на тому, що подобається саме тобі.

Будучи вагітною (це я зараз пишу і аж спину випрямила), я займалася йогою. Так, так, йогою. Двічі. Знайшла на ютубі відео заняття для вагітних, нап'ялила спортивний одяг, розстелила килимок, сказала псу, який у нєдоумєнії дивився на мене: «Намасте» — і почала фізично активнічать.

Після п'яти хвилин занять я зрозуміла, що моя улюблена поза в йозі — це просто лежать на килимку, тому наступні п'ятнадцять хвилин заняття пройшли саме в ній. З грацією цебра, під заливистий сміх старшого сина, з пузом наперевєс, я намагалася красиво встать з підлоги. Не вийшло. Вийшло пукнуть, чим ще більше насмішила Артема. Оскільки собака був присутній у кімнаті, миттєво сперла все на нього і ще раз переконалася, що псів варто заводити хоча б для того, щоб можна було ходить по хаті і спокійно пердіть.

Секс

Зі спортом не складається? Не треба переживать. Секс — також спорт. Але і в цьому плані все має бути акуратно, легенько і скраєчку. Не стісняємся цікавитись у гінеколога на рахунок сексу під час вагітності. І не треба червоніти, не знаючи, з якого боку цю тему зачепити з лікарем. Лікар у курсі, що секс — якраз і причина всього проісходящого, тому оце блаженне пуританство взагалі не в ті двері.

У когось лібідо під час вагітності знижується, хтось, навпаки, не дає проходу чоловіку настільки, що той, бідний, зашуганий, як заєць під кущем, ховається поміж вазонів, під батареєю і тихенько плаче.

У мене були дні, коли думка про бутерброд зі шпротами заводила мене значно більше, ніж варіант пошморгатися, зізнаюся чесно. А були, навпаки, такі, що не можна було дочекатися, коли вже мій судьбоносний прийде з роботи, щоб знасільнічать його пристрасно, раз так штири-пять.

У ділах амурних під час вагітності мене з настроєнія могло вибить лише одне — це коли ви з чоловіком віддані процесу, і в цей самий момент дитина починає копати тебе зсередини. От для мене це завжди був той серп, що свистить по яйцях. Ніколи я не вміла абстрагуватись і продовжити з таким самим запалом, бо думки вже не про любов, а про те, чи думає дитинка, що ця дивна встряска — це землетрус, чи не страшно їй там, чи нічого не муляє. І одразу в голові спливає дурний анекдот про хлопчика зі вм'ятиною на лобику.

Пам'ять

Про те, що вагітні жінки стають забудькуватими і заторможеними, люди не вигадують. Усе так і є. Інколи їхня пам'ять стає коротшою, ніж з ноги волосина. Це факт. Пів дня ти плануєш свій день до дрібниць, щоб нічого не забуть, детально записуючи все в блокнотик. Наступні пів дня згадуєш, шо ти, блядь, там такого напланувала і де вткнула той блокнотик. Реально, таке враження, що хтось йому приставив ноги. Обшукала вже все. Нема, холєра. Ти знайдеш його через тижнів три десь у шухляді разом із твоїми масочками, кремами й одним носком, який, до речі, також уже тиждень як у розшуку.

Коли чоловік мене питав про місцезнаходження якоїсь конкретної речі в нашій хаті, я дерев'яніла і прямо по своїй морді лиця відчувала, що віндовз помалу грузиться, кружечок ніби почав крутитися, але далі вимикають світло, і мій мозковий «компутер» тухне й не робе. Не питайте, чи було таке, що Катерина завантажувала брудне прання в морозилку, чи казала «Алло» в пульт. Просто не питайте. Не питайте, прошу.

А загалом третій триместр можна описати так.

Мініп'єса. «Вагітність. Внутрішній душевний діалог»

У ролях: дитинка, матка, нирки, сечовий, мізки, сіськи, геморой, варикоз.

Дитинка (*б'є маму ногами*): Хочу кавуна! Кавуна! Уже!

Сечовий просто дивиться на дитину і крутить біля скроні.

Нирки: Чуєш, ти, гімно мале! Ти бачив, яка година? 23:00, таку твою Катю мать! Який кавун? Ми вам що тут, наймички, пахать внеурочно?! Замовкни, вляжся і спи, задовбав!

Матка: Ой, бля, нирки. Не нийте. Можна подумать, вам тяжче всіх. Як до вагітності по літрі пива глуптить за один присяд, то ми магьом, а заре шо? Отказуємся?

Дитинка (*б'є ногами сильніше*): Во, во! І я про це. То шо? Сообразим по кавунчику?

Нирки (*звисока дивляться на матку*): Не хочем тикать пальцями, але ти б уже мовчала насчьот того, хто і чим до вагітності займався. У самої морда в пушку. Якби ти вміла контролювати свої яйцеклєткі, то всім легше жилося б. А то вони самі на сперматозоїди нападають, амазонкі херові! Нагадаємо, що через твоє бєшенство і відсутність самоконтролю ми всі зараз розплачуємся.

Матка: Хто всравсь? Невістка! Причому тут я? Каті мозгами треба було думать. От у них і спитай. Кстаті, де вони?

Мізки: Хочу шпротів і диньку... Бляха, як та пісня Андрея Губіна називалась? «Уно моменто сенйоре рагаце. Дєвушка с намі бєлісімо граце...»

Нирки: А шо у них питать?! Ти ж бачиш, що вони невмєняємі! Кароче, рєбята, ми в жопі!

Геморой: Добрєйший вечерочек! Осмілюсь не согласиться з таким твердженням! У жопі тіко я, приємно познакомиться!

Сечовий: Боже, хто цього придурка знає? Чого він лізе без спроса?

Геморой: Бачу, у вас, шановний, недержаніє по всім фронтам...

Сечовий: Шо? Ти шо сказав?! Ану повтори, казьол! Сюда іди, ну-ка!

Сіськи: Мальчікі, не сваріться! Успокойтесь! А нам якраз Катін стан вагітності дуже даже нравиться! Ви гляньте на нас. Кра-со-та. Як два балкона! Якби могли, то самі б себе мняли. Третій розмір, зашибісь. Налиті, як яблучка восени.

Варикозні вени: Ага, ми, блять, теж налиті, як ті яблучка, але якогось хуя нам так ніхто не радується...

Дитинка (*розтягуючи матку ногами*): Потягусі на ростусі!

Матка (*вздихаючи*): Нє, я цього квартиранта скоро виселю кібєнімать. Ніякого бережного ставлення до жилплощаді...

Дитинка: Ха, виселить вона, до 15-го числа не маєш права!

Мізки: ...танци, танци, танцует дєвчьонка, а парні пусть пастаят в старонке, здєсь в каждой нотє двіженіє тєла...

Сечовий (*скептично дивиться на мозгі*): Ми-то між собою сваримось, а от за них дійсно варто переживать... Треба шукать толкового спеціаліста...

Матка: Да.

Нирки: Да.

Сіськи: Да.

Дитинка: То шо, може кавунчика бахнем?

Мізки: Давай бахнем! А шо нам?

Сечовий: Ну, ппц. Знову я буду зустрічать рассвєт... А потім Катя ще буде дивуваться, чого я підтікаю щоразу, як вона пчіхає. Бо нєрви не в пизду!

Матка (*ображено*): Попрошу мене сюди не вплутувати...

Покупки для малявки

Почну цей розділ з цитати великих людей: «Не здумай купувати нічого наперед! От родиться, тоді і купиш! А наперед — упасі Боже! Хоч наврочить?» ©Баба.

Ох, сидить ця любов до забобонів у нашій культурі, як вош у кожусі, ох, сидить. У той час, коли ракети літають у космос, а машини їздять на автопілотах, чайники закипають за хвилину, а робот-пилосос катає на собі кота, ми віримо, що якщо купить одну маленьку розпашонку до народження дитини, то це якимось чином негативно вплине на перебіг подій.

Нє, ну це можна видержать? Де, блядь, логіка? По-перше, хто бачив жінку, яка тільки народивши, зразу ганяє по магазинам у пошуках всього необхідного? Вареник розпухший, сіськи печуть, спала мєлкімі передрьомами, ну, ніби спала... І чим вона займається, з радістю й непідробним ентузіазмом? Канєшно, пелюшечки вибирає! Нє, ну звичайно ж, можна, поки ти відходиш від родів і в блаженному ахує вживаєшся в роль мами, весь шопінг речей для малюка довірить чоловіку, а ще краще — бабі. Але нащо, нащо, нащо позбавляти себе можливості кайфонути, вибираючи речі для своєї майбутньої дитини? Тому я всіма кінцівностями за те, щоб дозволити вагітним купувати все необхідне для лялі ще до її народження.

Це неймовірні відчуття — обирати коляску, ліжечко, одяг для найдорожчої тобі людини, якої ти ще навіть не зустріла. Ти не можеш точно знати, який колір волосся, очей буде в дитини, чи успадкує вона твої вуха. Ти не спираєшся на фактор зовнішності при виборі цього всього мімішного добра. Ти спираєшся на любов.

Шопінг «наперед» має переконливі переваги. По-перше, у тебе є час, щоб нормально, не в поспіху, обирати. Сам процес вибору приносить задоволення стільки, як перша червнева полуниця, перетерта зі сметаною і цукром, чесне слово.

По-друге, це така радість роздивлятися вдома ті всі бодіки, розпашонки, пелюшки і шапочки, тулити їх до живота і уявляти, якою буде твоя дитина, як ця вся краса виглядатиме на ній. А зараз дитячі речі роблять такі красиві, що, навіть не будучи вагітною, дивишся на них, і яйцеклітини самі починають братися за руки і водити «Подоляночку». Я, наприклад, ті манюсінькі лахи бебрала безперестанку, складала і перескладала по сто разів. Це приносило мені купу задоволення та оперативно піднімало настрій, який, до речі, у вагітної скаче, як тиск у гіпертоніка на зміну погоди.

По-третє, я вважаю, що купуючи одяг наперед, облаштовуючи кімнату для майбутньої дитини, ти транслюєш своїй комасі, що її дуже чекають, що її прихід бажаний і ти до нього готуєшся. От шоб мені на місці всратись, але я вірю, що діти це відчувають. Ти візуалізуєш вашу зустріч, створюючи цим позитивний настрой, який, до речі, в родах надзвичайно важливий.

І щоб ніхто не думав, що це я від балди пишу, то зізнаюся: будучи вагітною старшим сином, я піддалася масовому психозу, який створили навколо мене «знаючі жіночки», і відмовила собі в цій радості — тринькати гроші, готуючись до народження Артема. Усе, що мені вдалося купить, це: шапочка, розпашонка, повзунки і дві пелюшки. Конкретно те, що було в списку речей, які ти маєш приперти із собою в пологовий.

Я стояла в магазині «Гном», який на той час був чи не єдиним бутиком дитячих товарів у смт Гоща, і годину обирала між шапочкою із зав'язочками й без, пелюшками зі слониками чи грибочками, голубими й салатовими повзунками… І так же хотілося взяти все!

Але ніт, боялася. Не так забобонів, як отого всього ґвалту, який зчинився б удома, якби я повернулася з тими торбами. Заплющу очі — і картина маслом. Я сиділа б на табуретці на кухні, лєгантно склавши лапки на пузі, одним оком поглядаючи на холодильник, іншим — у небуття, а мене чехвостили б з усіх боків: «Ти що?! Неси назад ці покупки! Це поганий знак. Дочка моєї знайомої/сестри/куми/сусідки/братової/невістки нашого головного бухгалтера купила і знаєш, шо було?! Знаєш, що було?». «Що?» — перепитую я. «Ой, лучче тобі не знать…» — загадково й устрашающе відповідає опонент.

Тоді я думала, що легше здатися, ніж переконати. Зараз, бебраючи весь свій життєвий досвід, я знаю, що насправді й переконувати нікого не треба. Просто роби так, як добре тобі, як вважаєш за потрібне. Ти не повинна нікому пояснювати, чому вирішила саме зараз купити ті пелюшки. Ти — мама. Не дозволяй цьому дикому звуку чужого лементу перебити твій внутрішній материнський клич. Хочеш купити сім пар тих сраних салатових повзунків? То купи і не роби собі нєрви. Баба то переживе, не переймайся. Ну, позакатує очі, ну, позаломує руки. Перший раз, чи шо? Відстоюй власні кордони вже зараз, бо, повір, з дитиною на руках це робити набагато важче.

Будучи вагітною вдруге, втретє, вчетверте (аж сама втомилася, поки перелічила), я починала закупи з шостого місяця вагітності. У цьому, до речі, є певне раціональне економічне зерно. Купуючи декілька речей у місяць, ти розподіляєш фінансове навантаження, розбиваєш ці, хоч і приємні, але все ж витрати на декілька, бо якщо робити все одним махом уже після народження дитинки, то це як удар по яйцях, йой, як відчутно й некомфортно.

Так на шостому місяці ми купували дитячий одяг, на сьомому — ліжечко, на восьмому — гойдалку, на дев'ятому — коляску і ще більше одягу. Весь цей дитячо-мамський реквізит зберігався в кутку кімнати, гріючи мені душу і заспокоюючи, бо навіть якби мої пуцьвірки тиснулися б у цей світ раніше, ніж очікувано, матера все одно готова. У матери все схвачено.

Сумка в пологовий

Довго не могла збагнути, на кого мені схожа середньостатистична українська жіночка, яка з торбами пре в роддом, а потім усе ж докумекала. На матеру, яка вертається з Хмельницького базару в серпні місяці, скупившись перед школою для своїх спиногризів.

Хмельницький базар — це наш український Маракеш. Чого там тільки нема! І шурує та жіночка впевненою ходою, торби в обох руках більші за Бразилію, чоло вкрите іспаріною, язик на спині теліпається, а вона біжить, перестрибуючи через бездомну собаку, паркан і ларьок з газетами, бо їй треба встигнуть на маршрутку. З однієї торби стирчать зошити з «Буремним шляхом», щоденник з групою «Корні», ті блядські контурні карти на географію, ручки, пенали. В іншій — нові труси, майки, носки, кросівки, які так смердять китайським клеєм, що може вштирить, спортивні костюми з лампасами... Звичайно ж, не забули і про парадно-вихідні образи (на Перший дзвоник і пару раз у церкву): нова біла блузочка, чорна спідничка, білі ажурні колготки у найкращих традиціях бабиних накидок на подушки і святкові перламутрові сандалики, які на Перше вересня тобі так натруть стопи, що ти їх будеш згадувать, будучи вже дорослою тьоткою.

Існує повір'я, що матера, яка скупилася дітям до школи, може, як та мураха, нести торби, які важать більше, ніж маса її тіла. Наукою не доказано, доказано українськими амазонками.

Саме такими за часів народження Артема були вагітні дами, які ідуть у пологовий. Пам'ятаю, як мені вручили список, роздрукований на стандартному листку А4: туалетний папір, марля, мийні засоби, мило, паперові рушники, пральний порошок... Пунктів було багато. І це не рахуючи речей для мене, для маляти й медикаментів на самі пологи. Вийшло три здорові торби, у яких чорт міг ногу скрутить.

Молодших синів народжувала в США. У роддом ішла налегкє, з чистими трусами для себе та костюмчиком для дитини. Усе влізло в невеликий рюкзачок, що значно полегшувало пригоду.

Нещодавно розмовляла з підписниками щодо необхідних речей на пологи в Україні. Ну, я ж давно народжувала, одинадцять років тому. Думаю: дай-ка дізнаюсь, як зараз функціонує цей «атракціон». Виявляється, що в кожному державному роддомі — своя реальність. В одному пологовому тебе забезпечать усім необхідним, ти приходиш лише з лахами для себе й дитини, а в іншому попросять принести все, від постелі, лампочок і йоршиків для унітазу до літрової скляної банки для плаценти (це я серйозно). За іронією долі, ці два пологові будинки можуть бути в одному місті, просто один з них є частиною державної програми з фінансування пологів, а інший — ні.

З приватними пологовими взагалі проблем нема. Там у списку на пологи лише один пункт — гроші. Спакувала їх у сумку — і впевненою ходою дрелюєш народжувати.

Я тут подумала й вирішила скласти власний список речей на пологи, які точно пригодяться, незалежно від того, у якому з українських пологових народжує жінка.

Я не люблю збиратися в поспіху. Всі свої пологові торби збирала заздалегідь. Щоб не бігати по хаті з переймами і диким криком: «Суверенний, твою мать, почалося!», шукаючи чисті шкарпетки й зарядку до телефону, я завжди пакувала сумку на 35 тижні вагітності. А шо? Вона ж їсти не просить. Стоїть собі в куточку до дня Х. Зате в матері серце спокійне, бо все готово. Лишилася сама малость — схопить ті пакунки, приїхать у пологовий і, власне, народити.

Документи. Почнімо з найважливішого: обмінна карта, паспорт, телефон і зарядний пристрій до телефону. Взагалі без обмінної карти на таких поважних термінах з хати не виходь. Ніколи не знаєш, коли й де тебе може застати тая пригода, тому носи її з собою постійно. До телефону й так нині всі приклеєні, тому ймовірність його забути значно менша, ніж, скажімо, документи. Я, наприклад, машину забувала, а от телефон — ніколи.

Халат треба. Взагалі, якби мені довелося вибрати один-єдиний убьор, у якому я проходила б усе життя, то це стовідсотково був би халат. Халат — це стратегічна річ гардеробу кожної жінки, а в материнстві — просто незамінна. Легкий і швидкий доступ до цицьок та великі кишені — неодмінні характеристики, якими має бути наділене це проізведєніє побутового фешену. В ньому ти будеш соватися по палаті після родів, у ньому ти будеш курсувати по хаті, приїхавши з пологового, у ньому ти будеш засинати напівсидячи, коли мале тебе матлошитиме довгими ночами, ним ти витиратимеш сльозу, коли на тебе нападе раптова післяпологова грусть, тому бери якісний, затишний, м’якенький халатик.

Сорочка на пологи (потрібна, якщо не видають одноразових). З власного досвіду скажу: не бери довгу. Я взяла. Ходила з переймами, як випускниця, а потім мені той подол просто взяли й зав'язали на пузі, бо ґрабатись і задирать її щоразу при перевірці відкриття задовбалась і я, і акушерка. Також не радила би купувати на роди дорогу сорочку, бо, як не крути, а вона, з великою ймовірністю, буде вимазана в кров, піт, води і, можливо, навіть какі, тому що в ті чарівні миті стається всяке разне. Варто гарно подумати, чи та борда льоля від «Вікторіа Сікрет» таке витримає.

Бюстгалтер для годування. Ото народжуєш, одягаєш його й не знімаєш, поки не закінчиш грудне вигодовування. Твої цицьки скажуть тобі «дякую» потім, бо, по-перше, обвиснути до пупа у них буде менше шансів, а по-друге... А по-друге, і по-перше достатньо.

Засоби особистої гігієни. Зубна щітка, зубна паста, розчіска, шампунь, кондиціонер, гель для душа (найкраще перелити їх вдома в маленькі баночки, щоб не волочить ті здорові слоїки з собою), дезодорант, умивачку і крем для обличчя, бальзам для губ. Це все потрібне стовідсотково. Як не дивно, найперше, чого мені завжди хотілося одразу після пологів — це сходити в душ, промити волосся, змити з себе весь той біль, образно кажучи. Отак кремчиком мордяку нашатиріш — і якось легше. Комусь і підкраситись Бог силу дає на виписку, тому, якщо це у твоїх планах, то прихопи із собою косметичку з улюбленою помадою.

Прокладки. Післяродові. Здоров'ячі. Завбільшки з рятівну шлюпку. Такі, щоб якщо взяти два весла, то рафтинг був би шо нада. (Маленький лайфхак: після народження Фореста замість прокладок я використовувала підгузники-трусики для дорослих, а точніше, ті, що купують жінки з нетриманням. Дуже зручно. «Взула і забула», як кажуть. Така собі альтернатива прокладкам.)

Труси. Декілька пар, бо інколи навіть найнадійніша «шлюпка» може протікати. Бери нормальні, як казала моя бабуся, простенькі, а не такі, що пів сраки видно. (Пишу це і згадую розповідь мами, яка народжувала мене у вісімдесяті. Тоді породіллям не дозволялось надягати труси, а замість звичних нам засобів жіночої гігієни видавали квадратні вирізки тканини, яка, напевно, в попередньому житті була простиньою чи підодіяльником, чи чиїмось парашутом. Жінки складали їх у три погибелі і просто затискали між ногами. Поки лежиш, то ця нехитра конструкція здається такою навіть нічого. Найвеселіше починалося тоді, коли породіль гнали через усі лікарняні коридори на рентген (тоді це було обов'язковим перед випискою), і вони чеберяли дивним кроком, гуськом-гуськом, до того знимка. Бувало й таке, що в тій хресній ході хтось із прекрасних дам, утративши на секунду бдітєльность і м'язовий тонус, губив ту шматку на підлогу. Інші породіллі швиденько оточували це слабоє звєно по периметру, таким чином загороджуючи її від сторонніх поглядів, поки вона піднімає парашута і поправляє матню. Суворі часи були, їдрийого-мать. Ви теж щойно видихнули з полегшенням і подумки подякували улюбленому бренду прокладок за вагомий внесок у ваше комфортне життя?)

Шльопки. Резинові. Якщо ти хоч раз сапала картоплю в баби на городі, то знаєш, про які саме я кажу. Холодно? То наклади носка! Жарко? Взувай на босу ногу. Муха літає? Зняла одного й забила її кібенімать. Такі тапинки дуже треба в родах. Уяви, ти гасаєш по палаті з переймами, шукаючи п'ятий куток. Щоб не підсковзнутися на власних водах, що можуть трішки підтікати, і не роздертися на тій плитці, як жаба при дорозі, взувайся в резинові шльопки. Плюс, якщо ти народжуєш у пологовому, який не благословенний душем у кожній палаті, і ділиш ті удобства з цілим поверхом прекрасних породіль, то раджу і душ приймати в тих «лабутенах», не знімаючи, бо інколи з пологового можна повернутись не лише з малям на руках, а й з грибком на ногах. Гума захищає! Всігди, кстаті. Не забудь.

Одяг на виписку для мами, з урахуванням того, що цей святковий момент фотографується і зберігається, як скарб, усе життя. З власного досвіду скажу, що дарма цьому пункту я уваги не приділяла. Зараз, переглядаючи фото з виписки, розумію, що була схожа на бідосю. Якась футболочка розхристана, спідниця в маки... Обнять і плакать.

Одяг для дитини: пару «чоловічків», шапочки, царапки на ручки. Також декілька пелюшок і ковдрочку. Воно все таке гарне, що починаючи пакувати сумку, тяжко зупинитись і не втратити голову. Завжди, повторюся, завжди я пакувала цього добра вдвічі більше, ніж було потрібно. «Та хіба воно багато місця займає?» — причитала Катерина, трамбуючи в сумку четвертий бодік, сьому пелюшку і три красіві шапочки.

Дитячі засоби гігієни: підгузки, вологі серветки, крем для дупи. До речі, про крем: не розумію, чому в список не включають такі гіперважливі речі, як **крем для сосків і крем від геморою**. Їх пакувати треба в першу чергу, бо, як виявиться потім, новонароджені такі милі й хороші, але впиваються в тебе хваткою алігатора, і вже після декількох годин активного смоктання, якщо прислухатися, можна почути, як твій розтерзаний сосок знесилено стогне. Разом із ним, в унісон, після потуг і всієї тієї феєричної мерви, пристогнує... хм... твоя дупа, тому маж її обільно, змилуйся.

Також вкинь у сумку якийсь **перекус і воду**. Серйозно. Уся та оказія, що зветься пологи, може затягнутись, а жерти ж хочеться. А якщо надворі глупа нічєнька, столова закрита на клямку, купить нема де — і шо робить? Кричать «ґвалт»? А так ти по сусєкам пошкребла, і виймаєш з широких штанин якогось бананчика, печенюшку, сухофруктики... і вже жить легше. Ну шо, нє?

Теряя билую льогкость, склавши перелік елементарних, але дуже потрібних речей для пологового, ми, нарешті, підійшли до основного запитання: чи потрібний на родах чоловік. Розбираємося.

Партнерські пологи — «за» і «проти»

Чи брала я Еліота з собою? Ні! Із собою я брала рюкзак з позиціями, що перераховані вище, а чоловік на пологи йшов сам. Сам. Бо він — тато. Бо це — народження його дитини, якого він не може і не хоче пропустити. Бо він — частина цього процесу, може, не така «страждення», як я, але однаково важлива.

Завжди дивувало ствердження, що присутність чоловіка на пологах негативно впливає на сексуальне життя пари. Що, типу, він травмується, а я втрачу «загадку». Ну що ж, якщо вся «загадка» в жінки — у районі дітородної зони, то в мене для неї погані новини. На одній «загадці» далеко не заїдеш. Краще, щоб крім «загадки», суверенного також збуджували твій інтелект і харизма (до речі, після чотирьох дітей мою «загадку», напевно, можна було б підтягнуть якось мальоха, але то вже зовсім інша історія). Просто, на моє скромне переконання, якщо чоловіка відвернуло від жінки після партнерських пологів, то, напевно, проблемки в шлюбі були й до них.

Я в жодному разі не агітую тягнути татусів у родзал силою. Тато Артема вирішив не бути присутнім на пологах. Я його рішення прийняла з розумінням і повагою, тому не волочила його за сраку зі мною в роди. Він боявся, а мені на той момент забракло знань і вмінь пояснити, заспокоїти, переконати.

Проте мені здається дивною ситуація, у якій чоловік хоче бути присутнім на пологах, а сама жінка виступає проти через суперечливі страхи, навіяні старими стереотипами, типу «побачить, як ти народжуєш дитину, згидує, перестане з тобою спати і покине тебе на поталу долі». Нє, ну це можна витримати? Дорогі жінки, не позбавляйте чоловіків можливості стати частиною дива, не робіть цього, не вирішуйте за них.

Я знаю, що часто мужчини й самі вважають, що їм у пологовому не місце. «Не чоловіче це діло, їбійогомать». За ширшавою маскулинністю ховаються страхи, калібрація яких може бути досить широкою. Хтось елементарно боїться крові і не хоче стати темою для анекдоту, втративши свідомість просто в родзалі, йобнувшись об кафель, отримавши струс мозку і пролежавши в лікарні довше, ніж його кохана лебідка. Усі ми чули історії, у яких лікарі полишали жінку на пологовому столі, щоб під бєлиє ручєньки вивести з палати ледь притомного майбутнього батька.

Насправді ці чоловічі обмороки стаються не так часто. До того ж, якщо стояти біля голови жінки, тримати її за руку і не пхати носа в сам епіцентр собитій, то нічого устрашающого там не побачиш.

Хтось із чоловіків найбільше боїться відчути свою безпорадність і неможливість зарадити. Страх досить виправданий насправді, бо бездіяльно спостерігати, як дорога тобі людина конає від болю, стогнучи і періодично матюкаючись, досить тяжко. Насправді ж не треба щось робити, щоб допомогти. Достатньо просто бути присутнім, бути тим рідним і знайомим обличчям серед незнайомих, за яке чіпляється твій погляд, коли дуже страшно і боляче. Бути тим, хто шепоче на вухо, що все буде добре, що ти — молодець, періодично дратуючи якимось дурним хтивим жартом. З практичного боку питання, присутність тата допомагає краще контролювати сам процес, а точніше, його організаційні аспекти. Чому? Тому, що інколи і медперсоналу треба дати чудодійного обуха в плечі, щоб ворушились активніше. Присутність тата на пологах також зменшує ймовірність стикнутися з акушерською агресією, яка, на жаль, є складовою досвіду багатьох жінок. Мені особисто було легше розслабитись і віддатися процесу, знаючи, що мій суверенний підстраховує, підтримує, контролює і тримає вухо нашорошено.

Пам'ятаю народження Гната. Це перший син мого чоловіка, відповідно, і перший наш досвід партнерських пологів. Увесь час Еліот уміло приховував страх і хвилювання. Запідозрила я, що хлоп переживательний не на шутку, в момент потуг, коли помітила, що він, так би мовити, зрить мені в саму «суть» і не блимає. «Еліоте!» Тиша. «Еліоте!» Мовчить. «Еліоте, — верещу я, як помираючий осел. — Не дивись туди, прошу!» І тут він повертає погляд у мій бік і промовляє непритаманним йому фальцетом: «Не переживай, твоя вагіна має просто неймовірний вигляд!». Ага, «неймовірний вигляд», точно. Через хвилин двадцять народився Гнат, і чоловіку запропонували перерізати пуповину. Щоб усім було зрозуміло, у мого сонцелікого так трусилися руки, що перерізав він її лише за третім разом.

Коли ж народжувався наш наймолодший син, Форест, чоловік, маючи за плечима досвід уже двох партнерських пологів, був настільки впевнений у собі, що перевірив сам, чи відійшли в мене води. Я лежала, як ранений горобець на бочку, фатально вздихаючи і періодично пукаючи, бо епідуралка розслабила все, що нижче пояса, і контролювати ту половину тіла не виходило. Пукаю, червонію, червонію, пукаю, аж раптом відчуваю: хлюп. Мій судьбоносний підбіг, задер ковдру, тоді — мою ногу, щоб оцінити сітуейшин. На хвилинку припустив, що, можливо, я впісялася, але після ретельнішої евалюації все-таки підтвердив, що то навколоплідні води. Чоловік пішов гукати медсестру, щоб повідомити, що ми на фінішній прямій, а я лежала, шокована такою впевненістю в собі й непідробним інтересом до самого процесу. (Для всіх, кого цікавить питання «загадки», скажу: той факт, що в останніх пологах мій милий приймав найактивнішу участь і бачив абсолютно все, ніяким негативним чином не повпливав на наші стосунки.)

Якщо в перших партнерських пологах я просила його туди не заглядать, то в останніх усе було на стільки спокійно і душевно, що я відчула чоловіка не лише як мою опору й підтримку, а і як повноцінного співучасника.

Коли я запитала Еліота про пологи, він сказав, що не зміг би пропустити народження його дітей. «Ти маєш змогу бачити, як твоє дитя робить свій перший вдих. Найперший вдих! Скільки разів у житті ти матимеш нагоду пережити щось подібне? 1? 2? 5? Це незабутньо...»

Для мене ж незабутнім було созерцать народження його як тата. Оці найперші моменти, коли побачив, почув, потримав на руках... Оцей вираз його обличчя, коли водночас на тебе звалюються неймовірне щастя та колосальна відповідальність і давлять на груди з однаковою силою. Це прекрасний момент. Рекомендую пережити його разом.

Рішення щодо партнерських пологів не треба приймати одразу. У пари є дев'ять місяців, щоб подумати, налаштуватися, підготуватися. За бажання можна читати книжки, ходити на курси, переглядати відео. А найголовніше — просто говорити одне з одним, озвучувати сумніви й переживання, шукати варіанти, які задовольнять саме вашу пару.

Наприклад, чоловік моєї подруги був присутнім протягом усіх переймів, підтримував, робив масаж. На потугах бравий хлоп вийшов за двері і повернувся вже коли народилась їхня донька. І це теж чудово. Люди змогли домовитися й знайти оцю золоту середину, яка задовольнила обох. І пологи разом пережили, і «загадка» ціла. Ну, круто же!

Розмовляйте — і все буде добре.

Пологи

Не розбиратиму всіх тонкощів процесу саме з фізіологічної точки зору, бо всі знають, через який «портал» приходить у цей світ нова людина, а от про душевні переживання матера мусить поговорить.

Під кінець дев'ятого місяця ти втомлюєшся як морально, так і фізично. Втомлюєшся від очікування, втомлюєшся від тренувальних перейм і думки «А може, це воно», тому зазвичай, коли це справді «воно», віднікуєшся та заспокоюєш себе, що «зараз приляжу / з'їм пиріжка / прийму теплий душ — і все мине». Коли ж розумієш, що легкий ниючий біль унизу живота і поясниці не те що не проходить, а сильнішає і накриває зі стабільною періодичністю, очі одразу більшають, а страх і захоплення розливаються по периферії тілесній і б'ють молоточком по колінних чашечках.

Гукаєш свого суверенного: «Колю, почалося!». Коля не відстрілює, що почалося, і думає, що ти кличеш його «Бріджертонів» дивитись.

Як зараз пам'ятаю: третя вагітність, дев'ять місяців. Уночі починаються інтенсивні перейми. Сплутати з чимось іншим їх неможливо, бо живіт так болить, як душа від ранньої творчості Тані Буланової. Буджу чоловіка, кажу: «Вставай. Їдемо в роддом». Він: «Чого?». «Справді, чого? — відповідаю я. — Мені оце не спалось, і я подумала: а дай-ка ми з тобою попробуєм звідти чиюсь дитину вкрасти! Суто спортивний інтерес». (Завжди пишалася талантом сипати недолугими жартами в стресових ситуаціях.) По обличчю мого милого видно, що трансформатор іскрить, і вже за хвилину він починає бігати по хаті в передчутті грандіозного дня, на нервах вісім разів переодягаючи футболку.

Приїжджаєш у пологовий уся така готова й рішуча, вооружившись простою афірмацією «Всі народжують, і я зможу». А колінки-то трусяться, як лопух під градом. Відчуття схожі на хвилювання, які ти переживала перед розповіддю віршика в першому класі, коли так волнітєльно, що ти вже просто думаєш: «Коб не обісратись», — уже не говорю про те, щоб не забуть слова. Паралельно тебе охоплює відчуття радості, бо довбешка розуміє, що от-от — і ти побачиш, пригорнеш, понюхаєш, поцьомаєш свою дитину. «Я зможу, їдрийогомать, зможу!» — бубниш ти сама до себе.

Найперше, з чого починається весь цей празник, — це перевірка відкриття шийки матки. Акушерка заводить тебе в оглядову палату. За тобою з торбами чеберяє чоловік. Йому самому так страшно, що йой, але хлоп намагається транслювати невозмутімий вайб. Переляк твого суверенного видає лише трєпєщущий кадик і мертва хватка, якою він вхопився за ті торби.

Акушерка просить прилягти й розчепірить ноги. Лягла. Смущьонно дивишся в стелю. «Я зможу! —

знову думаєш ти. — Я змо...». Рука акушерки по саме зап'ястя встромилась у твій внутрішній світ. Неприємно. Боляче. Шо такоє? На вигляд же рука як рука, жіноча, тендітна, кістлява, а по відчуттях — як совкова лопата, чесне слово. Відкриття три сантиметри. Процес пішов.

Ти офіційно в родах, тому отримуєш запрошення пройти в дородову палату. Там ти переодягаєшся в ту льолю, яку нарихтувала на пологи, взуваєш шляпацони, стелиш одноразову пелюшку на ліжко, сідаєш на неї голою сракою і ждеш.

Переймочки йдуть — ти глибоко дихаєш. Атмосферу розряджає чоловік, вчасно задавши одвічне екзистенційне запитання: «Ну шо?». «Терпимо», — геройськи відповідаєш ти і починаєш задумуватись: «А можливо, це не так і боляче, як жінки розказують?». Чоловік згадує якийсь пошлий анекдот, і ви заливаєтесь, як циган сироваткою.

Смішки смішками, пизда з горішками, аж раптом починається нова перейма. Не така, як попередня. Болючіша, довша. Раптом стає вже не так весело. Може, встать походить? Ні. Прилягла. Нова перейма матлошить тебе ще дужче. А за нею — друга, третя, четверта, і ти вже починаєш думати, що погризти бильце ліжка — непогана ідея.

Приходить акушерка, щоб подивитися прогрес відкриття. Ти сама скачеш їй на руку, а в очах: «Ну, скажи, шо там вже повне відкриття, ну, скажи, що це все скоро закінчиться...». Чотири сантиметри. Чотири сантиметри, йобтвоюмать! Починаєш стогнати. Тут у палаті показується лікар і жвавеньким голоском заявляє, що родить тобі нескоро, навіть води не відійшли, можна розслабитися й чекати. Розслабитися? «Геніальна ідея», — думаєш ти, стоячи раком на ліжку, намагаючись пережити наступну перейму.

«А може, в перервах між схватками попробуй подрімать»! — в розмову включається чоловік. Ти піднімаєш голову і дивишся на нього безумними очима. Він розуміє, що зморозив хуйню, пристроюється до тебе ззаду і починає масажувати поясницю. Ти переключаєшся, масаж допомагає, тіло на хвилину розслабилось.

«А-а-а-а-а-а, а-а-а-а-а-а, а-а-а-а-а», — доносяться гучні жіночі крики з коридору. «Тужся, Галю, раз, два, три...» «Я вже не можу!» — волає Галя голосом Джигурди.

Ви з чоловіком перезирнулись. «А давай утечемо звідси? Мені вже не болить, пройшло», — пропонуєш ти милому. У відповідь тиша. Твій судьбоносний вчепився в тюль і просто завмер. Кожен Галин крик вирубає його трансформатора, тому аж дві перейми поспіль він масажує твою поясницю десь у районі лопаток. «Невже це те, що на нас чекає?» — тихенько питає він переляканим тремтячим голоском, не очікуючи відповіді, бо питає радше в себе.

Секунди пронизливої тиші, аж раптом чується крик дитини. Гучний, іскристий звук пролітає коридором. Галя вже не стогне, не кричить. У цю хвилину Галя — найщасливіша жінка на Землі.

Перезираємося з чоловіком. Обоє розпливаємося в усмішці. «Невже це те, що на нас чекає?» — повторює запитання твій судьбоносний, але вже зовсім по-іншому, радісно. На душі стає тепло.

Нова порція перейм лупасить тебе по мордам, повертаючи до жорстокої реальності. Якщо ще годину тому ти переймалася, щоб виглядати красиво, бо народження дитинки — це празник, то зараз зав'язала ту родільну сорочку на пузі й гасаєш по палаті голосрака і безстижа, періодично припадаючи плечима до холодної стіни, щоб привести себе в чувства.

Біль пронизує до кісток. Ти розумієш, що не можеш його контролювати, не можеш абстрагуватись. У такі моменти заважає все: звуки, що долинають з посту медсестр, запах лікарні, криво пофарбована стеля, твій чоловік голосно дихає...

Підходить наступна перейма. «Ти можеш перестать?» — сердито прикрикуєш ти. «Шо перестать?» — тихо перепитує коханий, дупля не нарізаючи, про що мова. «Дихать! Чого ти так голосно сопеш? Перестань дихать!» — волаєш ти, вчепившись руками йому в зап'ястя. Перейма відпускає. У туманних очах розвиднюється, і ти розумієш усю припиздуватість своєї претензії. В моменті тобі стає жаль чоловіка, який сидить на тій табуретці, як хер на вітрі, переляканий і безпорадний, підтримуючи та хвилюючись за тебе. А ти шо?! А ти, ондатра чорнорота, кидаєшся на людей. Починаєш перепрошувати перед чоловіком, бо зірвалась, бо накричала на нього. Він же не може нічим зарадити, він може просто бути тут і зараз з тобою. Сльози навернулись на очі, і так шкода стало і його, і себе, але себе, звичайно, більше.

Минає година, а може, лише пів. Ти втратила відчуття часу. Перейми здаються нестерпно довгими, а перерви між ними коротші, ніж любов на шоу «Холостяк».

Колориту в проісходяще додає баба, яка дзвонить чоловікові щодвадцять хвилин, запитуючи: «Ну шо там?» — і перевіряючи, чи сія породілля виконує її напутствія, як-от: розпустити волосся, щоб родова діяльність пришвидшувалася; зняти всі перстні і ланцюжки, щоб дитина не заплуталася в пуповині; відчинити вікно в палаті навстіж, щоб шийка матки так само легко відкрилася. Баба ж і сама для тої шийки підсобила і повідкривала вдома все, що було закрите: вікна, двері, шафи, шухляди, духовку, валізи, банку помідор... Дід запитав, чи можна пляшку наливки відкрити, на що баба попросила його закрити рота.

У палату заходить лікарка. Ти дивишся на неї благальним поглядом, задираючи ноги за голову, в надії, що вона подивиться тобі в душу і скаже, що пора штовхать. Не встигла лікарка встромити руку в твою нещасну вагіну, як раптом відчуваєш, ніби якась невидима повітряна кулька лопає в животі і тепла водичка хлюпоче між ногами, стікаючи на одноразову пелюшку. Відійшли води. Лікарка запевняє, що лишилося недовго, якусь годинку-другу-третю... — і підем у родзал.

Ти зраділа. Невже твої муки добігають кінця? Мало тоді ти знала... Як виявляється, перейми з водами — дуже болючі, перейми без вод — взагалі пиздець. Саме це слово ти викрикувала, затискаючи в зубах край підодіяльника. Хто сказав, що це найпрекрасніший день у житті жінки? Хто таке придумав? Це обман! Тобі здається, що ти вмираєш. До загальної картини долучилися блювота як реакція організму на нестерпний біль, а також неконтрольований пердьож, викликаний просуванням дитини родовими шляхами та зумовлений ним тиск на твій бампер. Запашок у палаті — хоч сокиру вішай. Твій суверенний пропонує відчинити вікно, бо, як казала баба, це пришвидшить пологи, але ти-то добре знаєш, чому він його відчиняє.

Знову прийшла акушерка. Знову перевіряє відкриття шийки матки. «Ну, все, дєточка, десять сантиметрів, — ніжно промовляє вона. — Дрелюємо в родзал». Ти так від цих слів взбодрилась і обрадувалась, що поперла в той пологовий зал пішки, обганяючи акушерку. Ти бігла так, ніби знала путь, забувши, що світиш голою сракою всім зустрічним, бо сорочку давно зав'язала на пузі. Чоловік дріботить за вами, ледь встигаючи, і марно намагається хоч трішки прикрити твою дупу пакетом з дитячими речами, що ви заздалегідь спакували на пологи.

«Розійдись!» — кричиш ти до санітарки, дитячої медсестри та лікарки, що вже чекають на тебе в родзалі, та ловко вистрибуєш на родове крісло. Тобі здається, що це початок кінця в хорошому розумінні цього слова і скоро твої муки щезнуть.

Усі зайняли бойові позиції. Акушерка в тебе між ногами, лікарка — збоку, дитяча медсестра визирає з-за плеча лікарки, чоловік стоїть біля голови, тримаючи тебе за руку. Починаються потуги. Ти відчуваєш неймовірно сильний тиск у тазі і пробуєш тужитися. «Стоп! — кричить лікарка. — Неправильно тужишся. Треба не в голову, а в низ». «Не в голову, а в низ», — ніжним голосом дублює слова лікарки чоловік, немов переконуючись, що ти розумієш, що від тебе вимагається.

Збираєшся на силі й знову намагаєшся штовхати. Знову не так. Знову в голову. Морда — борда, очі — як у бика, а прогресу — нуль. Лікарка пояснює, що старатися треба так, ніби намагаєшся сходити по-великому, спрямовуючи всі свої сили саме в попу. «Уяви, що ти курочка, яка несеться...» — намагається допомогти дєльним совєтом чоловік. Незважаючи на біль, стогін, утому, ти все ж знаходиш сили, щоб повернути на нього погляд, який у словесному форматі звучав би як: «Стій там тихенько і не пиздякай». Чоловік зловив цей вайб і тихесенько промовив: «Поняв. Чьо кричать?».

Нова хвиля болю й тиску захоплює твоє тіло, сигналізуючи, що знову пора в бій. «У попу!» — рішуче промовляє лікарка. «У попу», — ледь притомно, але стверджуюче відповідаєш ти. Починаєш тужитися. Кажись, усе ясно. Ти нарешті зрозуміла, як це робити правильно. Минулий досвід хронічних закрепів таки пригодився, ти диви. «Один, два, три, чотири... молодець!» — лікарка починає рахувати вголос, підбадьорюючи, і ти розумієш, що в тебе все чудово виходить. «Бачу голівку...» — звітує акушерка. «У нашої дитини є голівка!» — радісно і гордо викрикує твій судьбоносний. «Бачу волоссячко...» — продовжує акушерка. «У нашої дитини є волоссячко!» — ніяк не заспокоється схвильований родітєль. Акушерка запитує, чи хочеш ти простягнути руку й помацати голівку малявки. Ти стверджуюче киваєш. Вона бере твою руку і скеровує в потрібному напрямку. Ось воно, твоє диво, так близько. Ще трошки постаратись — і найважливіша зустріч відбудеться. Ще трошки постаратись...

Ти акумулюєш рештки своєї сили і починаєш штовхати ще дужче. Стараєшся як можеш, аж раптом розумієш, що відбувається щось неладне. Під час процесу сія прекрасна породілля, як і більшість жінок, феєрично обісралася. Всі присутні вдають, що нічого не відбувається, у той час як акушерка й санітарка підставляють вже друге судно. Ще ніколи твій милий з таким непідробним інтересом не розглядав кожен сантиметр стелі, плінтусів, кафелю, щоб не созерцать, як тобі витирають дупу. Раніше, до пологів, читаючи про такі випадки, уявляючи, що це станеться з вами, ти холоділа від жаху. Як це так, обхезатися при своєму любімому?! Це ж страшний сон якийсь! Це ж пошлий анекдот у плацкартному вагоні! А зараз ти, упрівша, червономорда і розкарачена, ловиш себе на думці, що тобі до самої спини, хто і якою тебе бачить у цю мить. Ти готова ще сім раз публічно обкакатися при своєму милому, його батьках і тітці з Риги, лише б хтось пообіцяв, що це все швидко та благополучно закінчиться, що біль мине, що все буде добре. Бо як там відома клятва гласить? «У гімні і в радості».

«Останній ривок», — промовляє до тебе лікарка. Ти вчепилася руками в коліна і пнешся, вже навіть не стогнучи, а ричачи, як дика тварина. Про «ривок» лікарка не збрехала, але ти довідаєшся про це опісля, коли на тобі вишиватимуть узори. Зараз єдине, що відчувається паралельно з болем, це те, як пече твоя Ізольда Дартаньяновна. Серйозно, враження, ніби ти не дитину, а палаюче поліно виштовхуєш зі свого тіла. «Чому воно так пече?» — знесилено запитуєш ти. «Може, я подмухаю?» — благородно пропонує свої послуги чоловік, щоб хоч якось допомогти. Ти відповідаєш йому поглядом. «Поняв», — промовляє він, нервово всміхаючись.

«Голівка вийшла», — відчитується акушерка. «Тужся! Раз, два, три...» І ти тужишся. «Плечі проходять», — повідомляє лікарка. Не встигає вона промовити це, як відбувається щось дивовижне. Дитина буквально вистрибує в руки акушерки. Правду ж кажуть, головне — виштовхати голову і плечі.

Секунда тиші. Секунда, що тягнеться, як вік, і ти завмерла у витонченій позі, вгрузнувши манікюром у свої розкарячені кінцівки.

І тут лунає крик. Крик дзвінкий і голосний. Крик, який ти чуєш серцем. Крик, якого ти ніколи не забудеш. Крик, у якому все життя. А потім ти бачиш свою дитину. Свого сина. Його кладуть тобі на груди — і біль миттю покидає тіло. А може, і не покидає, але ти точно перестаєш його так глибоко відчувати.

Усе, що відбувалося до цього, стає незначимим, усе, що відбувається далі, — просто фон. Народження плаценти, три шви на піпісці, вітання лікаря з поповненням, есемес чоловіка рідним — усе це другорядне. Ти лежиш із цим теплим комочком на грудях, боячись зайвий раз кліпнути, щоб не пропустити жодного руху, і не віриш, що сотворила щось настільки прекрасне.

Маля розплющує запухлі оченята й дивиться на тебе. Ні, не так. Ці оченята дивляться тобі просто в душу... Ти — мама, і неважливо, чи вперше, чи знову. Ти — мама, і сльози навертаються на очі. Мама плаче, чоловік плаче, а баба (в телефоні) кудкудахче: «А якби всі вікна в родзалі порозчиняли, то ще скоріше вродила б! Діду, відкривай наливку! У нас внук».

До речі, про сльози щастя. Важливо! Насправді нормально, якщо, народивши дитину, ти дивишся на неї без сліз абсолютної і безмежної радості, а лупаєш великими сухими очима, що транслюють шок, переляк і усвідомлення інтенсивності моменту. Це не означає, що з тобою щось не так. Це не означає, що ти — погана мама. Материнський інстинкт вмикається у кожної по-своєму. В когось одразу. Буквально з перших секунд життя дитини матера відчуває той неймовірний зв'язок, розуміє, чого хоче маля, по першій ноті плачу й майстерно жонглює ним, змінюючи перший підгузок.

А буває, що, народивши, ти дивишся на те дитя, як баран на сливку. Головою розумієш, що маєш його любити. Відчуваєш, що ніби любиш. Любиш, але якось не всепоглинаюче. Не так, як описують знайомі тобі досвідчені мами. Ти дивишся на свою дитину і відчуваєш, що потрібен час на познайомитися, притертися, звикнути одне до одного й водночас відчуваєш сором за такі свої почуття, бо треба ж так любить, відчувать і мліть біля неї, щоб аж коліна трусилися.

З власного досвіду скажу, що я була у двох цих таборах. З якоюсь дитиною ридала з радості, як білуга, вишмаркуючись у ночнушку, а з якоюсь потребувала часу, щоб познайомитися, тижнів так зо два. Гормонам потрібен був час, щоб включитися, а тоді ця шалена всесильна любов накривала мене з головою, і я благоговенно пурхала від радості бути мамою саме цього чарівного малюка.

Сценаріїв розвитку подій у родах — як на небі зірок. Неможливо точно передбачити, що і як відбудеться, але єдине, що просто необхідно в пологах — це позитивний настрой і фокусування уваги на тому, що весь цей грандіозний пиздець з можливими елементами публічної дефекації приведе тебе до найважливішої і найприємнішої зустрічі в житті. Воно того варте. Воно варте навіть більшого. Все буде добре.

Епідуралка

Питання епідуралки завжди було одним із каменів роздору серед вагітних, породіль і навіть лікарів. Одні жінки, махаючи над головами медалями «За сміливість», гордо розповідають подружкам, що родили без знеболення. Мучилися три дні і три ночі, кричали так, що охрипли, мліли й скользили по роддомівських стінах, але не зламались, не здались, не попросили обезболювальне…

Інші ж, ті, хто народжував з епідуральною анестезією, як можуть відбиваються, захищаючи свій вибір, але в душі почуваються винними, тому що посміли облегшить собі дітородний експіріанс, бо справжня матера в родах мусить страждать. А якщо ти не страждала, то яка ти, в сраці, матера?

Ця тема не висмоктана з пальця. Я переконалася в цьому на власному досвіді. Артема я народжувала без епідуральної анестезії. У Гощанському пологовому варіантів знеболення не було. Пам'ятаю, як намагалась не кричати, бо на годиннику ніч і втомлені породіллі сплять. Пам'ятаю, як проговорювала сама до себе від спокійного «Катруся, це скоро закінчиться, потерпи ще трошки» до сердитого і неадекватного «Дотрахалася, паразітка! Будеш знать. Тепер ніякого сексу. Ніколи». Пам'ятаю, як просила вколоти мені ношпу в надії, що це хоч якось полегшить мій стан. Щоб ви розуміли, у пологовий я приїхала о 23:00, усміхаючись і жартуючи. Артем народився о другій ночі. Весь процес зайняв три години, що взагалі смішна цифра в сенсі тривалості пологів, але ці три години для мене тягнулись як вічність.

Правду кажуть жінки: дитина народжується — і весь біль минає. Це справді так. Навіть якщо доводиться потерпіти, поки твою розтерзану Ізольду Дартаньяновну вишивають хрестиком, збираючи докупи в одну-єдиноцілу картину. Весь процес накладання швів — це просто дитяча забава порівняно з тим, що трапилося до.

Але твоє тіло пам'ятає той біль. Для мене саме це було великим відкриттям. Коли вранці після пологів я лежала на ліжку з рожевощоким синочком під боком, маючи вигляд висраної ягоди, але горда тим, що народила «сама», до мене почали перти люди, щоб провідати. Мама, сестра, колишня свекруха, медсестри, які передавали зміну, лікарі… Усі вони як один казали: «Трошки відпочинеш — і через пару років можна за дівчинкою». Здавалося б, безобідні слова, правда? А моя реакція на них здивувала навіть мене. Я про реакцію на фізичному рівні. Коли я чула, що хоча б теоретично моє тіло має пройти через це знову, мене починало трусити, нудити, моє обличчя перекошувалось, а відчуття паніки захоплювало зсередини. Я намагалася приховати цей стан як могла, видавлюючи з себе придуркувату посмішку, а подумки лупила просто в морду всім тим, хто бажав мені потрапити на друге коло цього бєшеного родео.

Разом зі мною народжувала дівчина Аня. Коли я поступила в пологове відділення, вона вже покрикувала в переймах. Я народила Артема, і вона зайшла до мене в палату, щоб перекинутися словом, розвіявши нудьгу, бо пологи її затягувалися. Розмова велася жвава, але періодично переривалась Аніними переймами. Ойкаючи, яйкаючи і голосно стогнучи, вона переживала кожну з них, а далі вливалася в діалог, розповідаючи мені, з якого вона села, скільки в батька паю, де вона вчилась і що чоловік, хєр моржовий, її вагітною покинув, але, цитую: «Пішов він кібєнімать, невелика втрата».

Аж через два дні Аня народила прекрасного синочка. У день пологів вона так верещала, що подруги, які прийшли мене провідати перед випискою, оніміли й забилися в куток, охуєваючи від тих нелюдських віресків. Я сама раділа лише одному: що народила сина раніше, ніж вона, бо якби я приїхала в лікарню й почула ці дикі звуки, то сказала б: «Я передумала», — розвернулася б на 180 градусів і полями подрелювала додому так швидко, що стояла б за мною пилюка.

Наступного ранку, збираючись додому, я вирішила піти і провідати свою бойову подругу. Відчиняю двері її палати, заходжу. Ця білобриса амазонка лежить на ліжку, усміхаючись, і лепече: «Катю, ти подивись, який у мене син! Пару раз крикнула, ну і шо? Зато дивись, яке щастя! Я вже друге хочу». У відповідь на це я просто вилупила очі. Пару раз крикнула? Я, та, що народжувала три години, трушусь, як сучка під плотом, від думки про другу дитину, а Анюта, та, що верещала три доби, вже готова знову трудитися задля покращення демографічної картини Гощанського району.

Насправді ж больовий поріг у кожного різний. Комусь нерви із зуба витягали без анестетика, а вона й не пікнула (і знову здрастє, Тася! Ти в книжці вже другий раз мелькнула), а хтось просить загальну анестезію просто для того, щоб маленький карієс залатати (це я). Як можна зрозуміти, «здєлай мнє больно» — це взагалі не моя забава, тому на такі вечоринки чур мене не звать.

Коли я була вагітною вдруге й готувалася до пологів, мене терзали смутниє сомнєнія. З одного боку, тішила думка, що можливість знеболити весь той «празник» у мене є, а з іншого — мені так хотілося погеройствувать перед чоловіком, покричать, постраждать, щоб він аж упав, охуєваючи від того, яка я всемогуча жінка, і цінував мій материнський подвиг усе життя. Так, я признаю. В мені теж сиділо це гімно.

Як я намагалася свого судьбоносного вразити! Спочатку терпіла, потім стогнала, потім блювала від болю... Він справді трепєщав, але не від того, яка я геройська баба, а благаючи мене погодитися на знеболення. І я здалася. На восьми сантиметрах відкриття я попросила медсестру покликати анестезіолога, щоб він уколов мені той животворящий укол у спину. Він прийшов, поставив катетер, під'єднав систему. Висновок: ти не відчуваєш болю, але відчуваєш тиск, що робить роди досить-таки терпимими.

Кажуть, що другі пологи швидші за перші, бо Ізольда Дартаньяновна — уже собака побита. Мій випадок доводить протилежне. Від приїзду в лікарню до народження Гната минуло шість годин, чотири з половиною з яких я провела в агонії, гордо смію замітить.

Але все одно вже після пологів, коли приймала привітання з народженням сина від близьких і розповідала, як усе пройшло, мусила боротися з внутрішнім бажанням трошки прикрасити історію. Зізнаюся, що відчувала дивну потребу трошки припиздіть. Наприклад, сказати, що епідуралка подіяла лише на половину тазу, а іншою половиною я вкушала весь спектр відчуттів, що дарує захопливий процес народження нової людини. Для чого? Тепер розумію: щоб усі знали, що я витерпіла, видержала, змогла. Щоб ніхто не міг зменшити важливості мого материнського подвигу. Де моя медаль на подушечці?

Треті пологи були найшвидші. Якщо за Артемом і Гнатом перейми починалися плавно, то цього разу я прокинулась від шаленого болю, який матлошив мене кожні чотири хвилини. Ми приїхали в пологовий о першій ночі, з відкриттям сім сантиметрів, а о 3:45 ранку народився наш Юлисик.

Я налаштовувалася народжувати без знеболення. Я відчувала, що зможу. Мене підтримували медсестри, говорили, що пологи будуть стрімкими і довго мені мучитися не доведеться. А потім прийшла лікарка й сказала: якщо я хочу знеболення, то краще зробити це зараз, бо в будь-яку хвилину почнуться потуги — і тоді буде запізно. Після цих слів Катерину переклинило, я почала боятися. Колінки трусяться, долоньки пітніють, язик прилип до піднебіння... Врешті мені бахнули епідуралку при відкритті дев'ять сантиметрів, а через двадцять хвилин з'явився мій третій син. Як сказав сам анестезіолог, це було безтолкове використання препарату і нахіба воно мені вообщє було. Але мені ті двадцять хвилин без болю дали можливість заспокоїтися, сконцентруватися на виштовхуванні сина й побачити, що той анестезіолог такий був гарний, скатіна, що дарма я його раніше не покликала.

Четвертий раз. Заключітєльний. Форест. Ну шо? Наша пісня гарна й нова, починаєм її знову. Катерина налаштовується народжувати без епідуралки, але цього разу не для того, щоб когось вразить, а тому, що розуміє, що це її останній раз і вона хоче відчути і прожити кожну секунду цього неймовірного процесу.

За декілька місяців до пологів мені втрапила на очі передача, у якій акушер-гінеколог пояснював, що біль має психологічно-травматичний ефект. Уявіть, що ви стоїте в морі. Хвилі, які ви бачите, — це перейми. Вони підходять і накривають вас, але ви тримаєтеся на ногах. Ви бачите, що хвиля наближається, ви спокійні, ви дозволяєте їй пройти через вас, при цьому тримаєтеся впевнено на двох струнких конечностях. Якщо ж перед кожною наступною хвилею ви відчуваєте сильний страх, намагаєтесь її уникнути, хочете вийти з води, то це значить, що пора колоти епідуралку, бо ви отримуєте травму.

Ця романтична метафорична белібердень в мені відгукнулась, і я нарешті зрозуміла процес прожиття болю.

Саме на ці хвилі я орієнтувалася в четвертих пологах. Щойно підходила переймочка, я заплющувала очі, уявляючи юрмальську волну і намагаючись вистояти, поки вона мене закручує й хуярить мордою об пісок.

«Льопалась» я в цьому океані години дві, у перервах між «хвилями» пасочки ліпила й загалом непогано проводила час, як раптом почали підкочувати цунамі, і я знову зрозуміла, що боюся. Перейма відпускає, а я вже в страху думаю про наступну. Я її не приймаю, я починаю піджимати ноги і йорзати на ліжку, намагаючись утекти і сховатись. Я втрачаю контроль над процесом, диханням, своїм психологічним станом. Тому на восьми сантиметрах відкриття мені колють епідуральну анестезію. Так, я її попросила. За іронією долі, вона справді подіяла лише на половину тазу й анестезіологу довелося попокрутить мене в різних позиціях, поки дистриб'юція медикаменту почала рівномірно розподілятися по всій периферії тілесній.

Проте цього разу я не почувалася винною, не сварила себе за свій вибір, не жалкувала, що вчинила саме так. Я відчувала вдячність. Вдячність своєму тілу, яке виносило і випхало із себе четверо здорових дітей. Вдячність за можливість народжувати в лікарні, а не в копиці, як колись. Вдячність за можливість полегшити собі страждання, коли для мене вони ставали нестерпними.

Для тих, хто планує використовувати епідуральну анестезію, хочу сказати: єдине на що треба звертати увагу, — це толковий і компетентний анестезіолог. Радьтеся з лікарем, обговорюйте всі «за» і «проти», досліджуйте це питання, не бійтеся запитувати про те, чого не знаєте, про те, що хвилює, а тоді приймайте рішення. Зі знеболенням чи без — ви круті! Ви зможете все! Ви — як термінатори, але красиві. Ви впораєтеся! Можливо, в процесі трохи обсеретесь, але впораєтесь. Усе буде добре.

Кесарів розтин

Якщо й існує дискримінація породіль у нашому суспільстві, то це точно щодо жінок, які народжували за допомогою кесаревого розтину. Всі ми чули це: «Ой, та хіба вона мучилась? Її ж прокесарили!». І звучить це так, ніби на кесаревому розтині шампанське наливають і фільми з огольонним Бредом Піттом крутять.

Насправді ж фізично відходити від кесаревого розтину дуже тяжко, тому свою долю мучень, як же пристойна матера, жінка все-таки отримує. Відновлення організму після кесаревого проходить довше, ніж після вагінальних пологів, а про ментальне відновлення я взагалі мовчу.

Ці прекрасні жінки часто почуваються винними, бо «не змогли», «не вийшло», «тіло підвело» і взагалі, «таке враження, що ти провалила надважливе завдання». Оце все кабздякання про «сама родила» лише погіршує ситуацію, бо і тут, як не крути, намацується ґрунт для перегонів, в яких, як усі забувають, медалей не дають.

Я не мала досвіду кесарського розтину, тому не буду сипати бісер, попередньо прогугливши тему, і намагатися здаватися обізнанішою, ніж є насправді. Я не знаю, як це — прокидатися зі швами на животі, намагатися підняти дитину, коли ще сама не можеш випрямити спину після операції, розповідати подругам, що народити самій не вийшло з низки причин.

Я просто хочу підтримати жінок, які через це пройшли й відчули себе знеціненими саме через такий досвід. Я обіймаю тих, кому доведеться пройти через кесарів розтин, і хочу сказати те, що ви й без мене знаєте: найголовніше — це здорова дитина, і нема різниці, яким чином вона прийшла в цей світ.

Тим, хто народив за допомогою кесаревого і сидить довольний, як миш на крупах, не сумнівається у власній крутості, не почувається винною, не дозволяє суспільству засрати собі голову отим «сама родила», скажу: так тримати! Еге-гей, матьйогонищечком, так тримати!

Тіло після пологів

Ну шо? Народила. Справилася. Змогла. «Сама», «не сама», з епідуралкою чи без, вагінально чи КР, раком, боком, чи в прижку... Без різниці. Знай: ти — молодець.

Часто суспільство буває скупе на хвалебні дифірамби для новоспечених матусь, бо «Шо тут такого?», «Подумаєш, усі рожають», «То зараз жінкам легко, а от колись народила під вишнею, годинку передихнула — і поперла в поле»... Тому нєхєр тих дифірамбів чекати від когось, пішли вони в сраку, співай їх собі сама. Бери ту верхню ноту за яйця і голосно заводь, яка ти сильна, смілива, неперевершена і, звичайно ж, красива. Хвали себе, гордися собою! Ні, той факт, що щодня у світі народжує понад 300 тисяч жінок, не свідчить про те, що ти посередня, звичайна і нічого етакого не зробила. Він свідчить лиш про те, що понад 300 тисяч жінок мали би собою сьогодні пишатися, але далеко не всі вони про це знають.

Пробуй встати і сходити в душ. Після душу завжди легше. Підводишся помаленьку, переконуючись, що не брикнеш на підлогу. Збоку стоїть медсестра. Їй треба побачити, що ти при купі вриваєшся в новий день. Розправити плечі тяжко. Тіло болить, як після жаркої нічки десь у хліві, на тюках.

У позі бігущого єгиптянина дрелюєш у ванну кімнату. Заходиш. Розумієш, що хочеш пісяти, і в той самий момент розумієш, що вже пісяєш. Ти жмеш ту Ізольду Дартаньяновну, а воно, холєра, не жметься. М'язовий тонус дітородного порталу вийшов із чату, а коли повернеться, не сказав. Ти стоїш у блаженному ахуху, споглядаючи, як твоє тіло непідконтрольно чверить щось дивне. «Ну йобтвоюмать!» — зітхаєш ти. «Шо таке?» — починає ломитися у двері чоловік. «Нічого. Усе ок. Хі-хі-ха-ха» — заспокоюєш його ти, бо сказати: «Любий, я всцялася», — якось трохи не на часі. У голові спливає дурнуватий анекдот з дитинства:

— Хто там сцить, як корова?!

— То я, тату!

— Пісяй, пісяй, доцю.

Сама згадала, сама й посміялась. Намагаєшся докумекать, чого ти взагалі в цю ванну притопала? Голова на воши і балаяж... А, точно ж, душ! Знімаєш із себе ту льолю, дивишся в дзеркало і знайомишся зі своїм новим тілом. Живіт нікуди не подівся. За розміром нагадує місяць п'ятий вагітності. Цицьки здорові, до них претензій нема. І це ж іще молоко не прибуло! А що ж буде, коли прибуде? Матера рідна! Обличчя також вписується в загальну картину своїм багатостраждальним виразом. Бліда, як вапна, темні кола під очима, ще й якихось два прищі на бороді вилізло. Ну чого на бороді? Як на носі вилазять, то хоч знаєш, що хтось влюбився. Мелоч, а приємно. А на бороді — то до чого? Ну хоч бери та на подушках вишивай цю красавіцу.

Стаєш у душ, відкручуєш воду. Відчуваєш, як теплі потічки стікають по тілу. Ізольда Дартаньяновна від пережитого стресу напухла так, шо ледве влазить в жменю. Боячись зробити зайвий рух, ти промиваєш усі «бойові рани». У голові крутиться «Моє тіло знову лише моє». Від цього стає і радісно, і сумно одночасно.

Далі несуться, як коні вороні, різнокаліберні незв'язані думки.

Як швидко зійде живіт і чи зійде взагалі?

А якщо не зійде і лишиться таким?

Боже, який же мій синок маленький. А груди обвиснуть до рівня штанів? Ну, якщо так, то в джинси їх і буду заправляти.

Правду кажуть, своє дитя найгарніше.

Чи побільшає розтяжок?

Коли прибуде молоко?

Треба мамі сказать, щоб бульйончику зварила.

Як швидко я схудну? Блін, от би круто було до виписки схуднуть. Танька всралася б, якби побачила, що я виходжу з пологового, як шістнадцятка.

Ой, дарма я мати гнула в переймах. Тепер стидно людям в очі дивитись.

І це лише десята частина того, що «вистрелює» в голові протягом однієї хвилини. У пам'яті оживають образи, звуки, запахи з пологів. Тобі не віриться, що це все відбувалося якихось 5 годин тому.

Закручуєш воду. Виходиш з душу. Обережно витираєш тіло. Тулиш на себе післяродову прокладку, яка починається на пупі і закінчується десь у Парижі. Незадоволено цмакаєш ротом, бо відчуваєш, що вона, скатіна, буде парить у сраку. За дверима чується плач твого маляти. Швиденько встрибуєш у ліфчик для годуючих. Дезодорантом мазнулася? Ніби так. Напинаєш на себе халата, підперезуєшся поясом, крутиш на голові дулю — і біжиш на цей зов, який пронизує кожну клітинку твого тіла.

А далі несеться: годуєш, витираєш попу, міняєш підгузок, кладеш спати і паралельно із цим усім знайомишся, роздивляєшся, цьомаєш, нюхаєш, притуляєшся, дивишся і не можеш надивитися.

Думки про власне тіло знову накривають, коли в палаті тихо, коли заснула дитина, коли знову вийшла в туалет і випадково побачила своє відображення в дзеркалі. Ти просто починаєш гадати: «Ну, коли втягнеться живіт, зійдуть набряки, заживе Ізольда Дартаньяновна?..». Ти розумієш, що підганяти себе не варто, але все ж даєш урочисті обіцянки, що через місяць почнеш тренуватися. Точно, хрест на пузі, тому що ти хочеш повернути собі себе. Але тут знову плаче дитина, і голова перемикається: годувати, переодягати, цілувати і нюхати...

Дев'ять місяців твій живіт ріс, викликаючи блаженне умілєніє у всіх довколишніх. Ти ловила на собі погляди й усмішки, у яких читалося: «Ну, яка ж красота, їбійогомать!». Скільки людей хотіли той живіт пощупать?! А торкаючись до нього, мліли і щебетали про те, як тобі до лиця цей благодатний стан.

Та шо там казать?! Сама ти скільки разів, вийшовши з душу, стояла, мокра і сексапільна, перед дзеркалом, оглядаючи свій животик з усіх боків, ніжно проводячи по ньому рукою, радіючи тому, як він росте...

Народила — і всьо. Як казала колись моя директриса, «кончилоса». Ще вчора живіт, який дев'ять місяців ріс, викликав у людей приступи екстазу. Сьогодні ж, після народження дитини, викликає осуд, а інколи й огиду, бо не втягнувся одразу і не прилип до хребта. Прівєт вам, мої нові комплекси! Заходьте. Ось ваше місце. Так, отут, біля комплексів грубих литок і плоскої сраки.

Отакий-от парадокс. Ось такий цей світ суперечливий, дивний і подекуди припиждженний. Але коли ти набираєшся сміливості й починаєш бунтувати проти загальноприйнятих правил сприйняття жіночого тіла після пологів, то виявляється, жить стає веселіше, а можливостей кайфувати від материнства — значно більше.

Для відновлення треба час. Наше тіло помаленьку змінюється, вирощуючи в собі нову людину. Ми, жінки, терпляче чекаємо, коли ж воно буде готове представити її цьому світу. Проте коли народжуємо, терпіння закінчується так швидко, як літра пива в гуртожитку, і ми починаємо агресивно вимагати: «Ану, блядь, бігом прийшло у форму!».

Успіх жінки після пологів у сучасному суспільстві вимірюється джинсами, які вона носила до вагітності і народження дитини. Так, джинсами! Оце народила — і зразу тисни їх на сраку. Влізла? Ай да молодець! На тобі медаль! Не влізла? Ай да кобиляка! Роби щось!

Тренди соціальних мереж нормалізують ситуації типу «Минуло три дні з моменту народження моєї Мілашечки і животик ушов, я влізла в штани, які носила у дванадцять, зробила укладку і попиздувала на фотосесію». Так справді буває, але це швидше виняток із правил.

Насправді ж у більшості жінок, живіт так швидко не зникає, вага також не тане на очах, а до активних тренувань через місяць після пологів повернеться мінімальний відсоток прекрасних дам. І це абсолютно НОРМАЛЬНО! Проте ми швидко про це забуваємо, порівнюємо себе до мами Мілашечки й тихенько страждаємо в тряпочку. Кожен організм по-різному реагує на вагітність і гормони, якими вона бомбардує жіноче тіло. Я знаю жінок, які зайвої краплі макової роси в рота не взяли, харчувались суто здоровою їжею, вели активний спосіб життя протягом усієї вагітності, займалися спортом — і все одно виходили з пологового з тридцятьма кілограмами, що пристали до сраки. Знаю я також жінок, які жерли, як три комбайнера, не перебираючи харчами, і вся їхня фізична активність заключалась у походах на кухню, але за всю вагітність вони набирали по п'ять-сім кілограмів і виходили з пологового так, ніби й не народжували. Наше суспільство розбиратися не буде. А нахера? В його очах перші жінки — корови, а другі — молодці. Шо кому не ясно?

Диву дивуюся, чому, коли жінка, яка нещодавно народила, показує своє неідеальне тіло, з розтяжками і зайвими кілограмами, відверто каже, що приймає себе такою, щаслива в цьому тілі і вдячна йому, це вважається нездоровою пропагандою і самообманом. Чому, коли мама Мілаші на третій день після пологів, знімаючи сторіз у трусиках в попу, демонструє плоский живіт і 45 кг на вагах — то це вважається ахуєнною мотивацією? Чмирити себе після пологів стало звичним ритуалом. Це як, будучи малою, спочатку надзюрити у ванну, а тоді вже голову в ній мить. Шо тут такого? Усі ж ми так робили. Стала перед дзеркалом, пофукала, поплювалась, обізвала себе кобилою, дала соту, ювілейну, клятву через місяць втиснутися в ті блядські дородові джинси — і пішла насолоджуватися материнством і покорять новоприбувший день.

Я відмовляюся судити своє тіло за старими штанями, у які більше не влажу! Я їх викинула кібенімать і з шафи, і з голови. Натомість Катерина купила собі нові джинси, які на мене якраз зараз, у яких страшно подобаюся собі зараз, у яких почуваюсь, як Бейонсе зараз (співаю тоже як вона). Зараз! Не потім. Не колись, скинувши 3, 6, 10 кг. Сьогодні! Зараз! Сію минуту!

Жінка, яка відверто говорить про трансформацію свого тіла після пологів і можливість того, що воно ніколи не повернеться до звичних розмірів, вважається в сучасному суспільстві білою вороною. І не тому, що набрала вагу, а тому, що посміла навіть такою собі подобатися. То нехай таких ворон буде більше. Нехай! Я так цього хочу. Може, тоді ті старі дородові джинси стануть для багатьох не метою життя, а просто лахами.

Якщо комусь здалося, що цей розділ — заклик не займатися собою, то вони прочитали його сракою. Вдаряйся в спорт, худни, спалюй зайві кілограми… Я двома руками, ногами і гемороєм за! Але роби це, відштовхуючись від почуття любові і вдячності власному тілу, а не відрази і розчарування. У цьому сила.

Бережи себе, будь вдячною, терплячою й уважною до себе і дивися менше всякої херні в соцмережах, їй-богу.

Грудне вигодовування. Початок

У голові картинка з фільму, де породілля, свіжа, як яблуневий цвіт, з макіяжем і локонами в стилі старого Голлівуду, годує вперше своє новонароджене маля (опецьку в кадрі місяців шість, не менше), ніжно поглядаючи на дитину, а потім томно блимаючи на камеру нарощеними 3D-віями. По щоці котиться одинока сльоза щастя, яка ніяким чином не руйнує ідеального макіяжу. Героїня, яка ще чуток — і замироточить, повільно піднімає очі на свого коханого (який за щасливою случайністю такий красівий, холєра, що дивишся на нього і забуваєш, про що те кіно). Вона промовляє: «Це найприємніший досвід у моєму житті. Я ніколи не відчувала такий неймовірний зв'язок...». Ти споглядаєш оце все, сьорбаючи носом, і думаєш: «Як же це прекрасно, матко божко».

А потім вагітна ти. Нарешті! Знаючи, що ти готуєшся стати матерою та годувати грудьми, подружка підсовує тобі книжки на відповідну тематику, а в них і про «сакральну мить», і про «ниточку зв'язку», і про «рідке золото»... І ти читаєш і думаєш: «Ну це ж просто неймовірно. Жду не дождуся». Надихнувшись фільмами і книжками, озброївшись досвідом подруг і віковою мудрістю своїх мами, баби, свекрухи, ти дивишся в майбутнє сміливо і рішуче, цицьки стирчать упевнено й непохитно, і ви (ти і цицьки) готові вскормлювать свого найріднішого пуцвірка.

Народила. Дитину кладуть на груди. Момент справді неповторний. Ти плачеш (чи то від щастя, чи то від жалю до себе. Поки неясно), завиваючи, як фанатки Винника на концерті під «Вовчицю». Сльози не руйнують макіяжу, бо руйнувати нема шо. Морда, як печене яблуко, втомлена, невиспана і запухша. З голлівудськими локонами також не склалося. На голові, не побоюся цього слова, пиздець. Пошли, всєлєнна, сили роздерти того ковтуна, якого ти собі наробила, намагаючись запхати голову під наволочку, переживаючи перейми. Чоловік стоїть над тобою як з хреста знятий, але все одно красівий, як у кіно. От тут попадання. Як у мужиків це получається? Не пойму.

Медсестра командує, що пора прикласти мале до грудей. Опа-ча! Ось вона — твоя сакральна мить, про яку ти читала, мріяла та уявляла сотні разів. Ти направляєш сосок у рота дитині. Ну, шо тут тяжкого? Бери й смокчи. Мале шось лемзяє, крутиться, не може пристроїтися.

Медсестра стоїть над душею. Їй треба переконатися, що стиковка відбулась успішно. Контакт щось не клеїться: сосок випадає в дитини з рота, вона кричить, ти розгублено дивишся на малого, тицяєш ту цицьку йому мезиочі і винувато промовляєш: «Щось не виходить...». «Як це не виходить? Не поняла? А це ще що за діла?» — медсестра вигинає брову, і всі довкола розуміють, що ця жінка і пораженія — поняття несумісні. Не на її зміні, мать його нищечком! Вона хапає в жменю твою грудь, увеєрнно зжимає сосок, щоб виступило молозиво, і пхає його в ротик малюку. Ти вилупила очі і дивишся на дитину. Дитина вилупила очі і дивиться на тебе. Ви обоє зрозуміли, що з медсестрою Мариною шуткі плохі, тому грудному вигодовуванню бути.

Мале починає сьомати. Який же це неймовірний досвід. Саме таким ти його і уявляла. Правда, трохи сосок пече. Несильно, досить терпимо. Але на це ти не зважаєш, бо вся увага віддана винятково маляті, яке так гарно склало губки і смокче. «Я готова цим займатися двадцять чотири години на добу», — промовляєш ти, милуючись трапезою свого пупса. «М-м-м, ага...» — із загадковою ухмилочкою відповідає медсестра, так ніби знає те, чого не знаєш ти. Дитина заснула, а ти дивишся на неї і не можеш дочекатися, коли вона прокинеться, щоб заново прожити цей казковий момент єднання.

О, прокинулася! Знову тулиш її до грудей. Наразі це твоє улюблене заняття. Просиш чоловіка красіво пофоткать цей процес, бо що може бути прекрасніше й природніше? Він клацає камерою телефону. «Гарно виходить?» — цікавишся ти. «Ага», — коротко відповідає судьбоносний. «Ану покажи!» — просиш у нього телефон. Дає. Береш. Передивляєшся. Ну йобтвоюмать! Як не пів голови обрізано, то очі заплющені. Починаєш виписувати коханому пиздюлів, але зупиняєш себе на половині дози, бо це ж негативні емоції, а вони можуть передатися дитині в процесі годування. Тому перестаєш бубніть і починаєш сама бабашить селфі, намагаючись втулить в екран телефона і себе, і дитину, і цицьку.

Радієш, бо цього разу стиковка відбулася швидше. Почуваєшся впевненіше. Відчутно пече сосок. Так, напевно, має бути, чи шо? Блін, як це круто — годувати свою дитину! Третє годування. Мить-то прекрасна, але якого фака ніхто не каже, що так страждають соски?! Це ж жесть. Медсестра радить намазати спеціальним кремом, бо далі буде ще веселіше. В смислє? Куди вже далі?! Посилаєш свого судьбоносного в аптеку по той крем і гематогенку. Шось довго нема. Де він лазить? Прийшов. Відчитується, що перед аптекою здійснив «тур вдячності», обійшовши весь медичний персонал, який був задіяний у пологах. Молодець.

Четверте готування. Мале смокче, ти з перекошеною пикою відмотуєш плівку назад і думаєш, що з тим «Я готова цим займатися двадцять чотири години на добу» ти чуток погарячилась. До «пречудесних» відчуттів у районі цицьки приєднуються болі в животі, бо смоктання грудей дитиною стимулює скорочення матки. Простіше кажучи, вона повертається до своїх звичних розмірів, викликаючи сильний ниючий біль. Як це день перестоять і ніч передержаться? Коли вже буде кінець цим страданіям? То ж казали «Народиш — і весь біль минає». Щось не поняла… Мале заснуло, а ти щедро мажеш червоні соски кремом, розуміючи, що ГВ — штука багатогранна і непроста.

П'яте годування. Крем толком не впитався, а малюк знову проснувся і почав вимагати груди. Таке мале, а тяга, як у «Дайсона». Перед тим як встромить сосок йому в рота, згрупувалася. Вдох, видох, вдох, ви… і… японський кіржик! Пече так, що ти починаєш підстогнувати і гадати, як такі малесенькі дітки можуть мати хватку, як у крокодила. Матка продовжує скорочуватись, і ти йорзаєш ногами по ліжку так, що п'яти іскрять. Ех, жіноча доля — то колюча стерня.

Фух, спиногриз заснув. Правда, з груддю в роті. Шо робить? Як вибратися з полону? Вовк, як попаде в капкан, то лапу відгризає, а тут як бути? Починаєш тягнути того знічтоженого соска, вагаючись, як краще: смикнуть різко чи поступово? Болить сильно, можна всцятися. Виймаєш на силу божу, а він таких потрепаний, пожований, червоний і гарячий — жива тобі рана. Оце-то, блядь, грудне вигодовування, оце-то сакральна мить. І це лише один день ГВ! А шо буде далі?

На другий день на сосках з'являються тріщинки та вулдирі, і ти готова вже гімном їх мазать, лиш би допомогло. Думаєш-гадаєш, що робиш не так. Мале верещить, бо хоче їсти. Молоко поки не прибуло. Медперсонал пропонує догодовувати сумішшю. Подружка в трубку кричить: «Не вздумай давати суміш, то зло і отрава!».

На фоні гормонального перепаду і всієї епічної мерви, що відбувається довкола, так хочеться всплакнуть. Ні, навіть не всплакнуть, а завить, як цуценя під мостом, але нема ж коли, бо то до тебе лікар зайде, то до дитини педіатр, то баба подзвонить, то голий суп, у якому закінчила життя самогубством одинока картоплина, принесуть...

Тому, знову ж таки в туалеті, коли приходиш туди попісяти, ти дозволяєш сльозам виступити на очі. Ти лише починаєш усвідомлювати той факт, що життя змінилось назавжди. А потім збираєш себе в жменю, промовляєш: «Прорвусь», — і чеберяєш проживати день насущний у ролі матери.

Ти швидко засвоюєш урок: у будь-якій незрозумілій ситуації тицяй малому цицьку. Уже краще хай смокче ті страдженні соски, ніж кричить диким криком. До речі, чого ніхто не каже, що новонароджені такі горлаті?! Таке мале, а діапазон, як у Мераї Кері.

Цицьки побільшали, хоча, здавалося б, куди вже більші? На дотик гарячі. Напевно, прибуває молоко. Треба готуватися до виписки. Вічна дилема: мить голову зараз чи вранці? Ай, вранці помию. Після обіду ж їдемо додому, буде час.

День виписки. Поки мале спить, пакуєш бебехи, дивуючись, чому ті всі речі не влазять у сумку, в якій ти їх сюди ж і привезла. Голову, головне встигнуть помити голову, щоб до знимки мати людський вигляд.

Чоловік дзвонить, що вже в дорозі. Треба поспішати. Дрелюєш у ванну. «Ну йобтвоюжмать! Як сироті женитися, то й ніч коротка!» — доноситься звідти твій душероздираючий крик, сигналізуючи світу, що, за класикою жанру, в пологовому вимкнули гарячу воду.

Точечно освіживши тіло холодною водою, переодягнувшись, зібравши жирне волосся у хвіст, заходжуєшся перевдягати дитину. У дверях палати намалювалася породілля Ніна, з якою ти познайомилася день тому. «А шо Іванушка невєсєл, ніже плєчь буйну голову повєсіл?» — запитує вона, уловивши твій настрій. Ти розказуєш їй і про холодну воду, і про немиту голову, і про гарячі цицьки, які тягнуть тебе додолу, і про болючий шов між ногами. Ніна мовчки вислуховує і зникає з горизонту. Через дві хвилини повертається з балончиком сухого шампуню і вручає його тобі гордо, наче «Оскара». «Не всі герої носять плащі», — думаєш ти, уперше відчувши такий реальний і непідробний дух сестринства роддомівської периферії.

Напшикавши голову, дивишся в дзеркало. Ну, жива тобі Орнелла Муті в молоді роки. Настрій покращився.

Приїхав чоловік. Починає виносити торби в машину. Ти мостишся на доріжку погодувати мале. Воно смокче, ти пітнієш від болю. Цицьки в рази більші за голову дитини. Сакральна мить, матьйогонищечком, сакральна мить…

Ну що? Все готово? По позиціях, на вихід. Але тут доленька готує тобі один з найважливіших уроків материнства, який ти швидко вивчаєш: дитя завжди обсирається по самі вуха за хвилину до виходу. Хай куди ти з ним не йшла б. Хай коли ти з ним не йшла б. Завжди. Поняв, прийняв, записав. Витираєш дупу, переодягаєш.

Приходить медсестра, яка керує урочистим парадом. Батька просять вийти вон і чекати в коридорі, біля стіни з лелекою. Саме там йому красіво вручать малюка. Суверенний бадьорою походкою чимчикує шукати ту урочисту стіну. Медсестра допомагає тобі упакувати мале в конверта і бере його на руки. «Спочатку виходжу я з дитиною, а ти — за мною. Я передам синочка тату, п'ять хвилин на те, щоб зробити декілька фотографій — і йдіть з Богом. Мені ще сьому палату виписувати», — інструктує тебе діва в білому халаті. Киваєш головою, сигналізуючи, що все зрозуміла. У носі закрутило, ти пчихнула і трошки впісялася — ще одна прєлесть післяродового періоду.

Ідете світлим коридором. Медсестра попереду, ти за нею. Ти дивишся на жінок, які зустрічаються по дорозі. Одна прекрасна дама з величезним животом, сьорбаючи чай з кружки розміром з кварту, голосно говорить по мобільному: «Да, мама, да... Завтра вранці почнуть стимулювать, то, може, до вечора вроджу. Ні, ми не назвем його Варфоломей! Ні! Ну то шо, шо завтра Варфоломєя?! Я ж тобі казала, що буде Денис!».

Друга стоїть із заплющеними очима, спершись об стіну, і глибоко дихає. Цей вигляд тобі знайомий. Ти розумієш, що так вона переживає перейму. Наближаючись ближче, ти вирішуєш підбадьорити бойову подругу чимось на кшталт «ще трошки», «це того варте» і т. д., але раптом вона відкриває безумні від болю очі, у яких чітко читається: «Не зачіпать, бо пошлю на хуй», — тому, замість слів підтримки, ти просто їй усміхаєшся і чешеш далі.

Десь плаче новонароджена дитина, десь у потугах стогне жінка, а ти вслуховуєшся в ці звуки і розумієш, який це все-таки сюрреалістичний досвід — народження дитини. Яка особлива тут панує атмосфера. Як сильно тобі хочеться запам'ятати найменші деталі, щоб берегти їх у пам'яті, як скарб. Очі хапаються за підвіконня, за білу плитку, за стіни, пофарбовані синім лиш до половини. Чи опинишся ти тут знову? Чи доведеться пережити ці відчуття ще раз?

«Галю, розчисти нам путь! Шановну людину несу», — медсестра, усміхаючись, просить колегу притримати двері. Ви проходите. За дверима чоловік, батьки, декілька друзів. Чоловік дарує тобі квіти і чмокає в губи. Медсестра вручає йому конверт з малям, вітає з поповненням у сім'ї, традиційно бажає щасливої долі й моцного здоров'я і запрошує через кілька рочків прийти по дівчинку.

Бабусі оточили чоловіка, який тримає вашу дитину. Заглядають, плачуть від щастя і паралельно намагаються поправити онуку шапочку, бо: «Сквозняк тут, страшне. Чуєш, як по плечам тягне?».

Друзі пруть обійматись і вручають тобі величезні кульки у формі бутилочки й коляски. Ти дякуєш і поняття не маєш, шо оце з ними, блядь, робить, бо лишити тут невдобно, а в машину вони не влізуть.

Увесь шум, гам і метушня тебе збивають з пантелику, і сльози знову навертаються на очі. Чи то від щастя, чи від втоми, чи то від бажання побути на самоті з дитиною, без зайвих очей... Напевно, від усього потроху. Чоловік, передавши внука тій бабі, яка перша його вихопила, прочитавши твій настрій за натягнутою посмішкою, підходить, обіймає і шепоче на вухо: «Зараз уже їдемо додому». Ти, шморгаючи носом, дивишся на нього пристально і тихенько відповідаєш: «Я тебе зараз як поїду! А сфотографіруваться?».

Почувши це, подруга скеровує всіх до фотографії. Спочатку вас утрьох. Ти, судьбоносний і малий. «Оля, красіво?» — хвилюєшся ти, намагаючись прийняти позу, в якій візуально срака буде здаватися меншою. «Пушка-гармата!» — відповідає подруга. Ти продовжуєш позувати, роздумуючи, чи та «гармата» — то про фото, а чи про фігуру. Не поняла, бля...

Нарешті до фотографії тиснуться баби. Груди гордо випирають уперед, бо звання «бабусі» носити треба, як орден, з рівною спиною. За їхніми поглядами на внучатко ти розумієш, що ніхто вже біля тебе «танцювати» не буде, як це було раніше, під час вагітності. У них з'явився новий сенс життя, і вони готові любить, виховувать, помагать порадою, коли про неї просять і коли ні, бо: «А шо таке? А чого це вже толковими бабиними порадами перебирать? Добре, коли є кому підказать...».

— Він, мабуть, голодний, не наїдається, — заводить свекруха.

— Треба було ще одіялком зверху примотать. Тут так зябко. Попробуй-но, чи ніс теплий, — підхоплює твоя мама.

Коли чуєш коментарі від бабусь, у голову лізуть думки: «Потрібно швидко присікти цей марафон порад. Син спить. Йому тепло. Він не голодний. Ти це знаєш». А потім закрадаються сумніви: «А, можливо, мами праві? А чи справді тепло, чи добре, чи ситий, чи правильно я все роблю?». І замість того, щоб тримати оборону кордонів, ти обираєш промовчати.

«Останній кадр!» — подруга повертає твої думки до процесу фотографування. Знову давиш либу. Опускаєш очі і помічаєш дві мокрі плями на одязі в районі «делікантних» грудей п'ятого розміру. Офіційно прибуло молоко. Тулиш букета, що подарував тобі чоловік, на себе, аби прикрити ті плями, дивакувато хіхікаючи.

Фсьо, квітка. Наклацали. Пакуєтеся в машину і їдете додому. Вдома буде легше. Вдома ж буде легше?

Нашош, як казала моя баба. Вдома з появою малюка все змінилося. Динаміка, енергетика, режим — усе інше. Навіть звуки. Баба, ш-ш-шкаючи, привчає всіх домашніх розмовляти пошепки, бо: «Цить, дитину збудиш!». Хай скільки разів ти намагалася пояснити їй той науковий факт, що новонароджені дітки чують не так добре, як дорослі, і шепотіти зовсім необов'язково, але бабі та наукова бєлібєрда до дупи. Збудиш дитину — получиш пиздяк.

Поки чоловік (і баба, єстєственно ж) починає давати раду всім організаційним питанням щодо хрестин, ти намагаєшся дати раду цицькам, які болять, горять, тріщать по швах і підтікають.

Соски як пекли, так і печуть. Молока стільки, що малюк не встигає з'їдати. Груди наливаються, як херсонський кавун у серпні, щоразу, коли ти просто дивишся на своє чадо.

Гіперлактація. Тобі легонько можна взяти під своє крило штук сім бездомних котеняк і поставить їх на ноги. Одні радять зціджувати залишки молока, щоб не було маститу. Інші кричать: «Упасі боже цідитись, бо молока буде ще більше!». Мастит ти все-таки заробила в перші два тижні грудного вигодовування, а з ним — і шалену температуру, і посттравматичний синдром, бо ті болючі розминання цицьок, від яких можна всцятися, ти згадуєш заїкаючись і тіпаючись від жаху. Проте це також досвід, і тепер ти точно знаєш, що за найменшого затвердіння грудь потрібно: 1) розім'яти; 2) запропонувати дитині, щоб поїла; 3) зцідити до зняття дискомфорту, якщо він після годування все ж лишився; 4) носити білизну, що, як хороший чоловік, підтримує, але не сковує, не перетискає, не обмежує.

«Пуховою хусткою треба груди обмотувать», — пропонує вирішення проблеми баба. «Від тепла навіть цибля крепше», — додає вона, пробуючи носа внучатку, який спить на ліжку, і, цмакнувши ротом, вкриває його махровим рушником.

Грудне вигодовування почне здаватися терпимим, а місцями навіть приємним трохи пізніше. Тоді, коли соски перестануть боліти так, ніби їх матлошить шаблезубий тигр, коли об'єм молока збігатиметься з потребами дитини (твій організм відчуває й пристосовується до апетиту саме твого малюка), коли в тебе буде трошки більше досвіду в цій, як виявилося, непростій справі.

Будуть дні, коли тобі здаватиметься, що грудне вигодовування — це абсолютний кайф і ти готова цим займатись, аж поки мале в школу піде. Таких днів буде багато, напевно, більшість. Але також будуть дні (частіше ночі), коли тобі хотітиметься закрить цей молочний цех до чортової матері і відлучити це паце сію ж минуту, бо сил твоїх уже нема ці муки терпіти. Особливо яскраво це бажання накриває жінок, коли вони обнаружують у роті діток перші зуби, а також коли ті дітки обнаружують, що тими зубами можна кусатися, бо в цей момент мама так смішно підскакує і пищить.

Головне, пам'ятай одне: ці дві крайності допустимі. Грудне вигодовування — надзвичайно прекрасний, чуттєвий, інтимний, природний досвід, який абсолютна більшість жінок згадує з теплотою в серці. Але і в ньому можуть бути миті, у яких усе, що матера може сказати, це: «Я задовбалась, я більше не можу». «Завш однаково не буде», — філософськи затягувала моя баба. Просто треба частіше про це собі нагадувати.

Про корисні властивості грудного молока навіть починати не буду, бо то можна ненароком вродить окрему книжку. Твоє тіло виробляє їжу для дитини, багату тими речовинами й мікроелементами, яких вона потребує саме в цей період. Разом із молоком їй передаються антитіла, що захищають малявку від різних хвороб. Сам процес годування позитивно впливає на психоемоційний стан і мами, і дитини.

А ті відчуття, коли ти обіймаєш своє мале й одразу відчуваєш пощипування в грудях, бо прибуває молоко... Незабутні відчуття.

А ті відчуття, коли ти годуєш дитину в громадському місці, якесь дурне до тебе вчепилося, щоб прикрилась, а ти його шлеш на хєр і далі годуєш... Незабутні відчуття.

Одним словом, грудне вигодовування — це переважно прекрасно. Чесно. Тому я завжди агітуватиму жінок схилятися до ГВ і робити все, щоб його налагодити. Чи значить це, що я, махаючи ліфчиком, нападатиму на прекрасних дам, чиї дітки на суміші, блеячи щось типу: «Ти просто не захотіла кормить»; «Канєшно, найлегше бутилочку тикнути і не паритися»; «Що ти за мама, якщо в тебе не вийшло годувати грудьми»... Ні! Це особисте діло кожної жінки: як, чим і де годувати свою дитину. Мами, чиї дітки на штучному вигодовуванні, не повинні виправдовуватися, пояснювати причини використання суміші, доводити оточенню, що вони такі само хороші мами, як і ті, що активно годують грудьми.

Жінкам, на моє скромне переконання, потрібно пам'ятати, що щаслива дитина — це передусім сита дитина. Крапка.

Твоя дитина на ГВ? Молодець, мать! Годуй за вимогою, будь уважна до своїх грудей, носи красиву білизну і знай, що все буде добре.

Твоя дитина на ШВ? Молодець, мать! Ретельно мий пляшечки, ігноруй потребу щось комусь пояснювати, не довби себе, що з ГВ не склалося, носи красиву білизну і знай, що все буде добре.

Дієта годуючої мами

Педіатр синів якось сказав мені, що між тим, що я споживаю, і коліками в дитини, немає зв'язку. Природа коліків до кінця не досліджена, проте не залежить від раціону мами. Ця думка широко підтримується серед сучасних лікарів, але нам-то шо? Правда? Дитина плаче — значить, треба знайти винуватого. Хто винен? Ану хором! Правильно, матера.

Ти теліпаєш на руках дитину, яка горлає, як пожежна машина, носячись від кутка до кутка, не знаючи, чим зарадити. В очах довколишніх читається оте одвічне, екзистенційне: «Чого вже ти нажерлася, що дитя так розривається?!». У такі моменти ти, хоч і вважаєш себе науково підкутою жіночкою й читала досить багато про болі в животику немовлят, усе ж рефлекторно починаєш відмотувати плівку назад і згадувати, що ж, справді, ти таке їла, що могло зашкодити малюку. Всі раціональні знання вилітають, кібєнімать, у кватирку, коли матера на грані паніки. Ну, згадуй, згадуй! Не пам'ятаєш. А баба пам'ятає: «То, мабуть, та котлєта жарена. Вона тобі так треба була, як зайцю стоп-сигнал». Винувато мовчиш, продовжуючи колисати малюсика, і обіцяєш собі ніколи більше не їсти тих котлет, лише б дитя перестало плакати. А воно не перестає, тому ти просто сідаєш і плачеш разом з ним.

Чоловік пропонує зганяти в аптеку по крапельки. Баба пропонує прикладати до животика внучатка теплу попрасовану пелюшку і злизати лоба, бо «мало лі шо». Дід пропонує вам перебазірувати свій консиліум в іншу кімнату, бо він останні вісті по телевізору не чує. Ти погоджуєшся з усіма й готова використати будь-які методи, лиш би синок заспокоївся. Тому, поки твій суверенний дрелює в аптеку по «Еспумізан», баба прасує пелюшку, а дід клацає пульт, ти лижеш дитині лоба, спльовуючи на підлогу. Зазвичай ти не віриш у подібні методики, але в цю хвилину голова не варить — це раз, і, як казала баба, «мало лі шо» — це два.

Декількома годинами пізніше, лежачи в ліжку і дивлячись на малюка, який так солодко й мирно спить, бо крапельки нарешті подіяли і коліки відступили, ти все ще згадуєш ту дурну котлету і матюкаєш себе за хвилину слабкості, здаючись у полон пекучому почуттю провини. Я теж, як і більшість годуючих жінок, була в подібній ситуації. «Жерти чи не жерти — вот у чьом вапрос». Із цим питанням стояла двадцятирічна згорблена Катя, яка кілька днів тому народила первістка, над коробкою цукерок «Київ вечірній». (Чому згорблена? Бо трикілограмові цицьки і шість швів на Ізольді Д'Артаньяновні не дозволяли випрямити ізяшну спину.)

Прийнявши рішення, що все-таки «жерти!», я запхала одну цукерку в рота і розплилвлась у блаженній усмішці. Почуття провини, ніби чугунною кувалдою, прихуярило мене по тім'ячку рівно через п'ять секунд. Я, вооружившись усіма багатовіковими знаніями про дієту на ГВ, якими користувалися жінки в часи, коли на лампочку приходилося дмухать, а зараз ловко переданими мені, зеленій, від мам, баб, сусідок баб, странешної сестри Марії Піцюренчихи, була впевнена, що всьо, конхвєту з'їла — дитину обсипе, алергія нападе, живіт зболить, пиши пропало, дзвони у скору, «А тобі казали, мачуха ти дурна!».

Перші два місяці життя сина я жила на: вермішелі/гречці з молоком, налисниках, чаї зі згущенкою, хлібі з маслом, легенькому супчику, узварі й печиві «Марія». Як з такою дієтою я не почала мукати і пастися в гичці, не знаю. Так, молока було багато. А які ще аргументи в підтримку правильності такої дієти були потрібні?

Проте Артема стабільно мучили коліки, а мене — совість... «Канєшно же не від згущонки! Священна згущонка тут ні до чого», — скандували мудріші й досвідченіші, ніж я, жони. Вони-то знали точно, що ті муки в дитини через те, що я на яблучко глянула, каву понюхала, банку солоних огірків обняла, ну, або зіврочив хтось, або покупать не встигли до заходу сонця... Тут варіантів багато. На все можна було грішити, крім «Марії» і згущонки.

Народивши Гната (в США), я пам'ятаю, як попросила пити. Після пологів так прягло і сушило, як після літри текіли й удару в морду. Мені принесли яблучний сік з льодом. «Шо за дурдом», — подумала я, але сік випила. Сніданок проспала, а от обід принесли, і тут у Катерини від подиву ледь молоко в цицьках не скисло. Кава, круасан з шоколадом, курячий бульйон, рис з індичкою і грибним соусом, желе і фрукти (диня, виноград, ананас). Диня, їбійогомать! Диня! Я лупала очима на той піднос і не могла повірити, що вони не помилилися палатою. Не голодать же, правда? Катерина уматлошила все, що принесли, і материнство відтоді заграло новими барвами.

Зараз, годуючи грудьми вже четвертого сина, я їм абсолютно все, у розумних рамках, звичайно, бо точно знаю, що запорука успіху грудного вигодовування — у збалансованому харчуванні, здоровому психідноемоційному фоні і достатньому відпочинку.

Хочеться помідорку — з'їла, хочеться соку апельсинового — випила, хочеться шампанського — перехочеться, кобиляко! Не вживаю алкоголю перші місяці годування взагалі, а потім можу дозволити собі пів келиха сухого вина раз на тиждень, за вечерею — ось і всі обмеження. Я на чотирьох спиногризах переконалася, що коліки бувають, навіть коли в тебе дієта складається суто зі святої води. Так само, як дитина може не мати жодних проблем із животиком, хоча ти тиждень жерла оселедець з гороховим супом, запиваючи кефіром і тархуном одночасно. Саме тому оці всі жертви в стилі «Я живу на паровій курці, без спецій і солі, що смакує, як горе, і трьох кілограмах галетного печива» є абсолютно невиправданими. Зараз, наприклад, лягаю спати з думкою, що на сніданок у холодильнику мене чекає шматок шоколадно-малинового торта, який я втовчу завтра без найменшого угризіння совісті.

Я не збираюся всіх годуючих мам агітувати разом зі мною жерти шоколад і, упасі боже, дудлить винце. Ні! Радьтеся з педіатрами, дослухайтеся до вашого організму. У кожної з нас своя дорога в цьому непростому світі молочних цицьок. Кожна з нас протоптує свій шлях, спотикаючись, падаючи, підводячись і, закинувши груди за плечі, дрелює вперед. Але якщо десь плаче молода мама, бо не втрималась і з'їла одну цукерку з коробки «Київ вечірній», то хочу їй сказати: не плач, з'їж іще одну!

Перше купання

Перше купання першого внука — подія важлива, а особливо для баби. З його народженням у неї відкриваються нове дихання, сила, як у Конана Варвара, і бажання озаряти всіх «темних» своїм безцінним материнським досвідом. Невістці й сину баба одразу дає зрозуміти, що керуватиме процесією саме вона, бо баба знає краще.

«Запам'ятай, — каже вона мамі, — купати дитинку треба лише в кип'яченій воді». Мама намагається переконувати: американські вчені довели, що кип'ятіння не має ніяких переваг, але баба відрізає: «Американці давно нас хочуть знічтожить! Я в послєдніх вістях чула».

Дід отримує розпорядження принести ванночку прямо в спальню і поставити її під батарею. Слідом за дідом татові наказано знайти калорифери й «дуйчики» та вмикнути їх на всю.

У хаті 35ºC, усім дурно, а баба радіє: «Треба ж діток вигрівати. Навіть гуска — і та гусенят гріє». Дід приносить каструлю з кип'яченою водою і виливає у ванночку. Баба, восомнівшись у способностях градусника, перевіряє температуру води ліктем. Кивнувши вольовим підборіддям, дає сигнал, що купель готова.

Мама бере пінку для купання немовляти і збирається лити у воду. Баба з криком «Стоп!!!» груддю перегороджає мамі путь. «Не дам дитя калічить хімією! От я Альошеньку купала: в понеділок — у ромашці, у вівторок — у череді, у середу — в любистку, у четвер — у чебреці, у п'ятницю — у м'яті…» Тут мама не видержує і перебиває: «Добавить спирту — і получиться "Бітнер"». Баба гумору не оцінила. «А в суботу купати не будем, грамотна ти така, бо він в суботу народився! От вмру, тоді закусите», — пригрозила й линула у ванночку відвару з ромашки.

Починається процес купання. Тато, вхопивши камеру, хоче сфотографувати цю хвилюючу мить. Баба, наче орлиця, вириває фотоапарат з рук. «Ніяких фото до хрещення! Мені матушка так сказала!». Перехрестившись зі швидкістю вентилятора, баба кидається злизувати дитині чоло і спльовувати через ліве плече, просто дідові в очі. Дід, рукавом протерши діоптрії, розуміє, що тут розберуться без його експертної оцінки, і виходить геть.

Покупавши, мама починає витирати дитину. Синок ікає. Баба, не розгубившись, заводить пісню: «Ікота, ікота, іди до болота. Напади чи коня, чи корову, чи жидівку здорову…!». Мама, оговтавшись від вокальної атаки, просить бабу не співати її сину антисемітських пісень. По бабі видно, що вона не знає, що таке «антисемітизм», але пісня хороша і в репертуарі лишається.

Тепер одягаємо. Першим ділом підгузник. Баба: «Яка ж гадость ці памперси. Це ж хімія! Казала мені

Зінаїда Никоновна (педіатр, яка працювала ще коли люди ниткою хліб різали і на лампочку дмухали, але в очах баби другий по значимості експерт, після неї самої ж, звичайно), що хлопчикам їх категорично не можна одягати. Бо спарить яєчки і не буде мати дітей. Всьо, конець роду. Але ж хто бабу слухає? Ніхто! Зате того наркомана Комаровського слухають! Робите мені нєрви. От вмру, то згадаєте, що баба як лучче хотіла».

Закінчивши причитання, баба виймає з шафи теплу шерстяну шапочку і нап'ялює на внучка. «Треба гріти тім'ячко, бо якщо тім'ячко змерзне, то все — дитина не буде балакать». Тепер мамі зрозуміло, чому дід переважно мовчить. Не тому, що баба залізною хваткою тримає його за кадика вже 25 років. Ні! Просто в нього тім'ячко змерзло. Пазл склався.

Тим часом тато бере ванночку і збирається злити воду в умивальник. Баба прибігає з відром. «Лий воду сюди, сказала!» — командує вона. «Боже, мамо, нащо?» — отетерює тато. «Як "нащо"? Першу воду з купання обов'язково тра вилити під молоду вишеньку, щоб дитинка була здорова». Тато полегшено посміхається: «Добре, що хоч вилить, а не випить».

Баба цього не чує, бо з відром наперевєс спішить надвір шукати молоду вишеньку. Вона знає, що треба встигнути до заходу сонця, після заходу нічого виливати не можна. У січні темніє рано, дерева голі, яка з них молода вишенька? Хер там знає.

Тут із-за паркана показується сонцеликий образ сусідки Галі. «Ну шо? Покупали?» — цікавиться сусідка. «Баба покупала!» — гордо відповідає та і шмаляє воду з відра під дерево. «Тю, так хіба це вишня? Це ж антоновка!» — зауважує обізнана в посткупельних ритуалах сусідка, у якої явно відсутній інстинкт самозбереження.

«Галю, бля, не розказуй мені тут! Тебе хтось питав? Ти шо, сама грамотна? Ти хоч сказать, що ти в моєму садку краще орієнтіруєшся, ніж я? Це вишня! Я знаю, бо я її два роки тому садила. Вона молодюсінька, як ми при Брежнєві!» — каже баба так, що аж сама вірить, і чеберяє в хату допомагати невістці з онуком.

Вроки

З народженням внучатка баба стала дещо знервованою. А як тут не нервувать? Світ сповнений підступних опасностей, а ця безпечна молодьож ніц не хоче слухать. Кажеш їм, що до хрестин з хати з дитиною виходить не можна, показувати людям мале не можна, сушити одяг внучатка на дворі не можна, після заходу сонця купать не можна, в день народження купать не можна, щоб не причепилися вроки... До лампочки! Просиш невістку, щоб у ніжки внучатка не цілувала, бо дитина почне пізно ходить. Просиш, щоб у щічки не цілувала, бо пізно зуби проріжуться. А вона не слуха. Вилупить очі, як баран, і чмокає, куди бачить. А як візьме його на руки й заглядає в дзеркало. Це є розум? Немовля в дзеркало! Не можна! Дитина ж буде погано спати!

Добре, що баба на стражі. Добре, що баба начеку.

Взагалі весь страх перед незвіданим і потойбічним різко загострюється, коли свекруха чи теща стають бабусями. Та що там казать, навіть найскептичніші жінки, народивши свою дитину, починають ліпити стікери на її фотографії в мережах. Усі ми бачили світлини, на яких обличчя манюні, в профілактичних цілях, єстєствєнно, закривають котиком, сердечком, квіточкою, брульянтиком. А все чого? Щоб ніяка скотиняка душу неокріпшу не спиздила. Мушу признать, що ці діджитал-обереги — штука дієва. Скільки раз не пробувала вкрасти дитячу душу через фото — ніхєра не получається. Ось що стікер животворящий робить.

Ну, якщо вже якимось дивним чином, попри бабину цілодобову варту, просочився той ворожий врік на периферію, то впадати в паніку не треба, бо на кожне врікливе око знайдеться експерт, який його виколе.

Мені здається, що у світі існує дві найдревніші професії — це жріци любові і різного роду екстрасенси. І хай там що на планеті трапиться (війни, катаклізми, епідемії сибірської виразки, зеленої холери чи мадагаскарської чуми), у представників цих двох професій завжди будуть клієнти. Без куска хліба ніколи не лишаться. Про «нічних метеликів» говорити не будемо, а от екстрасенси — це тємашечка.

Самі помізкуйте: кінець льодовикового періоду, холодрига, мамонти, шаблезубі тигри та інші неудобства... Жерти ж хочеться, труба! Мусять чоловіки йти на полювання. Усе живе кругом хоче тебе завалить і з'їсти. Страшно, капець. І ти ідеш такий убивати того мамонта з якоюсь палкою, яку точив цілий місяць, шкури ляшки натерли, воші, як коні, скачуть по цьому убьору... Ідеш, бідака, і не знаєш, чи вернешся в свою хібару з гімна і палок, чи згинеш, як руда миша.

А якийсь мужичок у пір'ях, гордо іменуємий «шаманом», у теплі, добрі й безпеці, сидить у халабуді, развлєкая прекрасних первобитних дам віртуозним биттям у бубна і танцями навколо жертовного вогнища. І йому нормальок, правда? Вернулися мисливці зі здобиччю — шаману плюс, бо він, типу, з духами перетер і про все договорився. Не вернулись — ну, шо зробиш, такі часи тяжкі, значить треба гучніше в бубна бить.

Минули століття, а людська натура не змінилася. Навіть зараз, незважаючи на науку і прогрес, ми хочемо доторкнутися до незвіданого, таємного й містичного. За десятки тисяч років шамани пройшли ребрендинг і тепер називаються медіумами, екстрасенсами, віщунами, провідниками або просто людьми, які «шось знають».

Сперечатися не буду, існують люди, які справді тримають зв'язок з космосом і мають специфічний дар. Решта особин на ринку — це успішні бізнесмени, які клепають гроші на рівному місці, використовуючи прийом «пальцем у небо», спекулюючи на делікатній ситуації вразливих категорій населення.

Пам'ятаєте ці реклами в газетах? «Потомственна віщунка Тамара Ясноморда. Зніме/вдіне вінок безбрачія, спалить рожу, викачає яйцями, вилікує від алкоголізму, геморою і неприємного запаху з рота, поборе порчу любого калібру, верне загулявшого мужика і його ерекцію, передасть вашій покійній бабі, що ви її любите, а заразом і спитає, де вона заховала той платочок із золотими коронками, які обіцяла вам лишить у спадок. Бо ви вже всі бабині шафи перелопатили, але безуспішно».

І стоїть Тамара на фото, як циклоп у корсеті, уся загадкова й незвідана. У кутку висять ікони, на столі — козячий черепок, в одній руці в неї кроляча лапка, а в другій — карти з голими бабами. Одразу видно, що Тамара — спеціаліст широкого профілю, оволодівший усіма можливими техніками, які доступні на ринку магії. Навіть я знаю декількох людей, які успішні, освічені, по життю керуються фактами, але воду від телевізора все-таки заряджали. Таргетинг таких «спеціалістів», як Тамара, дуже широкий, але є одна група, яка особливо падка на екстрасенсорні послуги. Це бабусі. З народженням онуків у них часто падає клямка і починається одвічна боротьба зі вроками. Бо як же ж іще пояснить, чому улюблене внучатко плаче, вищить увечері? Коліки, бо мама тиждень жерла молочну вермішель? Малоймовірно. Мама, гуляючи з малюком, не прикрила коляску фатою, не тримала дулю в кишені, не сплюнула через плече, коли повз пройшла знайома, в результаті чого вроки здійснили пряме попадання? Так, імовірність 100 %, в яблучко. Казала ж баба не шастать, йобвашумать.

Тепер мусить ця Ксена, принцеса-воїн, рятувати дитяточку. Взявши пелюшку і 500 грн з пенсії, які збирала на жом корові, пре баба на край села до Сніжани Петрівни, яка «шось знає». Сніжанка за рахунок таких, як баба, достроїла в хаті другий поверх, купила собі ланоса, учить сина в Польщі, виложила косточкою весь двір і раз у рік їздить у Єгипет відпочивати. З Єгипту стабільно привозить магнітики, статуетки фараонів і пірамід, які й створюють у її приймальному кабінеті (за сумісництвом — літній кухні) відповідну загадкову ауру, яка так вражає клієнтів. «Що вас привело до мене?» — питає Сніжана бабу. Баба, витираючи сльозу й намагаючись приборкати трясучу губу: «Внука хтось зіврочив. Так плаче ввечері, аж здригається...».

І тут починається «магія». Сніжана така: «Ні слова більше, я все бачу як на долоні! У вас є внук. Хлопчик. Його зврочили!». У баби в голові: «Вау! Як вона це знає? Усе ж правду каже, ти подиви!». Баба б'ється в езотеричному екстазі, а Сніжана продовжує: «Жінка зврочила, завісніца!». Баба кричить: «Точно! Сусідка Людка Миросіна! Знала, що вона падліна така!». Сніжана, мотиляючи хаотично руками: «По каналу мені йде, що ім'я починається на "Л" і живе вона близько біля вас...». У баби від враження аж мову повело. Слова вичавить із себе вона не може, тому просто киває з відкритим ротом.

Екстрасенс, помітивши, що клієнт у кондиції, промовляє: «Ви вчасно звернулися. Ще день — і навіть я була б безсила». У баби трусяться щелепа й руки, якими вона протягує Сніжані 500 гривень і пелюшку в надії на спасіння. Сніжана бере купюру підносить до світла, перевіряє, чи не фальшива, і пхає в карман халату в борді рози. Далі вона просить бабу вийти і почекати на вулиці, бо таїнство «зарядження» пелюшки — не для очей простих людей. Баба виходить з кабінету на 500 гривників бідніша, але обнадієна до країв. Через дві хвилини двері відчиняються, і Сніжана віддає пелюшку бабі. «Готово! — каже вона. — Пелюшка заряджена на зняття вроків, але так як сьогодні в мене проходить акція, то до зарядки я добавила лікування плоскостопії, генітального герпесу і везіння в Національній лотереї. Для підтримання дії приходьте до мене щомісяця. Якщо доплатите 50 грн у набір, також отримаєте 100 % гарантію, що картопля в цьому році вродить як ніколи».

Ну, як тут не доплатить, якщо така вигідна пропозиція?! Правда? Баба виймає з паральосика 50 гривень і дає чарівниці. Відкланявшись, окрилена спішить додому.

Удома, запеленавши внучатко в енергетично мощну пелюшку, мама і баба спостерігають, як він спокійно засинає. «Шо то Сніжана Петровна!» — думає баба. «Шо то "Еспумізан"», — думає мама.

Післяпологова депресія

«Понавидумують тих депресій і страдають, бо нема шо робить. От ми колись як? Народила, додому пригналась, чоловіку борщ вариш, рубашку гладиш, свиней пораєш, воду з криниці носиш, пелюшки переш… Не було в нас ні підгузників, ні пральних машинок. Усе руками — і нічо, не повихитувались. Не було ніякої депресії. Навіть слова такого не знали.

А зараз шо? Сидять цариці на сраці рівно, сльози в баночку збирають. У хаті парове, газ, уборна і турецький серіал у телевізорі щовечора крутить любов. Що тобі для щастя ще треба, людино добра? Кнопку білою ручонькою натиснула — машинка пере, мультиварка варить плов… А вона оце придумала з тою депресією. Плаче сидить, хлипає. Ото все від безділля, я тобі точно кажу!»

Чули таке? Кожна з нас чула. Необов'язково у свій бік, необов'язково прямо. Можливо, від подруги чи знайомої, яка стикнулася з такою реакцією, але так чи інакше ця пісня вже звучала. Пісня, яка знецінює ментальне здоров'я жінки, змушує консервувати власні емоції, пригнічує і соромить. Жінки завжди страждали від післяпологової депресії. Це факт. А також фактом залишається те, що покоління наших мам і бабусь, як і жінок до них, не мали права порушувати питання психоемоційного стану після пологів, бо: «Що ж люди скажуть?». Засміють, викрикуватимуть: «Здуріла». У часи, коли ти народжуєш дитя, хуяриш на радіозаводі біля станка на благо родіни, знову народжуєш, знову хуяриш, і так по колу, ти повинна бути здоровою як фізично, так і морально (або хоча б такою здаватися), бо інакше кому ти треба взагалі? А страшніше бути непотрібною, ніж загнаною.

«Погано? А кому зараз добре?! Мовчи в тряпочку і терпи. Нікому не зізнавайся, бо соромно про таке навіть думать, не те щоб говорить. У тебе дитина народилася, ти повинна радіти, скакати й пердіти, а не соплі на кулак мотать» — установка, яка досить часто передається в спадок від старших поколінь, як бабині золоті зуби й сім метрів ситцю.

Я щаслива, що є частиною покоління жінок, яке припинило вдавати, що материнство — це рожева солодка вата і поїздка на каруселі. І хоч іще є досить багато тих, які завжди готові тобі сказати, що післяпологова депресія — це ніщо більше, ніж страждання херньою і бажання привернути до себе увагу, дедалі більше жінок починають відверто розповідати про власний досвід, обговорювати це явище і, головне, не почуватися винними, тому що в перші тижні або навіть місяці після пологів не світилися від щастя, як фосфорний орел (хто пам'ятає цю статуетку з дитинства?)

Більшість жінок після народження дитини стикаються з baby blues — нападами смутку з різкими перепадами настрою та неймовірно сильним бажанням плакати. Починаються вони приблизно на третій-четвертий день після пологів і тривають два-три тижні. Приблизно 70–80 % жінок стикаються із цим станом тією чи іншою мірою. Відчуття не з приємних, скажу чесно.

Пам'ятаю, як гірко я плакала, бо чоловік застелив ліжко і, сволоч така, не розправив один кутик верхнього покривала. Він лежав, загорнений трикутничком на краю нашого ложе, а я сиділа біля нього, тримаючи сина на руках, і вила так, що Винниківська вовчиця була би в шоковє. Я плакала, бо собака вистрибнув на диван, умостився біля мене, поклавши лапу мені на ноги, в момент, коли я просто хотіла посидіти там наодинці з чашкою запашного чаю. Я плакала, бо сестра не запитала мене, як справи, бо муха залетіла в кімнату... Це причини сліз, які вдалося згадати, а скільки їх було пролито без причин. В один момент ти радієш життю, обіймаєш свою малявку, думаєш про щось приємне, наприклад, тувмачі зі шкварочкою, аж раптом бац — і тебе охоплює такий нестерпний жаль, що сльози самі навертаються на очі й падають зливою на необ'ятні цицьки.

Ти вступаєш із собою в переговори, заспокоюєш себе тим, що все мине, що це нормальний процес адаптації до нової ролі мами, що виною всьому гормони та їхні ігри з твоєю свідомістю, що із цим стикається більшість жінок. Аналізуєш і розкладаєш усе по поличках. Стає легше. Ось він — голос розуму. Молодець! Ну, жива тобі Міс Раціональність!

Раптом бачиш, як чоловік намагається поміняти дитині підгузка, але робить це, як тобі здається, так криворуко, що хочеться його роздерти, як жабу на трасі. Біжиш, кричиш, забираєш мале, сама міняєш той памперс, дивишся на свого судьбоносного, який у повному ахуї стежить за ситуацією з дальнього кутка, розумієш, наскільки ти стала неадекватною і смиканою, перепрошуєш перед коханим і знову виєш, як білуга, бо не дала ради емоціям, бо зірвалась, бо втомилась, бо сумніваєшся, бо Бреду Пітту в Трої проштрикнули стрілою п'ятку...

Як було сказано вище, цей стан тривав недовго. «Поплакала — і знов фіалка розцвіла». Два-три тижні поістерила, і Катерина знову в строю, хорошому гуморі і зі світлою головою, готова насолоджуватися життям і радіти материнству. Висунеш морду у вікно, а там небо блакитне, пташки співають, люди красиві ходять... Усе налагодилося.

«Нареші я в нормі!» — радісно вигукуєш ти. «То це що, означає, що можна мені з кутка вилазить?» — гуморить страждений чоловік, і ви разом смієтеся, згадуючи твої найкращі драматичні моменти.

Проте не в усіх жінок ці baby blues минають через декілька тижнів після пологів. Вони можуть тягнутися місяцями, інтенсифікуючись і переростаючи в депресію. Післяпологова депресія часто включає в себе (але не обмежується): різкі перепади настрою, роздратованість, неможливість зосереджувати увагу, апатію, безсоння, одержимі дитиною думки, неконтрольований плач, панічний страх за життя дитини, постійні сумніви щодо правильності прийнятих рішень, бачення себе як поганої мами, неможливість радіти речам, подіям, людям, які раніше приносили задоволення, думки про завдання шкоди собі чи дитині, бажання потрусити малюка, коли той плаче, панічні атаки, відчуття сорому й провини, замкненість у собі, часті головні болі... Цей перелік можна доповнювати безкінечно, оскільки післяпологова депресія — явище індивідуальне. Це нескінченний потік негативних емоцій, які, переплітаючись з повсякденним життям, серйозно підривають можливість жінки піклуватися про себе та про дитину. 10–15 % жінок, які народили (необов'язково першу дитину), страждають від ПД.

Із чого почати боротьбу? У той момент, коли жінка визнає проблему, коли прощає собі її наявність, коли вирішує поділитися переживаннями з рідними й друзями, коли просить про допомогу, тоді післяпологова депресія починає втрачати контроль над її життям, тоді з'являється чіткий шлях, яким можна рухатися вперед, не опускаючи очей і не соромлячись свого досвіду.

Коли ми зламаємо руку чи захворіємо на бронхіт, чи рознесе мордяку від зуба, який мали би пролікувати ще торік, що ми робимо? Правильно! Прем до лікаря. Біжимо так, що аж курить за нами дорога. Біжимо так, що не торкаємося землі. Чому? Бо припекло! Бо вмить прийшло розуміння, що це ж про здоров'я, а здоров'я — це життя, а життя — це ох як прекрасно, їбійогомать. І нам же не соромно показати лікарю ту зламану руку, правда? Ні! Ми будемо вимагати прийому, лізти без черги і репетувати: «Ґвалт, рятуйте мене вже і зараз». То чому ж, питається в задачі, багатьом жінкам і досі соромно звернутися по допомогу, якщо вони страждають від післяпологової депресії? Про що це, якщо не про здоров'я? Про Химині кури, чи шо?

Наслідком того, що розмова про існування такого чудища, як післяпологова депресія, в українському суспільстві почалася відносно недавно, є обмежена кількість ресурсів для боротьби з нею. У наших мам і бабусь депресії «не було», бо їм не було коли. Лікарям у ті часи, відповідно, та депресія також була до сраки. Саме тому в тих поодиноких випадках, коли жінка зверталася по допомогу до лікаря, їй ставився обширний діагноз: «Ну, йобнулася дамочка, що ж зробиш? Слєдующий!».

Часи змінюються, а з ними змінюється і сприйняття жіночих проблем. У боротьбу з депресією вступили кваліфіковані психологи, які можуть допомогти жінкам побороти ПД, які знають, як це зробити. Тому не варто замовчувати свій внутрішній біль і чекати, коли саме пройде. При до спеціаліста!

Чи по кишені всім послуги психологів? Ні, звичайно. Саме тому зараз існує безліч безкоштовних джерел, з яких можна черпати корисну інформацію для глибшого розуміння власної проблеми та пошуку шляхів її вирішення. Це і форуми, і групи, і класи, і марафони, різноманітні інформаційні портали… Дедалі більше жінок виходять з тіні, ділячись історією власної боротьби з післяпологовою депресією, в соцмережах, наприклад. Читай, аналізуй, стань частиною діалогу і зрозумій, що ти не сама.

Після народження, у 2009 році, старшого сина в Україні, я отримала багато інформації про те, як доглядати за дитиною, як правильно купати, переодягати, годувати, що робити, щоб було більше молока, як швидше схуднути… Я регулярно ходила до лікарів на планові огляди малого й Ізольди Дартаньяновни, але ніхто жодного разу не запитав про мій психоемоційний стан як жінки, яка нещодавно народила. Жодного разу.

У моменти, коли мені було тяжко, я рятувалася розмовами із сестрами й близькими подругами. Від цих розмов легшало. Уже тоді я розуміла, що не можна акумулювати в собі ті негативні відчуття. Їх потрібно озвучувати, їм потрібно давати вихід. Мене вислуховували, підтримували, заспокоювали. Мені пощастило, тому що мене розуміли.

Трьох молодших синів я народжувала в США у 2014, 2015, 2020 роках, і на кожному плановому огляді дитини мені, як мамі, давали заповнити анкету із запитаннями, як почуваюся саме я. Чи не втратила я здатність радіти? Чи почуваюся розбитою та пригніченою? Чи маю нормальний апетит? Чи часто плачу? Чи відчуваю гнів? Чи дратує мене плач моєї дитини? Чи маю суїцидальні думки... Усе в такому сенсі.

Ба більше, через тиждень після пологів я отримувала дзвінок з офісу лікаря із запитаннями про мій емоційний стан, бо їм потрібно пересвідчитися, що сія матера при тямі. Також дзвінок отримував мій чоловік. Його, як людину, яка бачить ситуацію ззовні, запитували, чи, на його скромне переконання, я не страждаю від післяпологової депресії і чи не потребую професійної допомоги.

Її я не потребувала, тому що чоловік мене підтримував, але оцінила увагу й турботу, бо ж, холєра, приємно, коли питають про тебе, а не лише про маля. А ще оцінила наявність цих важливих ресурсів під рукою у випадку, коли «і лампа не горіт, і врут калєндарі», і розуміння, що ти відповідальна за це маленьке найцінніше життя, лупить тебе під дих, збиваючи з ніг, і жме мордою в кропиву.

Повторюся: пригнічений стан тривав не більше трьох тижнів після всіх чотирьох пологів, і я порівняно легенько відбулася. Не всім жінкам так щастить.

Учені стверджують, що підтримка домашніх допомагає жінці набагато швидше подолати післяпологову депресію. Саме ця підтримка, вчасно надана найріднішими, і створює колосальну різницю у складності переживання ПД.

Але пам'ятаймо, що чоловік, так само як і новоспечені бабусі й дідусі, — не телепат, у «Боях екстрасенсів» участі не брав, шапочки з фольги не носить, прочитати твої думки не в змозі, зрозуміти, що ж коїться з цією прекрасною і страшно сексапільною матерою йому не завжди вдається. Тому дуже важливо для кожної жінки виробити звичку **говорити ротом** про власні переживання, страхи, відчуття, просити про допомогу.

Не соромно сказати: «Коля, я заїбалась так, що світ немилий. Я хочу плакати, спати і булочку з маком. Мені тяжко, страшно і незрозуміло. Допоможи, підстрахуй, підтримай». Це нормально!

А от ненормально: вдавати, що все в порядку, і душитися сльозами, коли всі поснуть уночі. Ненормально зриватися на чоловікові й не пояснювати йому причини своєї поведінки. Говори, не мовчи, не замикайся в собі. Бо така стратегія проблеми не вирішує. Навпаки, вона здатна лише усукаблядь ситуацію, погіршуючи ваші стосунки й віддаляючи одне від одного.

Проси чоловіка про допомогу. Просиш? А чоловік що?

Насправді в мужчин у цій ситуації є два шляхи: 1) підтримати дружину, включитися в процес і зрозуміти, що ця дитина так само твоя, як і її; 2) закатати скандал, оперуючи фразами «Ти ж мати», «Ти ж жінка», «Це твоя робота», «Ти вдома сидиш», «А що ти взагалі сьогодні цілий день робила?», «Усі справляються, а тобі тяжко», «Де мої труси?»... Хтось розуміє, що він батько, і перебирає на себе частину обов'язків, знаючи, що це непростий для дружини час, а хтось починає поводитись, як ще одна дитина, вимагаючи уваги, турботи й віртуозного орального сексу перед сном. Тривалий час у нашому суспільстві існував стереотип, що в перші роки життя дитині треба лише мама і тільки вона знає, що з цією новою людиною взагалі робити. Татко, своєю чергою, міг заглянути здалеку, потримати на руках хвилинку, чмокнути мале в щоку, вколовши бородою, і вчасно повідомити: «Люба, кажись, він обісрався. Забирай». А далі, вручивши дитя мамі, поспішив би прикрасити собою диван, увесь вечір ніжно лаская пульт від телевізора, тому що тато втомився на роботі. А Люба ж у декреті, то рахуй, що на курорті, цілий день відпочиває. Це історія не всіх сімей, але, на жаль, багатьох.

Часи змінюються, а з ними і стандарти сприйняття ролі тата в українській сім'ї. Розумію, що те совдепівське гімно, пережитками якого є модель стосунків, у котрій батько дітьми не займається, психологічним станом мами не цікавиться, бо заробляє гроші, за один день не викорчувати. Але процес пішов. Можливо, не так швидко, як цього хотілося б, моторчик усе ж крутиться. Ритм життя в сучасному світі диктує свої правила, за якими досить часто мама заробляє нарівні з татом. Саме тому оце «Справляйся сама, бо я ходжу на роботу» вже не є адекватним виправданням, а особливо в ситуації, коли твоя дружина страждає від післяпологової депресії та просить їй трішки підсобити. Дієві варіанти допомоги, які може запропонувати чоловік, виклала нижче. (Підсунь йому цю сторінку, най читає. Не хоче? Відксер і повісь на холодильник. Не помічає? Зачитуй уголос.)

Дорогий і страшно сексуальний мужчино! Твоїй дружині зараз нелегко. Оскільки її психоемоційний стан впливає на настрій усіх членів сім'ї, то мусиш, козаче, трохи піднапнутись і забезпечити свою лебідку наступним:

Увага. Запитуй щодня, як вона, як самопочуття, як настрій. Цікався щиро.

Час на себе. Тули дитину в коляску/слінг/ергорюкзак або хапай голими руками і дрелюй з нею на прогулянку. Ненадовго, на годинку-пів. А дружина нехай побуде наодинці з собою. Попроси її використати цей час мудро. Нехай не біжить одразу пиріжки смажить, а, наприклад, приляже на дивані під серію улюбленого серіалу, прийме ванну, масочку якусь на морду намаже або просто подрімає...

Підстраховуй уночі. Як відомо, ночь тємна і полна ужасов, тому краще завжди триматися разом. Ти подаєш їй дитину, вона годує. Якщо мале верещить, то носите його по черзі. Узять подушку і дрелювать в іншу кімнату спатки, поки сія матера на межі всіх своїх людський ресурсів? Не вздумай! Я тебе зараз як вдрелюю!

Хвали її, кажи, що вона хороша мама, що вашій дитині з нею пощастило, що у вас усе вийде. У ці перші місяці після пологів жінка як ніколи сумнівається в собі. А от ти в ній сумніватися не повинен.

Приймайте рішення разом. Часто здається, що в усіх питаннях, які стосуються дитини, дружина знається краще, бо ж материнський інстинкт і таке всяке. Так, буде цілий ряд ситуацій, у яких ти переконуватимешся, що так воно і є. Але не тоді, коли вона, страждаючи від післяпологової депресії, намагається прийняти якесь важливе рішення, наприклад, щодо вакцинації. Не перекладай усе на її плечі, це і твоя дитина.

Тримай оборону ваших сімейних кордонів, коли вона цього зробити не може. Жінка після пологів — легка здобич для тих, хто «знає краще». Найчастіше це хто? Правильно, свекруха й теща. І хоч ці прекрасні дами завжди готові допомогти, люблять вас усією душею і щиро вболівають за успіх вашої батьківської «кампанії», усе ж лінія перетинається, і в повітрі починають літати кулі повчань і порад, які можуть ранити новоспечену матеру в саме серце, погіршуючи її вразливий стан. Що робити? Розмовляти з бабусями. Коли ж у відповідь на розмову ідуть образи, бо «баба вам каже, як краще робить, а ви ж не хочете слухати», час нагадати всім, хто тут ху. Ви — батьки. Ви маєте право на власний досвід і на власні помилки. Якщо вам треба допомога, ви про неї попросите. Якщо необхідна порада, ви нею скористаєтесь. Якщо треба закрутки і мішок картоплі, то «Да, мамочко, вези. І паштету баночку прихвати». Усе решта — пасивна агресія, місця якій не має бути біля жінки з ніжною душевною організацією, яка нещодавно народила. Тримай оборону. Захищай її.

Реалістичні очікування. Пологи — найбільш інтенсивний досвід у житті жінки, як фізично, так і емоційно, тому якщо ти, горобчику, очікуєш, що жінка, вийшовши з пологового, закатає рукава і буде пурхати по хаті, готуючи розсольник, рагу і торт «Дрова під снігом», паралельно прибираючи хату, при цьому маючи вигляд, як Меган Фокс, і лібідо висотою з Бурдж-Халіфа, то проснись. Успіхом буде вважатися вимита голова, застелене ліжко і каструля борщу на три дні. Дай їй час опаментатись. Купи пельмешок, навари (на двох!) і не роби нікому нерви. Так, вона може почати причитати, що нічого не встигає, що вона — хєрова мама, що куповані пельмені — гімно. Не вздумай із цим погоджуватись! Не вздумай мовчать! Пельмешки, можливо, і гімно, але вони є символом того, що ви даєте одне одному час прийти до пам'яті після пологів, налагодити рутину й побут. Ну хіба не корисніше для мами подрімати тих пів години, поки мале спить, ніж дертися на кухню, чистить картоплі й смажить м'ясо, куняючи над тою сковорідкою?

Ніхто не вчить нас, як бути батьками, нема таких курсів і класів, які стовідсотково могли би підготувати тебе до того, що відбувається, тому отой тимчасовий срач у хаті — явище цілком закономірне, і пиздякать з приводу його присутності не треба. Якщо хтось вважає, що новоспечена мама його не бачить — то це не так. Бачить, дуже добре бачить. Не повилазило. Швидше за все, він їй теж заважає і дуже дратує, але коли, перебуваючи в післяпологовій депресії, ти щодня борешся із собою, щоб просто встати з ліжка і прожить новоприбувший день, то ідеальні порядки — це не те, за що вона і ти її б мали гризти.

«Завш однаково не буде», — казала моя бабуся. Пам'ятай ці слова, коли, повернувшись з роботи, ти застанеш заплакану розтріпану дружину, що тримає на руках обісране дитя. На кухні вчорашня тушкована картопля, а в кутку — гора нерозвішеного прання. Підійди, обійми і скажи: « Мала, прорвемся!». Їй так важливо це почути.

Реалістичні очікування — це не те, що стосується лише побуту. Це також стосується її тіла після пологів.

Пам'ятаю, колись запитала у підписниць: «Що ви хотіли би знати про материнство до того, як стали мамою?». Я була трохи спантеличена від тієї кількісті відповідей, у яких писалось, що дівчата хотіли б знати і бути морально готовими до того, що одразу після пологів живіт не втягується назад. Не всі жінки про це знають, як показало моє скромне антропологічне дослідження, то що вже про чоловіків говорити?

Тривалий час вважалося, що все, що стосується вагітності й пологів, — це піськині справи і на холєру воно бравим мужам. Жінки самі окутували цю тему пеленою загадки, а потім плакали в подушку, кусаючи нічну сорочку, від внутрішнього болю, тому що чоловік ляпнув щось типу: «Слухай, а цей живіт таким здоровим і лишиться, чи шо?».

А про це говорити з чоловіками потрібно, відверто і щиро, приправляючи розмову показом наглядних ілюстрацій, готуючи морально як себе, так і свого мужчину.

Уявімо, як почувається жінка, яка страждає від післяпологової депресії, паралельно намагаючись пояснити її судьбоносному, чому розтяжки не зникли з народженням пуп'янка, живіт плоским не став одразу після пологів, а додаткові кілограми все ще нависають на щоках, боках і стегнах. Вона не сліпа, знову ж таки. Вона в курсі всіх метаморфоз, які відбулися з її тілом. Вона бачить кожну складочку.

Незадоволення власним тілом погіршує симптоми ППД, тому підтримуй, виділяй те, що подобається в її новому тілі, не ляпаючи чогось типу: «От раніше в тебе були такі гарні ноги, руки, губи, зуби…». Кажи їй, що вона гарна. Так, дружина, можливо, це і так знає, а можливо, і не знає, тому кажи. І прояви розуміння, коли замість качати прес, поки мале спить, твоя лебідка сьорбнула чаю, прийняла витончену позу на дивані і хропе так, що люстра труситься. Ці розуміння і підтримка, без нав'язування почуття провини і комплексів щодо зовнішнього вигляду, завжди щедро винагороджуються. Так собі і знай.

Післяпологова депресія — випробовування не лише для жінки, а й для її партнера. Розмовляйте, слухайте один одного і, головне, чуйте. Тоді точно все буде добре.

Вразливість і страх за дітей

Післяпологову депресію можна порівняти з хєровим гостем, який приперся без запрошення і зіпсував тобі весь день. Так, ти допускала ймовірність, що воно присунеться, але все ж у душі надіялась, що омине, не знайде дорогу, переплутає хату, але ніт.

Стукіт у двері. Відчиняєш. Цей гість без «Добрий день», без «Здрастє», не роззуваючись, поніс болото по прибраній домівці, лишаючи ступаки на твоїх ясних персидських ківерах. Тут, какби, уже починає закрадатися мисля, що з цього гостювання будуть одні нерви, але ти, як людина культурна, все ж запрошуєш його до столу, бо така у нас славна українська традиція.

Після того як воно ужрало все спиртне, розбило три бокали, поляпало голубцьом на вінтажну білу скатерть, витерло жирну мордяку об тюль, облизало всі загальні ложки, голосно перднуло і сказало, що торт, п'ятнадцять коржів якого ти пекла напередодні до другої ночі, вообщє недобрий, а сама ти страшна, як ядєрна боєголовка, сумнівів, шо воно йобнуте, у тебе не осталось. Поки ти, оговтуючись від шоку, думаєш, як таке слабе, дурне і смердюче скоріш спровадити з хати, гість іде в уборну.

Забивши туалетною бумагою унітаз, обісцявши доріжку, що під ним, замацавши дзеркало, почухавши промежину твоєю зубною щіткою і вишмаркавшись у дорогого шовкового халата, гість виходить, ледь не падаючи, з напівспущеними штанями й офіційно заявляє, що йому пора.

«Слава всєлєнній», — думаєш ти і протягуєш йому, як же годиться, торбинку з ковбасою і коржиками, щоб воно взєло і вйобувало чим скоріш, бо нервів у тебе вже не лишилося. Гість пішов, забрався геть, нема його. Ура! Живемо!

Точно так і з післяпологовою депресією: схопить тебе за жабра, потріпає як слід, але зрештою відпустить і призабудеться, ставши твоєю історією, темою для сердобольного допису в соцмережах і поштовхом до філософської розмови з подругою після двох пляшок кагору.

А є «гості», які, потрапивши в твій дім, залишаються там назавжди. Це вразливість і страх за дітей.

Вразливість. Якщо раніше ти була трохи твердошкірою і могла, наприклад, спокійно дивитися драматичні фільми, у яких за сюжетом так чи інакше пристрадує дитина, то зараз — всьо, без сліз не глянеш. Та що там фільми! Поки додивилася радянський мультик про мамонтятко, яке пливе саменьке на крижині і шукає свою маму, виплакала алюмінійовий тазик сліз, хлипала, тряслась, пила барбовал.

А про реальні історії я взагалі мовчу. Вони торкаються самого серця, яке материнство зробило в рази більшим, і тепер тобі болить не лише за свою малявку, а й за всіх діток і мам. Це зовсім інша призма сприйняття реальності. Це відчуття світу і людей на іншому, раніше невідомому тобі рівні.

А причиною тому — ця неймовірна любов, якою ти окутуєш своє дитя, купаєш його в ній, ніжиш. І що більше ти це робиш, то більше тобі хочеться, щоб чужі діти так само відчували її у своєму житті. І так гірко стає від розуміння того, що не для всіх ця любов є доступною.

Ти навчилася переймати і пропускати через себе біль мами, чиє дитя хворіє. Звичайно, усім нам шкода хворих малюків, дай їм боже здоров'я, але я зараз не про емпатію чи співчуття, а про реальний, майже фізичний, щем у серці, коли ти читаєш про збір коштів на лікування, про необхідну операцію чи ліки, коли дивишся сюжет... Ти по-іншому реагуєш на плач чужої дитини на майданчику, яку привселюдно сварять батьки. Точніше, ти вже по-іншому чуєш їхній діалог. Тебе це зачіпає. Загалом материнство значно розширило перелік цих «зачіпає» у твоєму житті.

Моя подруга, наприклад, ніколи не виявляла особливого інтересу до тварин. От не торкали вони її душевну контору — і хоч ти всрись. Ні, вона ніколи їх, боже збав, не кривдила, але думки про голодного бездомного собаку, якого вона випадково зустріла під під'їздом у двадцятиградусний мороз, ніколи не тривожили її сну.

А потім вона стала мамою. Уважаемиє знатокі, вніманіє — вапрос: хто вигодовував цілий виводок цуценят, що народилися за гаражами, коли їхню маму збила машина? Хто мчав у магазин по ковбасу, щоб нагодувати бездомне котеня, а потім, всунувши його в кишеню, гатив у двері кожної квартири з проханням узяти цю блохасту радість на ПМЖ? Правильно, моя прекрасна подруга, з якої материнство зробило ретиву борчиню за права братів наших менших. Ось так любов до власної дитини відкрила в ній раніше невідомі ресурси співчуття і жалю на глибинному рівні. Шуточки, чи шо?

За останніми відомостями, ця співпереживательна дама взяла під своє крило горобеня, що випало з гнізда, і носиться по хаті з мухобойкою, бо треба ж це «дитя» чимось кормить і ставить на ноги.

Так, батьківство загалом і материнство зокрема робить людей більш вразливими, змушуючи приймати близько до серця речі, на які ніхто не звертав уваги до народження дітей. Спочатку від цього якось дивно і некомфортно, а потім приходить розуміння, що ти навчилася краще чути себе, глибше відчувати світ і людей довкола. Їхні біди, їхнє щастя... І цей зв'язок — людський, живий, прекрасний.

Страх. Колись почула фразу: «Ти не знаєш, що таке справжній страх, поки не народиш дитину». Шкода, що не знаю автора. Людина ж не штанями об порога ляпнула, а сказала надзвичайно толкову річ, яка відгукнулася в мені, як пук у льосі, бо мудрість і Катя Бльостка — поняття нероздільні.

Справді, оці всі страхи темноти, висоти, глибини... просто мізерні порівняно з тим букетом із «боюсь», які дарує тобі материнство. Наскільки ж розширяється спектр переживань після народження дитини! У твою реальність, разом із безмежною любов'ю, вриваються страхи різного калібру і починають вигинати її під себе.

Звичайно, найбільший з них — це страх за життя і здоров'я твоєї дитини. Він не навідується лише тоді, коли на те є вагомі причини. Ні. Він завжди з тобою, як вічний вогник у дальньому коридорі твоєї свідомості. Завжди жевріє. Саме він змушує тебе по-іншому дивитися на світ і події в ньому, на людей, що тебе оточують.

Як не поїхати головою? Як навчитися з ним жити? Як насолоджуватися життям, якщо скрізь почала бачити потенційну загрозу й небезпеку для найдорожчої тобі людини?

Мені допомогло розуміння того, що я, як матера, не можу контролювати всього. Жодна людина не може. Це не в наших силах. Так, я можу контролювати, що їдять, дивляться, одягають мої діти, з ким вони спілкуються, куди ходять, але це тимчасово. Не все в житті моїх синів залежить і залежатиме від мене. І це не про зняття відповідальности, а про адекватну оцінку своїх можливостей.

Можна боятися, що вони захворіють, зустрінуть на життєвому шляху непорядних людей, страждатимуть від нерозділеного кохання і тому подібне. Чи можуть мої страхи захистити синів від хвороб, розчарувань, розбитих сердець у майбутньому? Ні. Чи можуть вони позбавити матеру сну, зробивши з неї перелякану істеричку, яка забирає у своєї дитини можливість повноцінно пізнавати навколишній світ, бо скрізь бачить опасность? Так.

Можна відгородитися, відмежуватися, створити тепличні умови, такий собі власний мікроклімат за бетонною стіною. Багато батьків, на жаль, так і роблять. «Виплюнь — вдавишся, злізь — впадеш, одягнись — простудишся...» Усе починається з банального, з малого. А потім у них виростають дітки, абсолютно непристосовані до життя, з хронічною невпевненістю в собі і недовірою до світу.

Знайома народила дочку. Дівчинці вісім місяців, а вона вже боїться відпускати її в школу. Прокручує в голові моменти, у яких учителька-гестаповка хуярить її принцесу лінійкою по пальцях, а злі й жорстокі однокласники споглядають і сміються.

Я, грішним ділом, подумала, що ця мама в минулому на власній шкурі стикнулася з насильством і булінгом у школі, тому передбачує таку ситуацію своїй дитині. Запитую — каже, що ні. Говорить, що все було ок і про її шкільні роки залишилися лише приємні спогади.

«Тоді чому ти так переживаєш?» — поцікавилась я.

«Ну, бо ж усяке може бути», — філософськи затягнула дама, томно сьорбаючи лате на кокосовому.

«Усяке може бути», йобтвоюмать. Чули? «Усяке може бути»...

Давайте аналізувати. Проблеми як такої нема. Її не існує в цьому часовому вимірі. Дитина піде в школу через шість довгих років. А матера шо? А матера вже всьо, спереживалась на нитку, втратила спокій і сон. Їй та школа вже осточортіла і згидилась, так і не почавшись, бо ж «усяке може бути».

Я хочу, як і кожна мама, щоб у моїх синів було довге і щасливе життя. Я хочу, щоб цей жорстокий світ був до них добрішим. Я боюсь, що цього не станеться. Я реально цього боюсь.

А ще більше я боюсь того, що цей страх, який народився разом із моїми синами, стане на заваді їхньому шансу жити на повну, побачити, який цей світ прекрасний, отримати свій власний безцінний досвід. Він прив'яже їх і не дозволить літати.

А ще я боюсь, що він позбавить мене можливості розслабитися й насолоджуватися материнством, перетворивши його на щоденний біг на виживання.

Я приймаю свій страх, я визнаю його існування, але я не дозволяю йому контролювати моє життя. Як? Я замінила «Не дай, Боже...» на «Дякую, Боже». Дякую, що живі, що здорові, що біля мене, що бубнять, що гасають по хаті, аж стіни трусяться, що заважають мені писати постійними проханнями намазать бутерброда, ввімкнути мультики чи витерти дупу.

Страх, тривога поступаються місцем вдячності, якщо ти змінюєш фокус з уявних ситуацій, у яких усі біди світу припали на долю твоєї дитини, прокручування цих сценаріїв у голові, пошуку шляхів вирішення страшних неіснуючих проблем, і починаєш помічати, дякувати і насолоджуватися простими хвилинами нинішнього дня.

Вдох, видих, легенький пук... Усе буде добре.

Дитячий сон

Існує хибне твердження: усе, що роблять малюсінькі дітки, — це їдять і сплять, сплять і їдять.

Згадаймо, наприклад, кожну другу рекламу підгузків. У ній радісна мама, без жодних ознак дефіциту сну і сексу, з фігурою, необтяженою зайвою вагою, кладе малявочку в ліжечко, ніжно всміхається і йде собі. Дитинка, якій навіть на думку не спало всплакнуть, тим часом солодко позіхає, двічі блимає оченятами і засинає. Швиденько, без протесту, легко і просто.

Будучи вагітною першим сином, я дивилась на це і думала: проще простого. Народивши чотирьох, офіційно заявляю: це все брехня.

Я так люблю оце: «Зараз покладу дитину спатки — і буде час на себе». Ага, а хер тобі на воротнік!

Проблеми починаються ще із «Зараз покладу», бо по обличчю твого пупса одразу видно, що на сьогодні в нього інші плани. Що ж робить?

Створюй у кімнаті сприятливу для сну атмосферу. Щоб не холодно і не жарко, приглушене світло, білий шум... Блядь, якісь три мухи літають. Бігаєш з ляпачкою за тими мухами. Забила одну, потім другу. Третя втекла, забилась у куток — не дістати. По її вигляду зрозуміло, що вона не те що літать, а перднуть боїться, тому ти милосердно промовляєш: «Живи, падло» — і йдеш міняти підгузок.

Чистий підгузок — запорука міцного сну. Поклала синочка на пеленальний столик, розстібнула бодік, зняла брудний підгузок, звільнила, так сказать, причандали — і ніжно освіжаєш їх вологою серветкою. Син потягується і радісно всміхається. Про себе думаєш: «Ну, мужик є мужик! Що йому ще треба? Зачепи причандали — і воно вже довольне, в любому возрасті».

Потік глибоко філософської думки перериває баба, яка встромивши бузю в двері, прийшла оповістити тобі, що памперси — то хімія, і вона своїх орлів виростила без них. Поки ти відволікалась на неї і подумки сім разів задавала їй напрямок руху в направлєнії сраки, твоє маля обдристало і себе, і бодіка, і твої рейтузи (а деякі «пулі» попали аж на офіранки) до того, як ти, займаючись бабою, встигла підкласти йому під дупу чистий підгузок. Ну йпрст, тепер ще й переділвать і себе, і його. Фіранки пождуть. Справилась. Що далі?

Сита дитина — запорука міцного сну, так? Так! Сіла і починаєш годувати, ніжно прикладаючи маля до грудей і споглядаючи його згори, як Магдалена з картин Да Вінчі. Ще чуток — і сама замироточиш. А воно шо? А воно вчепилося в грудь хваткою кракаділа так, що якщо прислухатись, то можна почути, як твій сосок кричить: «Памагіті!». А ти що? А ти, матера, терпиш. Зуби зціпила — і терпиш, бо ти — українська жінка, а не хєрня від воза.

І тут успєх, здавалося б, так блізок. Пречудові повіки твого синочка важчають. Він починає повільно блимати, і ти розумієш, шо всьо, клієнт майже созрєл. «Ще хвилинку потримаю і перекладу малявочку в ліжечко», — думаєш ти. Раптом чується артилерійський залп «трах-тарах-тарах — бум-бах». Посуда в серванті труситься, муха з кутка удівльоно дивиться. Ти їй жестом показуєш, щоб не сцяла в компот, бо це, всього на всього, твій ангелик пукнув. Ок, не пукнув, а перднув. Перднув так, шо сам себе злякав і проснувся. Знов лупає очима, сну ні в одном глазу.

На звук, єстєствєнно, прилетіла баба, щоб принагідно спитати тебе, «Чого ти вже нажерлась, шо дитиночка так ся муче». У відповідь на це ти просто закотила очі. Баба, роздратована ігнором, скрилась у сутінках коридору, бубнячи собі під ніс: «Як тільки вона вийде в туалет, злижу внучатку лоба».

Продовжуєш вкладати сина. Згадуєш, що колискова — запорука міцного сну. Тут головне вгадати з репертуаром. Починаєш з «люлі-люлі», плавно похитуючись і колихаючи дитя на руках. Ефекту — нуль.

Голосніше заводиш «Місяць по небу хо-одить, пісню свою заво-одить, зорі за ним співають го-о-олосні…». Сама пускаєш сльозу, згадуючи, скільки тобі було років, як Могилевська рвала душу цим синглом. А кліп?! Згадуєш кліп, де вона в самій лише тоненькій чорній ночнушці, на голові — дві нєвідімки, боса, пережила всі пори року в темному лісі. З висоти прожитих лєт понімаєш, шо навіть Ді Капріо у фільмі «Виживший» так не мучився, як наша Наташа в тій лісопосадці. Зайвий раз переконуєшся, що українська жінка може все.

Опускаєш очі на бейбі: блін, паразіта кусок, не спить. Шо робить? Так, треба щось ритмічніше, щоб його втомить енергійними пританцьовуваннями. Хто не любить Меладзе? «Но я тысячу раз обрывал провода, сам себе кричал ухожу навсегда...» — голосиш ти, потрапляючи в ноти так само часто, як українська збірна з футболу у фінал Чемпіонату світу.

У кімнату вкотре показується баба. Ти тепеш малого, руки заніміли, і думаєш: «Шо вона знов хоче?». Баба пошепки: « Но я буду с тобой или буду один...». Усміхаєшся і вже разом заводите: «Дальше не сбежать, ближе не подойти...».

На пару з бабою починаєте пританцьовувати так, що аж обісрані фіранки колихаються. Фразу «Салют Вєра» взяли різноголоссям так ловко, що муха в кутку щиро позаздрила своїм двом новоусопшим подругам, бо вони мали везіння вчасно згинуть і не чути цих чарівних співів.

Раптом твій погляд падає на маля. Ви з бабою так фіцали, що упріли, захекались і на хвилину призабули, шо воно тільомпалося з вами. А маля шо? А воно заснуло! Спить! Уявляєте? Спить! Поклала в ліжечко. Спить! Вийшла з кімнати. Спить!

Ось він, «час на себе». Час на себе... Час на себе... І шо ти робиш? Ну, пішла поїла, прища видушила, а далі шо? А далі дрелюєш назад у кімнату, заходиш тихесенько, навшпиньки, сідаєш біля ліжечка й дивишся, як він спить. Просто дивишся й думаєш: «Прокидайся вже, я за тобою так сильно заскучала...».

А от якби на час відпочинку дитини ти запланувала купу важливих справ, то будь певна, що сон тривав би хвилин п'ятнадцять — і на тому всьо. У хаті може бути так гучно, як на космодромі Байконур, а твоє мале це взагалі не турбує. Шум, гам такий, що ти думок власних не чуєш, а воно здає на пожежника, смішно сьомаючи губками. Прокинутися твій пуцвірок може лише від одного: матера відійшла виконати заздалегідь заплановане, важливе, нагальне завдання, і її сосок більше не впирається йому в щоку.

Сон у п'ятнадцять хвилин... Що ж реально таки встигнуть? За цей час ти встигаєш сходити в туалет, хлюпнути теплою водою собі в морду, перев'язати гулю на голові, глянути в дзеркало і охуїти від побаченого, бо за останню добу ти спала години три-чотири, а хатню роботу лишилось просто почать і кончить. «Амба!» — промовляєш ти сама до себе, описуючи ситуацію, що склалася.

Саме це, до речі, було моєю найбільшою помилкою, коли я народила старшого сина — звалювати всі важливі справи на час сну дитини. Тоді мені, зеленій, дуже хотілося довести всім довкола, що я — хазяйка, а не срака куниці, і встигати можна все.

З кожною наступною дитиною до мене дедалі чіткіше доходило розуміння, що час відпочинку дитини — це час відпочинку для мами. Це мій час. Замість бігти по швабру, каструлю, шматку, щойно моє мале стулить очі, я обирала заняття, яких так потребувала моя ніжна душевна організація. Я дрімала, лежачи біля сина, читала, мазюкала морду різними кремами, спілкувалася по відеозв'язку із сестрою, сьорбала чай, гортала асортимент онлайн-магазинів, додаючи в кошик речі, 90 % з яких не куплю, бо вони мені — як зайцю стоп-сигнал, бездумно блудила просторами інстаграму або просто сиділа й дивилася на дитину.

Я робила те, що приносило задоволення Каті, тій, що жива людина, а не лише мама. Я займалася тим, що розслабляло і відволікало, нехай на тих 15, 20, 45 хвилин, це вже як пощастить.

А як же всі хатні справи, які випадали на мою нелегку доленьку, поки чоловік на роботі і нема на кого схилити втомлену голову? Коли ж ними займатися? Відповідаю: я намагаюся зробити по максимуму, поки спиногриз бодрствує. Всунула мале в коляску– закинула прання. Посадила в стільчик для годування, вручивши в руки іграшку, — миєш посуд. Вперла його в гойдалку — пилососиш кімнату. Поклала на розвиваючий килимок — поскладала лахи. Пристебнула до себе за допомогою ергорюкзака, звільнивши собі руки — вариш спагеті... Якщо в цей час ще й підспівувати й лєгантно пританцьовувати, то і дитя буде в захваті, і в самої настрій покращується, даю гарантію.

Чи допомогла мені ця стратегія встигати більше в побутовому плані? Однозначно. Чи встигаю я все? Хер там. Звичайно, ні. Але я встигаю головне — побути сама з собою щодня, поки мале спить. І я не готова жертвувати цим часом на користь чистого посуду, вимитої підлоги, натертих до блиску вікон, тому що, насправді, не бездоганний порядок створює приємну атмосферу в домі. Ні! Її створює щаслива, дбаюча про себе матера.

Разом чи окремо?

Ну, з денним сном усе ясно. А як ніч перебуть? Що там чути на рахунок сумісного сну? Хто в ліжку зайвий? Як і коли привчати дитину спати окремо? І чи взагалі варто? Почну з того, що коли народила Гната, для мене стало відкриттям, що в американських пологових матусям і новонародженим категорично забороняється спати разом в одному ліжку. Пояснюють це потенційною небезпекою для життя і здоров'я дитини. Навіть уночі щогодини в палату породіллі навідується чергова медсестра й перевіряє, чи не забула сонна матера перекласти малюка в спеціальне прозоре ліжечко, яке насправді більше нагадує хрустальну салатніцу.

Звичайно, коли виписуєшся з пологового і повертаєшся додому, жандарма до тебе ніхто не приставить. Відповідальність на тобі, рішення за тобою, спіть, як хочте. Своєю чергою, американські дитячі лікарі наполегливо радять роздільний сон мами і дитини, а також рекомендують класти маля винятково на спину під час сну.

Я тричі перепитала нашого педіатра, чи точно не треба змотувати калачик з рушника і підкладати дитині під бочок, щоб зафіксувати її в такій позиції, як це радили робити в гощанському пологовому, коли я народила Артема. Педіатр вилупив очі і завмер. «Окей, зрозуміла. Обійдемося без калачика», — подумала я. «Геть пальнута, чи шо?» — подумав педіатр і ще раз наголосив на необхідності сну новонароджених в окремому ліжечку, на спині, всучивши мені надцять буклетів з відповідною інформацією, якими можна було розпалити п'ять груб.

Ну, окремо то окремо. Через 24 години після пологів повертаємося ми з маленьким Гнатом додому, в піднесеному настрої і бойовій готовності.

Уже від самого початку Катерина була налаштована дерзко і рішуче, ну геть як Ляшко з вилами на бігборді під Обуховом. «Гнат буде спати окремо», — вирішила матера, пам'ятаючи слова дохтора і досвід спання з Артемком, який до чотирирічного віку в своєму окремому ліжечку дрімав аж два рази.

Чоловік обіцяв усіляко сприяти привчанню до окремого сну. «Кет, не переймайся. Навіть якщо ти заснеш годуючи, я перекладу дитину в ліжко сам. Татусь напоготові!» — бив себе у волохату грудь мій судьбоносний, який, ставши батьком уперше, кипів оптимізмом, ентузіазмом і світлою вірою в безхмарне батьківство.

Ну, шо сказать? На самому ентузіазмі довго не протягнеш. На третій день ми, напівпритомні, втомлені і зачухані, з душком зригнутого молока і дитячого крему для дупи, плюнули й вирішили спати всі разом в одному ліжку, вмостивши дитя посередині, між нами. Ми забули про свої категоричні настрої так швидко, як забувається вчорашній вечір після літри самогону і стаканчика пива.

За дві ніченьки ми зрозуміли, що нема різниці, де той горлатий новонароджений узурпатор спить. Нам совєршенно все одно. Головне, щоб спав. Хочеш у ліжку? Хочеш у люльці? Хочеш на руках? Хочеш у гойдалці? Хочеш у візочку? Хочеш на татових волохатих грудях? Хочеш на маминих волохатих ногах? «Хочеш сладкіх апельсінов? Хочеш вслух рассказов длінних?..» Тільки спи, благаємо, як людину просимо!

Звичайно, у більшості випадків син обирав спати під цицьою, бо там тепло і мухи не кусають. Його ж ліжечко, те, над яким ми з Еліотом урочисто клялися, що наші діти спатимуть саме здєся, бо ми мудрі і принципові родітєлі, стало місцем нагромадження чистого прання, дитячих лахів, запасних підгузків, свіжих пелюшок і батьківських обломів, тому що не треба оце було наперед язиком ляпать.

Сумісний сон із Гнатом, а пізніше і з Юлисиком тривав рівно перші чотири місяці. Форест у нашому ліжку затримався довше — на п'ять.

А далі, більш-менш виробивши рутину й режим сну, поборовши коліки, гази і зглази, опаментавшись від пологів і збільшення ступеня відповідальності на ще одну живу людину, ми з чоловіком різко розуміли, що секс, виявляється, — дуже хороша та приємна штука, і нам хотілося б займатися ним на регулярній основі і у власному ліжку. Саме тому, розгрібши дитячу люлю від лахів, ми винесли її в сусідню кімнату й почали «лупати ту скалу» окремого сну.

Дослідивши всі можливі техніки тренування сну в дітей, ми вирішили, що найоптимальнішою методикою для нас буде «cry it out», яку також називають методикою контрольованого плачу.

У чому суть? Ви годуєте дитину перед сном, кладете її в ліжечко і виходите з кімнати. Сонне маля починає плакати й матюкатися. Ви не прете на всіх парах хапати його на руки і заспокоювати, а дозволяєте йому поплакати декілька хвилин. Якщо ж плач не зупиняється, то батьки заходять у кімнату на хвилину, демонструють дитині, що вони тут, біля неї, ніде не поділися, кочовому цирку її не продали, на автовокзалі не забули, у Сибір не заслали. Тоді ніжно глядять, не беручи при цьому на руки, але транслюючи відчуття безпеки та комфорту, і знову виходять з кімнати. Навідуватися до малюка в кімнату можна кожні 10–15 хвилин. У результаті мале покричить, утомиться і спатиме (звучить страшно і бездушно, знаю). Суть методики — навчити дитину самостійно заспокоюватись і засинати.

Перші дві ночі нашого експерименту зі сном були «веселими» і пам'ятними. Мале кричить, як Вітас, дивуючи голосовим діапазоном. Материнське серце щемить і тьохкає, реагуючи на крик. Голова пенькає, скроні пульсують, і ти на межі нервового зриву. Підкрадається думка: «Та ну його кібенімать! Будемо спати втрьох до пубертату. Рєшено! А шо тут такого?».

Раптова двохвилинна тиша... Здавалося, синок уже заспокоївся і заснув. Успіх, ти лі, чьо лі? Аж не віриться. Ти, вимотана фізично і морально, миттю провалюєшся в солодкий сон і починаєш пускати слюні на подушку в дрібні пастельні узори. Спокій і благодать... Аж тут новий заспів, з новою силою, лунає на всю хату, і матера, ледь не плачучи, благально дивиться на чоловіка. В очах коханого читаєш, що він, бідося, також починає сумніватися у правильності прийнятого рішення, вашій адекватності і ролі сексу в житті подружньої пари, бо в цю секунду вам обидвом здається, що відчути справжній оргазм можливо лише від сну.

Мале продовжує верещати. У чат заходить почуття провини: «Вечір в хату! А де та придурошна мачуха, яка так над крихіткою іздівається?». За ним плентається злість, не на дитину, а на себе: « От якого хєра одразу було не привчити сина до ліжечка? У людей же якось діти сплять окремо від народження, правда? Тисячі пливли — одне дурне обісралось. Ти, лежня кусок, не могло вчасно продерти очі, щоб перекласти дитя в люльку, яка, до речі, коштувала триста доларів, марнотратка хєрова?». Чоловік збоку кашляє.

Злість: «О, і це причамаричане розбухикалось. Ще дитину зарази мені тут. Ти-то сам якого милого синочка в ліжечко не перекладав, поки жінка до пам'яті приходила після родового коматозу? Що робив? Спав! Батечко недоделаний...». І все всередині починає бурлить і закипать. Ось цей момент найтяжчий і найпідступніший, бо, перебуваючи на межі грандіозного фіаско, рефлекторно починаєш шукати винного, дарма вважаючи, що це принесе якесь внутрішнє полегшення. А треба, навпаки, триматися командою, бо, як казала моя розпрекрасна бабуся, гуртом добре й батька бить.

У такі моменти я просто намагалася бути вдячною чоловіку за те, що не лишає мене саму, що не каже, що сон дитини (чи його відсутність) — це лише мої проблеми, що не хапає подушку і з хриплим «адьйос» не чеберяє в сусідню кімнату, щоб виспатися, бо йому завтра на роботу... Я не відчувала того, від чого страждають багато мам у сім'ях, — самотності. Так, ми втомлювалися, сумнівались і, зрештою, не знали, що робити. Але ми не знали, що робити РАЗОМ, бо це НАША СПІЛЬНА дитина — його і моя.

На четверту добу Катя і її верний конь Еліот декларують омріяну перемогу над ліжковим загарбником, бо синочок уперше заснув у власному ліжечку, не зчиняючи грандіозного скандалу.

Нашій радості не було меж, але нічка все одно була неспокійною. Ні, не тому, що дитина часто прокидалася, вимагаючи маму і груди. До сина претензій нуль. Він подав звук лише двічі за ніч, коли вже справді зголоднів. Натомість нервно-психіческа, але страшно красіва матера сім раз прокидалася в холодному поту і, перелякана, не торкаючись ковроліна, перла в кімнату сина, щоб подивитися, чи дихає її горобчик, бо якось так тихо, що аж страшно.

Комедія! Шо, нє? Є в цьому щось таке суто материнське — хотіти і мріяти, щоб було нарешті тихо, але боятись і нервувати, коли це «тихо» настало.

Відколи син почав спати окремо, динаміка в нашій сім'ї змінилась. Якість сну мами і тата покращилася. Вони свіжіші, добріші, привітніші й сексуально активніші. Дитина також спить краще і не їсть маму щогодини, як це бувало раніше.

Коли ти спиш з малюком в одному ліжку, ти інтуїтивно реагуєш на кожний звук. Воно в сні ротом цмакне — ти вже очі вилупила, воно ручкою махнуло — ти вже бдіш, як орлиця. Сон получається, як срака, і в результаті вигляд і самопочуття мами аналогічні.

Коли ж маля спить окремо, ці дрібні звуки перестають тебе турбувати, бо ти їх елементарно не чуєш. Ти можеш собі дозволити вільно повертатися з боку на бік, розкидатися руками, як вентилятор, і «ненароком» копати чоловіка ногою, бо тобі сниться, що він, паразіт, полюбився з другою. Є в цьому щось суто жіноче — сердитись і не розмовляти з ненаглядним вранці, відвертаючи ображену морду, бо він тобі зрадив у твоєму ж сні.

Зізнаюсь, я краще почуваюся, коли сплю окремо від дитини. Так, інколи я сумую за маленькими теплими п'яточками, які впираються тобі в живіт, за запахом солодкої голівки, який відчуваєш під носом... Цього не віднять. Але я не сумую за болями в шиї і затерплими конечностями, бо всю ніч ти провела в позі букви «Ц», боячись зайвий раз поворухнутися. Мені подобається обійматися в ліжку з чоловіком, жерти щось смачне, голосно цмакаючи ротом, сміятися з дурненьких сцен у серіалі, який ми разом дивимося, допізна клацати телефон і не боятися розбудити дитину. Мені так краще. Моїм дітям так краще.

Проте я з абсолютним спокоєм приймаю той факт, що цей сценарій — не для всіх. Хтось віддає перевагу поступовішим методам тренування сну, хтось починає цим займатися, коли дитина підросте, а хтось узагалі не відчуває потреби в окремому сні.

Нормально те, що нормально для вас, і не треба почуватися винними й виправдовуватись, якщо ваше «нормально» не вписується в рамки «мами Міланки», у якої доня спить усю ніч безпробудно з тижневого віку, на горшик пішла в п'ять місяців, а в рік декламує вірші Ахматової.

Хай де твоє дитя спатиме, завжди знайдуться ті, хто скаже, що ти щось робиш неправильно. Спите окремо? Ужас! Серце в тебе з каменю, мачуха бездушна! Спите разом? Привчила сама, то тепер мучся, дурочка безхарактерна!

Ну й нехай. Не дозволяй цьому шуму всезнаючих і вічно пиздякаючих заглушить твій материнський голос і змусити тебе сумніватись в собі. Пробуй, експериментуй, помиляйся, але не заганяй себе в чужі рамки. Ці рамки завжди душать, завжди.

Якщо ж усе-таки вирішено переселяти дитину з батьківського ложе у власне гніздо, то ділюся лайфхаками, які допомогли нам мінімізувати нерви в цьому процесі:

Рутина. Ключ успіху криється у правильній щоденній підготовці до сну. В нашому випадку о 19:00 —

купання, о 19:15 — циця, о 19:30 — у люлю. І так зо дня в день! Хай настає кінець світу, хай Ді Капріо йде сватались, а о 19:30 моє дитя лягає спати, і хоч ти всрися. Ця щоденна повторюваність забезпечує дитину відчуттям безпеки і захищеності, а також є основою графіку здорового сну не лише маляти, а й усієї сім'ї.

Три старших сини лягають спати о восьмій вечора. Маленька стрілочка на вісім, велика — на дванадцять: усе, в хаті тихо так, що, прислухавшись, можна почути, як пердить хом'як. (У нас, до речі, є хом'як, куплений у момент затьмарення свідомості, бо мої діти вміють пускати туман в очі, як ті люди, що колись ходили по хатах і продавали китайські тертушки. Хто пам'ятає?)

За бажання, мій сексапільний читачу, ти можеш дослідити, чому ж, з наукової та медичної точки зору, для дитини корисніше засинати о 20:00, а не, скажімо, о 22:00, та як це позитивно впливає на молодий зростаючий організм, а точніше, на ріст мозку. Мудрі люди неодноразово про це писали. От не полінуйся і почитай при нагоді.

А я тим часом розповім, як позитивно це впливає на матеру, бо вона вклала спиногризів спати о восьмій вечора і вільна, як сопля в польоті. Хочеш — у ванні полежи, хочеш — книжку почитай, хочеш — ноги побрий, хочеш — із чоловіком словом обізвись. На це є сили, розумієш? Не знаю, як де, а в Гощі влітку о восьмій вечора кури лише починають на сідало лізти. Я собі постійно нагадую, що гощанські кури ще не сплять, а мої діти вже, і від того так на душі тепло. Нарешті, після довгого дня розборок і розслідувань, хто викинув фантик за диван, хто кого першим упаздерив по носі, хто сховав у морозилку мою любіму помаду, в мене є декілька годин вільного часу. Ну клас же, га?!

Чую часте запитання: «О котрій твої діти прокидаються, якщо лягають з курми?». З радістю відповідаю: о 6:15–6:30 ранку. Під час неодноразового експерименту було виявлено: навіть якщо вони лягають спати о 21-й чи 22-й годині вечора, то спирає їх нечиста все одно до сьомої ранку. Я спочатку, будучи по життю «совою», так пристрадувала від цих ранніх підйомів, як ота блондинка в «Бідній Насті», а потім почала бачити лише плюси, бо збори в садочок/школу відбуваються без метушні, криків «йобвашумать» і біганини в пошуках чийогось черевика, який з невідомих причин заплутаний в підодіяльник і знайдеться через тиждень. Я встигаю випити каву й прокинутися. Діти встигають поснідать, одягнутись, погратись, посваритись, вимазатись, знову переодягнутись, розчерепить лоба і нагадати мені, чого я першопочатково здала їх у ці навчальні організації і попідписувала всі бумажки для групи максимально продовженого дня.

Отож, якщо моя філософія тобі близька, ділюся лайфхаками, які допомагають дітям спати краще. Усі можливі девайси тобі в поміч: білий шум (можна придбати спеціальну машину або ж вмикати його на телефоні), нічник зі спокійним приглушеним світлом, комфортний одяг для маляти (ми віддаємо перевагу мішечкам, у які дитину можна застібнути. Ніжки лежать у так званій «торбочці», розкритись і змерзнути неможливо. Ручки вільні, тому з їхньою допомогою пупс може спокійно перевертатися, приймаючи зручну позу для сну). Не забудь про комфортер (боже, слово яке заморське) — це невелика м'яка іграшка, пришита до шматка тканини з вузликами по краях. Фішка в чому: ти купуєш цю цяцю, носиш її цілий день у ліфчику, щоб та увібрала запах твого тіла, і даєш її спиногризу на сон. Він бебрає її в ручках, відчуває запах мами, заспокоюється і швидше засинає.

Пустушка. Так, це найбільш резонансний об'єкт у переліку. Одні мами «за», інші — «проти». У когось діти вже в ютубі Моргенштерна навчилися вмикати, а ще сосю смокчуть, а хтось, навпаки, волає, що пустушки — це всесвітнє зло, яке є причиною неправильного прикусу, кривих зубів і оружием лінивих мам, які затикають дитині рота через емоційну недоступність і неспроможність забезпечити своє маля абсолютним прінятієм.

А мені в цій ситуації, як тій мавпі з анекдоту, хоч розірвись, «і до розумних, і до красивих», бо двоє моїх синів були фанатами пустушок, а двоє випльовували їх на такі дистанції, що якби це стало олімпійським видом спорту, то золото взяли б саме вони.

Лишу всі деталі впливу пустушки (чи її відсутності) на дитячий рот/психіку/життєвий шлях професіоналам, а саме дитячим ортодонтам, психологам тощо, але як матера офіційно заявляю: я «за»!

Гнат і Юлисик, мої середні сини — два покемони, які смоктали пустушки від народження і до дворічного віку, спали набагато краще, ніж їхні старший і молодший брати. Фсьо, тепер антипустушнікі можуть кидати в мене помідорами сорту «Чорний принц», але це абсолютна правда.

Артем, будучи немовлям, спав херовенько. Я, тоді ще молода й зелена, як новозеландський гекон, послухавши найбільш грамотних експертів — жінок, які на той час не мали дітей взагалі, піддалася масовому психозу і вирішила, що пустушки в роті мого сина не буде. В результаті вкладання на сон тривали щонайменше годину, з теліпанням на руках, грудьми в роті і загальною фрустрацією.

Через п'ять років з Гнатиком, а пізніше і тим третім... як його... Юлисиком, я була змушена переглянути свою позицію, бо стала свідком рукотворного дива: дитя плакало, чоловік всунув в рота пустушку, дитя замовкло й заснуло. «Вірую», — зачаровано промовила я і стала активною учасницею клубу емоційно недоступних і тих, хто «проти абсолютного прінятія».

Уявіть моє розчарування, коли Форест продемонстрував нам, що «в дупу собі втикни цю пустушку, мамо» і відмовився від цього геніального винаходу людства. У мене є теорія, що це все божий план. Оскільки Форест — наш останній синок, бо ми з чоловіком заблокували умовний «тіндер» для моїх яйцеклітин і його сперматозоїдів, перегородивши їм путь (чоловік зробив вазектомію), то всесвіт робить усе, щоб цей батьківський досвід запам'ятався нам назавжди.

Минулої ночі восьмимісячний Форест прокидався сім разів, але хіба хтось рахує? Пустушка була б дуже доречною, але син невблаганний, тому маємо, що маємо, і страшенно любимо, що маємо.

Я проти чмиріння і засудження мам, чиї діти смокчуть пустушки. От серйозно. Я не бачила, щоб якась дитина йшла в школу, теребебраючи сосю в роті, тому не розумію запитань у стилі «А як же потім відучити?». Приходить пора — і дитина готова розлучитись і з грудьми, і з пляшечкою, і з пустушкою, і з горщиком, і так далі по списку. І якщо цей час справді настав, то все мине максимально безболісно. Наприклад, Юлисик загубив свою останню пустушку, і нових ми просто не купували. Йому було два роки. Він про пропажу навіть не згадував. Прикус нормальний, зуби рівні — це так, для справочок. Тому, якщо пустушки допомагають покращити сон твого маляти, а, відповідно, і твій, то користуйся.

Повзем далі по списку. Комфортна температура та вологість повітря. У кімнаті має бути свіжо і приємно. Діти краще сплять у теплому одязі в прохолодному середовищі, ніж голосракі в кімнаті, де стабільно 29 градусів і навіть вазони пітніють.

Провітрюй приміщення, у якому спить дитина, в будь-яку пору року. І хоч баба буде бігати по хаті з диким криком «Сквозняк!!!», затуляючи внучатко від небезпечного потоку свіжого повітря груддю, що елегантно упакована в халат на замочку, ти все одно мусиш провітрювати хату.

Боязнь сквозняка така ж сильна, як і боязнь вроків. Мені інколи здається, що цей страх викарбувався на рівні генетичного коду нації і передається від покоління до покоління, як сімейні прикраси. Поки вчені вже сто раз довели, що люди хворіють від вірусів, а не від потоку свіжого повітря, ми продовжуємо душитися в маршрутках, зачиняючи вікна і люки, при цьому дихаючи одне одному так-а-так в морди. Мої діти ростуть під кондиціонерами. Ми їздимо в школу з відчиненими вікнами авто. Вони сплять з постійно привідчиненими кватирками в кімнаті. І що? І не розклеїлися. У мене є підозра, що сквозняк — як Дід Мороз, приходить лише до тих, хто в нього щиро вірить.

Так ось, коли припиняєш у нього вірити як у причину всіх болячок і починаєш сприймати його суто як свіже повітря, без якого все живе скоцопиздиться, жити стало легше, приємніше і безпечніше.

А найголовніша запорука міцного та здорового сну малюка — це спокійна мама. Діти відчувають нас не лише на фізичному рівні, а й на емоційному. Вони переймають втому і стрес, тому не забувай дбати про себе. Усе буде добре.

Прикорм

Прикорм. Що? Коли? Скільки і як? Матерія тонка, справа переживательна. Кого слухати? Себе? Бабу? Подружку — ту, що мама Міланки? Попробуй розберись.

Педіатри радять починати прикорм малявки з шести місяців, коли шлунково-кишковий тракт готовий знайомитися з «дорослою» їжею. Якщо ж дитинка на штучному вигодовуванні, то деякі спеціалісти дозволяють починати прикорм дещо раніше, з чотирьох-п'яти місяців.

Баба, взявши руки в боки, скаже: «Понакупляли дипломів і придумують чорті шо ті ваші модні педіатори. Як це — з шести місяців? А до шести шо робить? Зуби на полку? Морите дитину голодом. Он по його ж очах видно, що воно картоплі хоче, холодцю, салтісона з хріном!».

«Очі такі, бо дитина какає», — відповідаєш ти роздратовано, пояснюючи бабусі, чому твій пупс застиг у дивній позі і не блимне.

«Давай йому нормальну їжу, не видумуй! Я своєму Павлуші/Колі/Толі у два місяці варений жовточок у молочко терла, а в чотири він уже миску борщу і грінку з часничком міг влупить. Диви, який козак виріс, як гілляка!». З бабою все ясно. Нагодувати внучатко — це її основний інстинкт. Не про той інстинкт кіно з Шерон Стоун знімали, ох, не про той! Ну полюбилися, ну прикакошили когось межи тими палкими сценами — і що? Про бабу треба фільми знімать, про бабу! Бо її інстинкт, як не крути, основніший за Шеронин. Бо всунуть внучатку шкурку від сала, щоб посмоктав, поки мама не бачить, то хіба не інстинкт підказує?

Другий за цінністю експерт у будь-якій галузі — це твоя подруга, та, що мама Міланки. Вона прочитала 150 книг на тему прикорму ще до того, як завагітніла, пройшла 20 курсів із тантричного годування зі срібної ложечки і взяла участь у 10 марафонах із приготування енергетично мощного і спіритично зарядженого пюре з кабачка.

Її Міланочка їсть так акуратно, як Дафні з «Бріджертонів». Пляма не торкнулася її білого слюнявчика жодного разу, і взагалі, її улюблена їжа — це кейл. Поки мама Мелаші розпинається, розповідаючи тобі про всі корисні властивості цього продукту, ти думаєш лиш про одне: «Шо воно, блядь, таке той кейл? Треба погуглить...».

— Молочка — це страшна гадость! — завелася подруга.

— То що, ти не даєш Міланці йогурту? — цікавишся ти.

— Звичайно, даю! Я його сама роблю. З грудного молока і материнської любові, —аж випрямляє спину від гордості подруга.

Ти киваєш на знак солідарності, а сама думаєш, що бабина методика прикорму з борщем і шкуркою від сала ще не сама дурнувата, як виявляється.

З власного досвіду можу сказати: з кожною наступною дитиною техніки прикорму, як і твоє ставлення до нього, змінюються.

З першою дитиною ти як та струна. Усе потрібно робити так, як пише книжка, учить табличка, глаголить просвітльонна подруга. Їжу для малявочки будеш готувати власноруч. Ніяких тобі пюрешок з баночки, каш з коробочки і соків. То для лінивих, безмозких і, головне, байдужих мам.

Перший продукт — кабачок. Лише на пару, звичайно ж, щоб не втрачав у процесі приготування жодних корисних властивостей. Тобі важливе походження цього продукту, тому варто зазначити, що він був куплений на базарі у бабусі, яку ти змусила присягнути при нотаріусі, що овоч ріс у теплі, добрі й любові, без пестицидів і нітратів. Зварила, перемолола блендером, охолодила. Наклала порцію в дитячий посуд з дєвствєного силікона, привезений кумою з Німеччини, який перед цим стерилізувала три години в окропі. Пробуєш пюрешку на смак. Що тут сказать? У мене є теорія, що недарма діти починають себе пам'ятати з років чотирьох, не раніше. Це така захисна реакція організму, щоб уберегти психіку і стерти з пам'яті смак того першого їдла, яке насильно пхають тобі в рота.

Садиш мале в стільчик, прищібаєш, як космонавта, і починаєш годувати. Воно ухиляється, як Джекі Чан, хапає голими руками їжу, не хоче відкривати рота, випльовує того кабачка собі на бороду, розмазує по обличчю і втирає в коси. «Внучатко хоче борщу», — командує баба, яка з'являється на кухні так раптово і неочікувано, як прищ перед випускним. Ти ігноруєш її скромну персону і продовжуєш тицяти того кабачка дитині мезиочі.

Око сіпається, місія на грані провалу. Прикорм, як виявилося, штука нервотріпаюча і комплексна. Стільки всього треба знати, вміти і контролювати. Але ворогу не здається хоробрий вояк, тому наступного дня ти з новою силою і наполегливістю утрамбовуєш пюре з кабачка в дитину (не вчорашнє, а свіжоприготоване, спішу зауважити). Маля не в захваті, але півтори ложечки все ж з'їло. Справжнє відкриття тебе чекає ввечері, коли синочок покакає і ти зрозумієш, що ці півтори ложечки в корінь змінили ароматну атмосферу вашого дому.

А далі понеслося. Картопелька, цвітна капуста, гарбуз... Усі пюрехи приготовані власноруч, приправлені любов'ю і турботою, на смак — як шкарпетки тракториста в сезон збору кукурудзи, але цей факт автоматично анулюється користю.

Прикорм вводиться строго згідно з таблицею. Дитина харчується виключно домашньою їжею. Тебе страшно дратує, коли вона розмазує той прикорм по столику, тому ти не дозволяєш їй «виробляти чорті шо» і завжди годуєш малявку сама. Ну, як «сама»? Не зовсім. Чоловік грає на акордеоні, жонглює табуретками і виконує піруети в стилі Стефана Ламб'єля. Одним словом, розважає дитину, як може, поки ти пічкаєш її корисною їжею.

Бувають дні, у які так лінь варить той супчик, і в голові проскакує думка про магазинну пюрешку.

«Від одненького разу нічого не станеться», — замислюєшся ти щоразу, проходячи повз полички дитячого харчування в магазинах, але вмить женеш цю дурню від себе, бо то все від нечистого. Піднімаєш сраку, чимчикуєш на кухню, починаєш нарізати картоплю, моркву і розморожувати фрикадельку, щоб зварити супчик, лише дві ложки якого будуть з'їдені спиногризом. Фрикадельки, до речі, зроблені з м'яса незайманої індички, коротке, але феєричне життя якої пройшло кейдж фрі в екологічно чистій місцевості.

Прикорм — діло серйозне і суворе. У ньому нема місця м'якості. «Прикорм — початок будівництва здорових звичок харчування на все життя», — повторює твій ментор, що за сумісництвом мама Міланки. «Дитя борщу хоче!» — гне свою лінію баба.

А ти що? А ти вже все вирішила. До двох років твоє дитя не їстиме цукру. Ніяких соків, йогуртів, цукерок… Ніяких чипсів. Ти навіть сіль зважуєш, готуючи страви для дитини. Так, у тебе є спеціальні ваги, якими користуються лише фармацевти і наркодилери. Дістати їх було ще тим геморοєм, але ж ти — матера, а не дупа качина, людей порозпитувала, знайшла і купила. До двох років лише овочі, фрукти, органічна риба, м'ясо, домашня молочка. Виключно! А що ж далі? А далі твоє дитя йде в садочок. Там, у перший же день, зжере три «Барні» і вип'є стакан яблучного соку, які в ролі могорича будуть принесені батьками Дениса за день народження сина. Але ти цього поки що не знаєш, тому тушкуєш шпинат і радієш з того, як же правильно й ловко ти організувала харчування дитини.

З другою лялею, маючи попередній досвід прикорму, ти дещо підрославилась і нарешті перестала орієнтуватися на маму Міланки. У тебе взагалі закралася мисля, що подруга пиздить, що її дитя харчується усвідомлено і найбільше полюбляє той сраний кейл.

Якось, забираючи своє старше з садочка, ти бачила, як Міланка, сидячи на лавці, зжерла подорожника, три листки бузку і жменю ґрунту. Слідів усвідомленості на обличчі в той момент не помічено. Відімо, дитина просто листя любить, причому всяке разне. (У мене з вином така сама ситуація. Яку пляшку не відкрию, то все добре, тому Міланку в цьому плані зрозуміти не тяжко.) Ти нарешті почала здогадуватися, що трапилося з монстерою, яка росла собі на підвіконні, а потім різко скоцопиздилась. По часу все сходиться — Міланка і мама приходили в гості. Ти продовжуєш готувати всі пюрехи вдома, але спокійно підсолюєш їх до смаку, бо розумієш, що без цього це не їжа, а орудіє питок. Також не цураєшся нагодувати дитину вчорашнім супчиком, що був приготований з розрахунком на два дні, тому що варити щодня свіженьке не завжди вдається.

Магазинне дитяче харчування мелькає в раціоні малюка, коли голод застає вас зненацька — у дорозі, на прогулянці, наприклад. Ти перестала через це побиватись і відчувати провину.

Коли ж ти з необережності розповіла мамі Міланки, що малюсику сподобалось яблучне пюре відомого бренду, та просто мовчала. Мовчала місяць, не бравши слухавки, бо «таке харчування дитини суперечить її внутрішнім переконанням, і їй потрібен був час, щоб усе обдумать...». Ти з першим хлопцем у 15 років менше драми пережила, як із цими образами подруги через прикорм твоєї ж дитини.

Малявці дозволяється гратися їжею, розмазуючи її по голові, бо матера скумекала, що поки диття жмакає творожок голими руками, вона сьорбає гарячий чай і споглядає страданія Бурака Озчивіта в новому 340-серійному серіалі. Баба, як і раніше, пропонує нагодувати семимісячне дитя борщем з м'ясом, квасолею і сметаною. «Дай йому борщу, я тобі кажу! Он диви, як воно до буряка тягнеться, як воно буряка хоче», — мовить баба дивлячись на внуча. «Ех, я сама того Бурака хочу», — зітхаєш ти, дивлячись у телевізор.

Через день випадково дізнаєшся, що твій чоловік, як виявилося, ввів дитині прикорм ще два місяці тому. Він нагодував ваше дитя розсольником, поки ти вискочила «буквально на п'ятнадцять хвилин» на двогодинний манікюр. Звичайно, за таку самоволку ти його добре прочихвостила, але вже наступного дня твоє мале, замурзане і щасливе, матлошило бабин борщ.

Прикорм третьої дитини. Ти годуєш маля магазинним дитячим харчуванням у надії, що воно не влупить всю баночку і ти доїси твоє улюблене «яблуко-банан-манго». Це тобі не голий кабачок, приготований без солі, масла й радості. Баба ходить по хаті і свариться, щоб не вздумали викидати ці баночки від дитячого харчування в смітник. «Ти шо? То ж славний слоїк! Лиши. Я настойку живокосту в ній заколочу. Бач, молодьож пішла розбазурена. А потім треба буде мочу на аналіз у лікарню занести, а баночок нема. І шо робить?» — причитає над душею уважна бабуся. Ти сто разів пояснювала їй, що нинчє в кожній аптеці продаються спеціальні ємності для здачі аналізів, але бабин залізний аргумент закінчив розмову: «Канєшно! Ви ж гроші печатаєте. Нащо ж куплять, як оно воно є?!» — сказала вона і показала жестом на підвіконня, де стояло близько двадцяти ідеально вимитих баночок від дитячих пюре. «Да, да! Я собі на шурупи три штучки взяв. Хороша вещь», — підтримав дружину дідусь.

Дитина їсть те, що готували на всю сім'ю. Прикорм почався з начинки від голубця в п'ять місяців. Мале встромило обидві руки у твою тарілку, поки ти з роззявленим ротом сиділа і знову дивилася на свого Бурака. Очнулась ти від звуку кавкання дитини, яка вже нащупала капусту і почала трамбувати її як не в себе. Совєршенно без паніки, тримаючи одне око на Бураку, ти починаєш бити мале по спинці. Капуста вмить вилітає з рота на стіл. Ти береш її і доїдаєш, томно зітхаючи.

Ти, як уже досвідчена матера, давно перестала зациклюватися на стерильності, тому спокійно реагуєш, коли твоє дитя сидить на підлозі і гризе старого коржика, якого знайшло, повзаючи за диваном. Ти не бентежишся, що того коржика спочатку лизали двоє старших дітей, потім собака, а потім він, позабитий, позаброшений, лежав зо два тижні в дальньому кутку кімнати, де і був знайдений цією малою прурвою.

З мамою Міланки, після того як вона заволокла тебе на курси з дихання маткою, контакт розлагодився. Проте зараз, дивлячись на свою дитину з цим обваляним коржиком, на якому мікробів більше, ніж у вокзальній уборній, чомусь уявила саме її реакцію на побачене. Ти посміхнулася, візуалізуючи німе оціпеніння мами усвідомленої Мелашечки, і подумки ще раз послала ту подругу кібенімать з її листям, енергетичним кабачком і матковою сатурацією.

Прикорм четвертої дитини залежить від самої дитини і того набору продуктів, які залишають після себе на підлозі її старші брати й сестри. Повзеш, повзеш, знайшов шматок хлібчика чи шкірку від мандарини, чи картоплину із супу — самоприкормився, поки мама не бачить, і пошурував далі. Замурзався, руки брудні? Не біда! У хаті що, хіба удобств нема? А собача миска з водою нащо? Підповз швиденько і сполоснув ручки. Мама, як завжди, руйнує забаву, підхоплюючи мале на руки, і садить у стільчик для годування. Вона маленькою ложечкою заливає в нього червоний борщ, поки замурзана дитина, з капустою за шиворотом і буряком під оком, встромила дві руки в миску і виловлює в ній шматок м'яса. Баба, сидячи на кухні та споглядаючи це годування під дикі крики старших дітей, що ганяють по хаті, як ординські загарбники, нервно міряє тиск і запитує маму: «От ти мені скажи, кому я стільки тих кабачків насадила? Дитина хоче кабачка! Я по очах бачу».

Приблизно такий сценарій прикорму був і в мене. Якщо з Артемом ми чітко дотримувалися всіх рекомендацій щодо введення нових продуктів у раціон та всіляко змушували його полюбити той священний кабачок, то з Форестом усе почалося в п'ять місяців з ложки шоколадного морозива, яким з малюком поділився мій чоловік, бо «він на мене так дивився, як же йому не дать?». Синок кидався на ту ложку, як дикий вепр, і після того вирішив, що саме тато — його улюблена людина в цілому світі. А потім був самоприкорм картоплею фрі, яку син знайшов на підлозі. Це, до речі, не найгірше з того, що інколи там валяється, і не найгірше з того, що вже побувало в нього в роті.

Дуже часто, говорячи про прикорм, батьки не до кінця розуміють його основну роль у житті немовляти. Прикорм насправді — це ж не про наїстися, це про пізнати світ. До року основною їжею дитини має бути грудне молоко або суміш. Усі інші продукти харчування — для поступової адаптації в дорослому світі, знайомства з новими смаками, текстурами, формами. Навчитися їх тримати, підносити до рота, кусати, жувати, випльовувати — ось основне завдання прикорму.

Дитині потрібно пропонувати нові продукти, але не годувати її силою, якщо вона відмовляється. Не перетворюй ритуал годування на примусовий захід. Дозволь малюку робити те, що в нього найкраще виходить, — просто бути дитиною і радіти життю, а це включає в себе розмазати ті пюре по обличчю, столу, маминому новому халаті, бабиних ясних офіранках і вічно страждениому собаці.

Нам треба припинити поводитися так, ніби ми воду за кілометр з річки носимо, і вмити дитя чи попрати його заплямовані лахи — це ще те випробування.

Дорослі сприймають їжу через призму смаку. Маленькі дітки, крім смаку, оцінюють її ще й тактильно, тому хай око не сіпається, коли твоя Вероніка виймає з вуха гречану кашу. Заспокійся! І не заважай дитині пізнавати світ.

Як матера чотирьох дітей, я поступово пройшла всі стадії введення прикорму, від злості через вилиту на груди воду (воду!!!) до «Синочок, на тобі кварту йогурту. Роби з ним що хочеш. Хочеш — їж, хочеш — стіни біли, хочеш — втирай у хом'яка. Не хочеш у хом'яка, то я собаку з двору приволочу. Веселись, синок, а мама тим часом мусить чайку випить і стишитись на хвилинку, щоб до решти не охлянуть...».

Зі старшим сином я вводила кожен продукт окремо, поступово, вичікуючи реакцію його організму на новинку. Діатез не змушував себе чекати нікогди, і я, як же порядочна матера, побивалася, переживала і вичисляла, від чого ж ті щоки просто палають.

Парадоксально, що кожна наступна дитина страждала від алергічних реакцій значно менше, хоча мої методи введення прикорму перестали вирізнятися педантичністю. От попробуй розбери, чого так, правда? Може, в дитини виникав діатез як реакція на знервовану перелякану маму? Я досить швидко зрозуміла (за другим сином, якщо бути точною), що чим раніше ти дозволиш дитині бавитися з їжею, тим швидше вона почне самостійно їсти. Неможливо навчитись орудувати ложкою без практики, а практика — це завжди срач.

От уявімо, тобі в хату принесли гамелан (це стародавній балінезійський музичний інструмент, схожий на ослінчик. Ослінчик — це маленький стільчик, на якому моя баба сиділа, коли доїла корову. Як тобі мій візуальний референс? Клас, правда?). Посадили тебе й кажуть: «Грай». І шо ти там, блядь, награєш, якщо ти того гамелана вперше бачиш?

Ось так само і з дітьми. Вони вчаться, розумієш? Не заважай. Навпаки, створи сприятливі умови для швидшого опанування ложки: підбадьорюй і хвали; дозволь їсти руками (це розвиває дрібну моторику); запропонуй дитині, у ролі гри, погодувати тебе; не підганяй.

Мені часто пишуть мамочки, розповідаючи, що найтяжче для них — це зберігати спокій, коли бачать, як їхні дітки брудняться, граючись із їжею. Господи, а хто сказав, що дитина має бути чистою? Де ви таке бачили? У мене є теорія, що щасливі діти чистими не бувають. Це раз! А по-друге, якщо ти вже на межі крововиливу, бо дитя напакувало авокадо за шиворот, то, щоб остаточно не йоб... не втратити розум, практикуй наступне: роздягнула дитину, посадила голу в стільчик, дозволила їй максимально насолодитися їжею, вийняла, посадила в тазік, сполоснула, одягнула — все. Дитя чисте, сите, задоволене, і ти психічно стабільна і врівноважена.

«Ну, то з чого починати, грамотна ти наша?» — долинає з натовпу. А я скажу, що починати треба не з шести місяців, не з табличок і книжок і навіть не з канонізованого кабачка, а з відповіді на запитання «Чи готова моя дитина до прикорму?». Маля готове, якщо:

- може сидіти (з підтримкою та без);
- вміє тримати голівку рівно;
- самостійно відкриває ротика, коли бачить, що наближається ложечка;
- впевнено керує голівкою, відвертаючись від або повертаючись до їжі
- активно та стабільно виявляє інтерес до самого процесу харчування. Наприклад, ти помічаєш, що:
  - дитина почала уважно стежити за тим, як мама їсть вечерю;
  - намагається тягнутися до продуктів, що в її тарілці;
  - радісно всміхається, коли бачить, як мама топче ту восьму шоколадну конфету о дев'ятій вечора.

Саме на ці ключові показники я звертала увагу перед початком введення прикорму трьом своїм синам. Тому процес знайомства з новими продуктами для нас був цікавим і приємним. Без примусу, без сліз, без травм, орієнтуючись не так на таблиці, як на цю конкретну дитину і її, повторюся, готовність знайомитися з дорослою їжею. (Артем, пробач, тебе це не стосується. На тобі мама вчилася.)

Якщо ж ти чітко розумієш, що біля кожного з цих пунктів можеш втулити пташку, то в добру путь. Починай, звичайно, попередньо проконсультувавшись з педіатром. Бажаю успіхів і смачних кабачків. Усе буде добре, уже сто разів це казала.

Перші кроки

Перші кроки першої дитини

Мама переживає. Ну коли, коли вже мале покрокує? Подружка розповідала, що її Міланка пішла в десять місяців. Вау, так рано! Яка умнічка!

Твоєму ж опецьку вже рік, а він ні кує ні меле. Так, він підводиться самотужки, тримаючись за диван, і пару разів був застуканий за самостійним стоянням упродовж декількох секунд, але так, щоб наважитися зробити перший крок, — то ні, лінується.

Мама вже і з педіатром радилася. Педіатр сказав не перейматись і дати дитині час до вісімнадцяти місяців. Мама шукає нового педіатра і захоплюється успіхами Міланочки, яка, повторюся, самостійно та впевнено пішла в десять місяців! А в одинадцять місяців пішла на горщик. А в дванадцять — на гурток з лозоплетіння.

У баби на проісходяще своя експертна думка. Дитина ще не ходить, бо невістка цілувала її в стопи. Просила ж, молила: «Не цілуй! Нозі цілувати не можна!». А тепер шо? А тепер баба на барбовалі, спереживалася на мутель. Вона так і сказала невістці: якщо внуча до тринадцяти місяців не піде, то треба вжити радикальних засобів — занести шкарпеточки до баби Улити, хай «зарядить» їх на скорий бєг.

Упасі Боже пропустити цю важливу мить — перші кроки! Саме тому в усіх домашніх телефони завжди заряджені і носяться натільно, бо раптом дитя ходить надумало, а ти не зафільмувала цей момент. Одного дня дід був застуканий у кімнаті з внучатком та вимкненим телефоном. Старенький таких пиздюлін не отримував навіть тоді, коли, не побачивши на тапчані в кухні дечку з пирогами, що підходили під вафельним рушником, сів у них своєю сракою.

Тато, надивившись на знервованих і постійно схвильованих жінку й маму, вирішує прискорити процес навчання сина самостійній ходьбі. Він просто бере малого, ставить посеред кімнати і відходить. Карапуз гепається на дупу і голосно плаче. У кімнату влітає баба, з бойовим криком «Дракаріс». За нею пре мама, в якої на ходу з рота випадає фарширований перець, бо ця прекрасна діва тільки-но вмостилася їсти, як тут чує крик, плач і дивний звук, схожий на флопок. Останній був зумовлений бабою, бо вона так бігла на вереск коханого внучатки, що випадково подолала звуковий бар'єр.

— Шо таке?! — запитують в унісон жінки. Тато винувато пояснює, що вирішив побачити, що ж буде, якщо синочка поставити, відпустити і відійти.

— Сірожа! — драматично протягує мама, притуливши заплакане дитя до грудей, а потім кинувши на чоловіка погляд, у якому читається щось між «Я від тебе такого не чекала, придурка кусок» і «На секс сьогодні не розщитуй, придурка кусок». У будь-якому разі, все свідчить про те, що вечерок для тата буде так собі.

— Шо ти собі думаєш! — починає чехвостить сина баба. — У тебе розум є? Поставить і відійти! Ти ще на базарі біля циган його поставив би й відійшов. А чьо нє?! Бач який безпечний!

— Ви ж мене в дитинстві, за цією системою плавать учили...

— Не пам'ятаю, — відрізає баба.

— Не пам'ятаю, — включається в розмову дід.

— Ой, ти диви, група-кабаре «Амнезія». Викинули з човна посеред ставу — і греби, синок, учись плавать, — продовжує ворушити дитячі спогади тато.

— Тож навчився? Навчився! То й не ляпай, — твердо мовить баба.

— Які часи були, такі і методи, — філософськи затягує дід.

Через місяць нарешті приходить та щаслива пора, і дитина робить свої перші самостійні кроки. Звичайно, про цю подію свідчитимуть 150 світлин, зроблених татом, який за збігом обставин якраз був у кімнаті та вчасно схопив телефон, чим повністю реабілітував себе за те «постав і відійди».

Матера ж, своєю чергою, настрочила три дописи в інстаграм, оспівуючи успіхи сина, та швиденько подзвонила мамі Міланки, щоб повідомити тій вискочці особисто, що «ми нарешті пішли». У відповідь на це мама Мелашечки розповіла, що її доця, яка, до речі, старша за маминого спиногриза на три дні, вже каже, як робить качечка, курочка, жабка і красноногий ібіс. «Ну йобтвоюмать з твоєю Міланочкою», — подумала мама і пішла займатися скрапбукінгом, бо мусить оформити персоналізований альбом для синочка, присвячений першим його крокам, і втулити в нього ті стоп'ятсот фотографій, що наклацав ловкий тато.

До речі, мама вже створила дванадцять альбомів, які разом складають колекцію «Перший рік нашого ангела». Вона регулярно роздруковує фото та заповнює ними альбоми, підписуючи кожну світлину сопливою розповіддю. Ті альбоми вже нема де складать, і вони падають тату на голову з антресоль щоразу, коли той шукає свої чисті труси. Тато сердиться, що мама захаращує всі шафи своїми подєлочками. Мама сердиться, що тато ніяк не вивчить, що труси не в антресолі, блядь, а в середній шухляді комода.

Баба перемазує вафлю вареною згущенкою, дивиться, як мама клепає нового альбома, і причитає: «Боже, скільки вже тих знимків тобі треба? Оно грошам біда. Тільки пилюку збирають. От колись хіба хтось тих дітей так фотографірував? Ні! Раз — у садочку, раз — у першому класі, раз — під ялинкою в школі, з випускного три фотографії... І шо? Хіба бракує шось їм? Повиростали нормально».

Мама мовчить, слухає, огризатись не хоче. Але замість чотирьох фотографій, на яких внучок разом із бабою, в новий альбом клеїть лиш одну, вибравши саме ту світлину, на котрій баба вийшла не ахті.

Перші кроки другої дитини

Для родини такі самі радісні, але суматохи викликають у рази менше. Мама вже не рівняє успіхів своїх дітей до Міланчиних, а спокійно чекає, коли ж настане той час і молодше саме затопає. Баба хоч уже не така переживатєльна, але носочки в екстрасенса Улити про всяк випадок зарядила. Ну а шо? Вона якраз ішла до неї рожу спалювать, то вже, щоб два рази не ходить, і шкарпетки прихватила.

Фотографії все ще дуже важливі.

Мале пішло, зробивши чотири самостійні кроки. Дід, який глядів онуча, поки мама витирала дупу старшому, не встиг вийняти телефон з кишені, щоб сфотографувати цей особливий момент. Можливість просрана — мале гепнулося на дупу. Але дідусь не розгубився. Підняв дитя, поставив його посеред кімнати, швиденько сфотографував, а вже тоді почав горлати на всю хату: «Ти дивись! Іде! Саме! Ай да молодець!». Усі біжать, спотикаючись об старшу дитину, щоб побачити, як малявка робить перші кроки. Не встигли. Внучатко знову гепнулося на сраку і поповзло до вікна, щоб тягнути тюль з карнизом собі на голову. «Я встиг сфотографірувать!» — гордо промовляє дід, відкриваючи фотогалерею на своєму телефоні, де серед зображень нових спінінгів і моторів красується свіжа світлина коханого внучатка.

До речі, мама вирішила не створювати дванадцять альбомів для молодшої дитини. Це раніше вона могла колупатися з ними до другої ночі, а зараз купила один великий фотоальбом, у якому в хронологічному порядку зберігаються світлини її найменшого пупса, і не має клопоту. Підписи під фото перестали нагадувати «Війну і мир», ставши лаконічнішими, а подекуди просто звелися до дати. Дванадцять альбомів старшого сина так само зберігаються на антресолях і періодично падають тату на голову.

Перші кроки третьої дитини

Відбуваються неочікувано. Малявці десять місяців, а вона взяла і затопала на очах у ізумльонної публіки. Ніхто її не підстраховував, ніхто не робив триста фото. Тато щось там клацнув ніби. Нехай потім перекине мамі на телефон. Головне, не забути про ту фотографію йому нагадати.

«Дай-но я ту придурошну наберу, розкажу їй... Хай знає, сука в ботах...» — дзвонить мама подрузі, тій, що мама Міланки, щоб повідомити, що її дитя пішло, як і геніальна Мелашечка, також у десять місяців.

Баба довольна і горда, бо столь ранні успіхи внучатка — то внесок її генного фонду. Принаймні вона так вважає, бо з боку її роду всі починали ходити до року.

Фотографії малявки періодично роздруковуються і запихаються в альбоми старших братів з обіцянкою колись-таки створили окремий альбом. Але у мами, холєра, руки до цього все ніяк не дійдуть.

Перші кроки четвертої дитини

Старші діти гукають з кімнати:

— Мамо, мам! А Ваня вже пішов!

— Ну, то добре, а з мене шо ви хочете?

— Ходи побачиш!

— Зараз пиріжки досмажу і прийду. Почекайте, не мамкайте, у мене пательня горить.

Через п'ять хвилин мама з'являється у дверях, хвалить наймолодшого за успіхи, жене старших жерти ті пиріжки, а сама чеберяє за ними на кухню, роздумуючи над тим, як швидко ці спиногризи умантелять ті смажені кулінарні шедеври, з якими вона провозилася аж три години. Роздрукованих фотографій нема, але пам'ять телефона забита вщент знімками дітей. «О, точно, треба хоч пару фоточок роздрукувать», — меланхолічно мовить мама, споглядаючи, як її наймолодше дитя обслинює один із дванадцяти альбомів найстаршого, граючись і терзаючи його на підлозі.

Баба перші кроки четвертого внука пропустила, бо побігла до екстрасенса Улити. Ні, не носочки заряджать, а поцікавитися, чи може вона невістці поставити якусь спіритичну спіраль, бо родять і родять, сил бабиних нема.

Перші кроки 8-ї дитини

Мама: Святослав пішов!

Тато: Куди?

Мама: В армію! Ти мені скажи, ти вже геть гахнувся? Ходить почав син твій наймолодший, ходить!

Тато: А!

Дід *тихенько питає бабу*: Святослав — то который?

Баба: Вроді те кучерявеньке.

Дід: Поняв.

Баба: Наклепали... Хрін запомниш усіх.

Мама, *обертаючись до діда з бабою*: кучерявеньке — то Вероніка.

Баба: Я так йому й сказала!

Дитячі хвороби

Ще до вагітності ти спілкуєшся з подругою, яка вже стала мамою, і думаєш: «Ото клямка у жіночки впала, йобчики-горобчики! Памагітє! Дитя пчихнуло, а вона ледь яйко не вродивши з переляку. Тикає того градусника бідній дитині кожні п'ять хвилин. Ну, що тут такого? Усі ж діти хворіють. А як інакше виробляється імунітет? От коли в мене будуть свої діти, я ніколи не буду такою примороченою. Паніка — то не про мене. Холодна голова — то моє друге ім'я».

А потім ти народжуєш свого первістка і розумієш, що допиздякалася, бо сама думка про те, що твоє найрідніше у світі дитятко може захворіти, наводить прохолодний жах, і ти думаєш, що готова на все, лиш би вберегти і захистити. «Усі ж діти хворіють», пам'ятаєш? Ні, не пам'ятаю. Нащо мені «всі»? До чого ці узагальнення? До «всіх» мені діла нема. Я зроблю все, щоб саме мій не хворів.

Хай як ти старатимешся створити найбезпечніші умови для малюка, намагаючись вивчити, вичислити й ізолювати кожного мікроба, усе ж скажу тобі: це війна, яку матера виграти не може. Натомість матера може забезпечити дитину сприятливим середовищем, у якому вона матиме шанс виробити те найважливіше для виживання на цій планеті — імунітет. І формується він на основі контакту із цими самими мікробами, а не повної їх відсутності. Тому перестань змушувати свого судьбоносного сім разів намилювати руки щоразу, коли він хоче доторкнутися до дитини. Прасувати дитячі речі, щоб знищити на них мікроби, також не потрібно. Так само, як і стерилізувати весь посуд годинами. Це дурне марнування часу. Можна в це повірити зараз, читаючи цей шедевр літературного жанру, а можна до цього прийти через декілька років, народивши другу, третю... дитинку. Хай там як, а «прозріння» неминуче, як і соплі, ангіни, воші та глисти. Тому тримайся. Материнство чудесне, пра?

Пам'ятаю, коли вперше захворів Артем. У два місяці в нього з'явився нежить. Коли молода, недосвідчена, але страшно красіва матера прокинулася вранці й побачила, що в дитини блищить під носом, у неї з переляку почали труситись руки. Думки не в'язалися в голові, а слова в роті, бо язик прилип до піднебіння, як енцефалітний кліщ до Тузіка.

Коли ж термометр показав «37,1», сльози з очей полилися рікою. Це зараз я знаю, що така температура абсолютно в межах норми у двомісячних немовлят, а тоді я відчувала такий паралізуючий страх, який запам'ятаю на все життя. Страх, від якого нудить і болить живіт, страх, від якого змарніла я і почорнів день.

За годину ми вже були у педіатра, яка, не придумавши нічого кращого, запропонувала нам провести ніч у дитячому відділені районної лікарні, щоб «на всякий случай». Я про той «всякий лучай» чула багато страшних історій, тому одразу, без вагань погодилася лягти в стаціонар, бо ж кровиночку треба срочно спасать.

Ніч у лікарні пішла нам на користь. Ні, нежить у дитини не пройшов. А от я, змерзнувши в палаті, як сучка під плотом, намучившись на пружинному ліжку, що провалювалося під моєю вагою щоразу, коли я хоч якось намагалась примоститися біля сина, прокинулася зі значно посвіжівшою головою і, не побоюся цього слова, нєкім прозрінням. Катерина зрозуміла, що сама стала тією мамою, з якої підсміювалася до народження сина, якою так боялася стати. У той самий день нас виписали, і ми, як обісрані, почапали додому, без жодного вміняємого діагноза, але з новим важливим досвідом.

Дитина росла, хвороби почали сприйматися значно спокійніше, бо почалися зуби. Зуби насправді дуже зручна річ, тому що на них можна звалювати все. Вони є причиною всіх болячок у дитини від приблизно тримісячного віку. Спить погано? Зуби! Їсть неважно? Зуби! Температура? Точно зуби! Соплі аж до колін? Що ж ти зробиш, зуби! Срачка? Зуби! Закреп? Зуби! Упав, зчохрав лобешню? Зуби? Нє! Матера в телефон вилупилася. Прийдеш до педіатра, і навіть у нього для тебе лише два діагнози: або якась страшна незрозуміла хрєнь, або що? Правильно, зуби!

Мені період прорізування зубів навіть трішки подобався, зізнаюся чесно. Він дарував молодій матері певний комфорт і спокій, бо слугував причиною всіх негараздів з малюком. Чи лікували ми кашель, нежить, отит? Звичайно, як же годиться, по три препарати в кожну дірку. Але ж причиною тої хворі не було життя дитини в тепличних умовах, що створені та щодня підтримуються самою матерою. Ні, звичайно. Причина завжди одна — зуби.

Щоб адекватно реагувати на хвороби дітей, мені довелося народити їх пару штук. Щоб не поїхати головою від кожної застуди, ангіни, бронхіту тощо, мені довелося зробити щось дуже просте, але водночас грандіозне — змінити своє ставлення до дитячих болячок.

Раніше день, коли син прокидався з температурою, був для мене кінцем світу. Все, що ця матера могла робити, — це красиво плакати, немов та індійська актриса, наводячи махрову журбу на всю родину, і звертатися до всесвіту, драматично запитуючи, за що він посилає мені такі нелюдські випробування.

Зараз же весь фокус змінився з самої проблеми, а точніше, хвороби, на пошук шляхів її вирішення, а точніше, лікування.

З Артемом при найменшій болячці я намагалася чимшвидше всунути в нього антибіотик. Не побоюся цього слова, я було якесь трошки йобнуте. Педіатри призначали їх і від вірусних, і від бактеріальних захворювань, і «на всякий случай», про який я писала вище. І ти даєш дитині ті медикаменти, не задумуючись над їхньою доцільністю, бо насправді це приносить полегшення саме тобі. Так, тобі, тому що матера таблетку малому всунула — і вже, типу, не бездіє, вже щось робить для покращення стану сина, у якого, до речі, звичайна застуда. Продовжувалися ці пиздостраданія, аж раптом Еліот удачно оженився, і я, надавши барв його життю, переїздю в США. Чекати довго не довелося. Артем захворів знову, і я, схопивши свого птеньчика за дзьоба, поперла стрімголов до педіатра, щоб рятувати свою кровиночку, щоб не марнувати часу.

Лікар тепляче слухав мої розповіді про те, що температура вночі росте аж до 39 і голівка дитині болить, і кашляє він так «кхе, кхе»... Він заглядав Артему в рот, ніс, вуха, перевіряв дихання і серцебиття, а я в цей час вангувала, скільки ж усього «хорошого» він нам зараз випише і я мотнусь в аптеку, та й як почнем лічєніє, як вріжемо тяжкою артилерією по бацилах, то аж пальми зашумлять.

— Збивайте температуру звичайним дитячим жарознижуючим. Забезпечте сина рясним питтям. Якщо стан не покращиться протягом трьох днів, то чекаю вас знову на прийомі, — спокійним тоном промовив лікар.

— То який саме антибіотик давати? — перепитала я, щиро вважаючи, що щось не так зрозуміла, недослухала.

— Ніякий, — здивовано відповів педіатр.

— Лікарю, то чим його лікувати? Ану ще раз для страшно красівих і трішки затурканих, — попросила я повторити план дій.

— Рясне пиття, жарознижуюче за потреби, — відповів педіатр.

— Тобто моє дитя хворіє, а ми очима лупаєм? — перепитала я.

— Ні. Ми вчимо організм боротися з хворобою самостійно, даючи йому на це три повні дні. Якщо ж стан дитини не покращиться, ми побачимося з вами у четвер. До речі, від болю в горлі рекомендую давати сину морозиво. На все добре.

«Придурок якийсь, чи шо?» — думала я, виходячи з кабінету із задоволеним Артемом, який отримав наклейку за сміливість і дозвіл жерти морозиво в необмеженій кількості. Йому цей лікар дуже сподобався.

«Тоже мені спеціаліст всраний», — не могла заспокоїтися ця взвінчена матера, що як ніколи тужила за українськими поліклініками й аптеками, у яких є все, щоб одразу взяти ситуацію за яйця і не тріпати собі душу аж три дні.

Проте іншого вибору не було, тому, скриплячи зубами і матюкаючись, з планом лікування я все ж погодилася, хоча в умі вже складала промову на четвер, яка починалась би з «А я ж казала…».

Моєму подиву не було меж, коли на третій день Артем скакав, як горний козел, по всіх диванах, а від болячки не лишилось і сліду. Я ж уже цілий тиждень у календарі виділила, планів на ці дні не будувала, щоб відслабувати, як же годиться в наших найкращих сімейних традиціях.

«А шо, так можна було?» — запитувала я сама в себе. «А що, чотири препарати в ніс від самого лише нежитю — це зайве, чи як?» — не могла я заспокоїтись, усвідомлюючи, що суттєво перегинала палку у своїх підходах до лікування старшого сина. Я вдячна, що усвідомила це вчасно, і тепер знаю точно, що хвороби в діток минають швидше, коли матера не заламує руки, вмиваючись слізьми, а залишається максимально спокійною і адекватною.

Звичайно, потрібно звертатися до педіатрів. Краще сто разів припертися, щоб тобі сказали: «Матеро, то зуби, ідіть кібенімать. Ми вас за останній тиждень вже тричі бачили», — ніж один раз спохватитися пізно.

Проте важливо розуміти, коли педіатр справді лікує дитину, а коли просто пічкає препаратами, даруючи спокій знервованій і переляканій мамі, не замислюючись над здоров'ям дитини в довготривалій перспективі. Саме тому толкові педіатри — це як босоножки на 42-й розмір жіночої ноги, їх треба просто знайти.

Соплі в першої дитини

Мама, перепитавши всіх подруг, як боротися з недугом, сидить плаче, заламуючи руки. Подруги порадили закапати носика дитини грудним молоком. Про всяк випадок, закапала і носика, і вушка, і очка, але соплі нікуди не поділися. Батько з телефоном у руках бігає по хаті, робить дзвінки, шукає «связі», щоб вийти на главврача області, тому що треба дитинку рятувати сію минуту. Баба вже згодувала внучатку свячену проскурку, перечитала всі молитви, злизала лоба. Наразі варить дубову кору, щоб цим відваром закапати дитині носа, бо вона знає краще. «Я так Альошу лікувала — і бач, якого сина виростила? Як дуба!» — каже баба. Мама миттєво в голові проводить паралелі. «Це багато чого пояснює… дуб-дерево…» — думає вона. Діда й собаку виселили в хлів. Підозра, що саме вони принесли в хату мікроба і заразили ним бідну дитиночку.

Соплі у другої дитини

Мама вже не плаче, але регулярно промиває дитині носа морською водою. Сама подругам дає поради й розповідає, що те закапування грудним молоком до сраки. Батько нікуди не дзвонить, але для підтримки свого авторитету в хаті сказав: «Якщо нада, то наберу». Баба запропонувала зварити дубової кори, мама відмовилася. Баба ще раз запропонувала зварити дубової кори. Мама ще раз сказала: «ніт». Баба багатослівно промовчала. Вона-то знає, що вона краще знає. Втіхаря злизала внукам лоба і сплюнула на північ. Пішла нажалілася сусідці, що невістка дитині носа крапає «заморской водой, нащо тая хімія?! Тра пити малину і дубову кору». Сусідка погодилась і на знак солідарності з бабою обісрала свою невістку, яка, до речі, подалась в холістику. Сусідка не знає, що таке холістика, але по ній видно, що якби її невістка подалася в проституцію, то вона страждала б менше. Собака спить у хліві, але діду дозволили ночувать у веранді на дивані. Знов хтось із них приніс мікроба.

Третя дитина сидить і намотує на кулачок густі жовто-зелені соплі, а потім ту руку витирає об щасливого пса, якого вже ніхто з хати не жене. Мама посварилася з подругою, тому що доказувала їй, що соплі — це не хвороба і лікувати тут нема що. Вона нічого в ніс не капає, бо за ці роки вивчила, що таким чином організм бореться з інфекцією, і треба йому дати шанс упоратися самотужки. «З лікуванням нежить минає за тиждень, без лікування — за сім днів», — ловко цитує вона Комаровського. Батько й дід дивляться футбол, час від часу проганяючи сопливе дитя від екрана. Слідство вже не встановлює, хто саме приніс мікроба в хату. Баба мовчить і періодично зникає з хати, тому що варить дубову кору на ничку, у літній кухні. Скоро мама піде в магазин, і нарешті в неї буде нагода закапати бідній дитині носа. «Правда, я знаю краще?» —

питає вона сусідку, яка стоїть на стрьомі біля літньої кухні, щоб подати сигнал у випадку облоги «точки» мамою і конфіскації варева. «Правда, Зіна, правда!» — відповідає вірна і сопереживающа сусідка.

Соплі у четвертої дитини взагалі бувають? По-моєму, ні. Баба продовжує варити дубову кору. Не внукам — собі й діду. Ці малі спиногризи вічно якоїсь зарази в хату принесуть. То не діти, а чашки Петрі ходячі. Он дід уже другий тиждень носом шморигає, дихати нормально не годен. «Петре, ходи закапаю!» — гукає баба чоловіка. Дід покірно чалапає в кухню. «Зіно, ти не знаєш, їдуть вони на літо до свахи всією оравою?» — запитує він, цікавлячись планами внуків на найближчі три місяці. «Їдуть», — бадьоро відповідає баба. «Слава тобі, Господі!» — возрадується дід.

Горщик

Горщик — символ нового туру підпільних змагань, які ведуть між собою мами.

— А мій в рік почав проситися.

— А я свою з трьох місяців висаджувала.

— А у Свєти Веніамін до двох років у штани клав. Ужас! Уже бейблейди колекціонує, а ще срака в памперсі.

Подібні розмови чула кожна мама. Ти слухаєш ці «А мій/ А моя» і підневольно впрягаєшся в змагання. І так же хочеться, щоб твоє мале подружилося з горщиком найраніше, щоб вийти на дитячий майданчик, закотить очі під лоба й сказати: «Дєвочкі, а мій Павлуша взагалі з дев'яти місяців на горщик проситься». І всі такі: « Вау, о мудрійша, а поділися з нами своїми авторськими прийомами. У чому ж секрет успіху?». Ти мовчиш і загадково всміхаєшся, а потім ідеш додому з медаллю «Найлуччіша матера району» і почуттям невимовної гордості, за себе передусім. Ця медаль буде здерта з груді наступного ж дня, коли на майданчику з'явиться знайома Орися, чиє дитя в дев'ять місяців не те що на горшок проситься, а й голубці допомагає крутить. Крім мамської конкуренції, є ще один важливий чинник, який підштовхує тебе якомога раніше «нагоршочить» дитину. Це баба — маестро правильної мотивації і лютий ворог усіх підгузків, бо то є зло/хімія/біда грошам/парник для яєчок. Вона не полінується і в сотий раз тобі повідомить, що «своїх ростила без памперсів — і нічьо, якось виросли», що за ті гроші, які ви витрачаєте на цю «гадость» можна «знаєш скільки марлі купить?», що пора привчати до горщика, бо «стидно вже пісять у штани».

Чуючи такі фрази, я розумію, що це взагалі не про інтереси внучатка. Це з розряду «я мучилась — і ти мучся». У нашому менталітеті роками закладалося, що справжня українська жінка мусить страждать. Терпіть і страждать. І упасі Боже, що вона хоч якимось чином посміє полегшити собі цю ношу. Моментально буде зарахована в лави лінивих або егоїсток, або лінивих егоїсток.

Давай розбиратись. Бабусі — покоління жінок, переважна більшість яких ростили своїх дітей без пральних машинок, без підгузків...

Та що там ті пральні машинки? Вода не в усіх у хаті була. Дитя обісралося по самі вуха. Ти пиздуєш до криниці з відром (уявімо, що зима надворі, для драматичності картини), сковзаючись, як Плющенко в Турині. Набираєш крижаної водиці, дрелюєш у хату, грієш її, щоб підмити дитя. Потім переш ті обісрані шматочки, які підкладаєш у повзунки, далі переш самі повзунки, бо ті шматочки ні чорта не тримають, вивішуєш їх гірляндами біля груби. Після цього йдеш виливати воду надвір, приходиш і розумієш, що дитятко твоє встигло тим часом обдзюритись. І так десять разів у день. Мрія!

А походи в поліклініку чого варті з десятьма парами колгот, які ти змінюєш по дорозі біля кожної лавки (це якщо тепло, а як не тепло, то нема чого в ту поліклініку пертися)?

Та просто з хати вийти — то ціле випробування, бо поки ти всунула мале в «Мальвіну», поки знайшла невидимки, щоб підколоти чубайс, поки взулася, то дитя вже знов «готове». Але ж «якось виросли, якось справились»...

Я не розумію, як можна свідомо бажати це «якось» невістці, дочці й усім сучасним жінкам у часи, коли є все необхідне, щоб забезпечити материнство комфортом хоча б з технічного боку. Я не хочу нарізати марлю чи байку, щоб наклепати тих вкладочок у повзунці. Я не хочу їх прати, сушити, знову прати, хоча всі зручності в хаті є і до колонки з тазіком бігти не треба. І це не тому, що я — лінива срака, а тому, що я ціную свій час, свій ресурс, який радше витрачу на ігри з дитиною, ніж на страждання, які внесуть мене в список «справжніх жінок», що виразно позначений грифом «Ай да маладєц». На який чорт воно мені, хто скаже?

Я переконана, що привчати дитину до горщика треба тоді, коли вона готова, а готовність ця настає приблизно місяців у двадцять. Ти хоч стій, хоч дивись, але якщо твій малюк у силу віку поки що неспроможний вибудувати зв'язок «попа–горщик» у голові, то всі твої тренування, парадоксально, але до сраки.

Хтось починає силою садити дитину на горщик із шести місяців, даремно сподіваючись, що вже в рік усі гроші, що витрачаються на підгузки, підуть мамі на татуаж губ. Хтось дозволяє обпісяній дитині ходити в мокрих холодних колготках, у надії, що дискомфорт допоможе їй засвоїти урок, і вона почне проситися, як же подружчині діти просяться. Хтось свариться і присоромлює щоразу, коли мале навалить у штани, бо вважає, що таким чином інформація засвоюється швидше. Насправді єдиним результатом цих недолугих методів може бути лише страх, внутрішнє відторгнення та небажання дитини мати будь-яке діло з тим горщиком.

Знайома моя жалілась, утираючи гірку материнську сльозу: «Мій Арсеній починає дико верещати й плакати щоразу, коли бачить горщик. Бідна дитина навіть в одній кімнаті не хоче бути з цим предметом. Це хтось зіврочив, стовідсотково. Галька з бухгалтерії, напевно. Завжди знала, що вона чорнорота і заздренна...».

Звичайно, найлегше звинувачувати Гальку. (Вона бідна, до речі, все ніяк дебет з кредитом не зведе, тому насправді какашечні страви твого пуп'янка їй аж до самої спини.) А якби ця прекрасна матера мала пам'ять трохи довшу, ніж з пісюн комаря, то пригадала б, як сина, якому на той час виповнився лише рік, змушувала по пів години сидіти на горшку, поки той не попісяє. Уявіть, як довго триває пів години у світі однорічки? Мама стояла над ним пісь-піськаючи і ка-какаючи, а малюк не розумів, що з нього хочуть. Дитя заробило стрес і відразу до самого процесу. Горщик асоціювався з дискомфортом, з покаранням, з дивною поведінкою мами, яка чомусь не дозволяє встати і піти. Проте добре, що є Галя, бо саме на неї можна перекинути всю відповідальність за власні материнські факапи. Нє, ну німе кіно і голі діти.

Зрештою Арсеній, як та чіхуахуашка, почав ходити на одноразову пелюшку, застелену в куточку. Тривало це недовго, і через декілька місяців хлопець опанував унітаз. До горщика більше не поверталися.

Найраніше з усіх моїх дітей (не рахуючи Фореста, бо він ще зовсім мале пшоно) на горщик почав проситись Гнат, мій другий синок. З півторарічного віку цей бравий хлоп розсікає без підгузків, і навіть більше, став єдиною дитиною, яка прийшла в садочок у трусиках замість хагісів, хоча був наймолодшим у групі.

Могла б я, звичайно, розповідати, що то моя заслуга, що я маю особливий підхід, що виробила найдієвішу тактику... А хера! То стовідсоткова заслуга мого сина.

Гнат настільки не любив відчуття «повних штанів», що надзвичайно швидко зрозумів, де те все «добро» потрібно залишати, мінімізуючи контакт «бомб» зі шкірою. В ті рідкісні випадки, коли він не добігав до горщика, бо загрався чи задумався, син стояв нерухомо, з розчепіреними ногами і просто кричав, щоб я чимшвидше прибрала це неподобство. Така яскрава огида до власних какашок у його ситуації була досить парадоксальною, бо ще кілька місяців тому Гнат практикував чудесні речі. Прокинувшись від денного сну, синок здирав із себе підгузок і грався начинкою, розмазуючи її по ліжечку, стінах, руках, не нехтуючи можливістю попробувати це діло на смак. Я, коли заходила в його кімнату і заставала його за цією справою, за серце хапалася. Ти не те що не знаєш, як його помить, ти не знаєш, з якого боку його взять. У таких ситуаціях, щоб не впадати в нерви, Катерина нагадувала собі, що в гімно влізти — то до грошей (та й узагалі всі українські приказки, пов'язані з гімном, пророчать прибутки). Ця думка гріла серце й додавала ентузіазму при відмиванні стін, ліжечка та обличчя сина.

Артем і Юлисик були хлопцями абсолютно невибагливими. Їм обкакані штани ні дня, ні настрою не зіпсували жодного разу. Навпаки, це я їх ловила по хаті, щоб вчасно «знешкодити». Вони ж могли ходити «запаковані» по саму потилицю до пізнього вечора і насолоджуватися життям.

На горщик ці два мушкетери почали проситись у два роки, бо нарешті прийшла їм пора. Коли ж у голову закрадалася думка, що «вже час, треба підганяти, треба якось діяти», я казала собі: «Тиргоу» — і нагадувала, що ще жодне дитя не пішло в школу в підгузку. Успіх неминучий у будь-якому разі, тому треба просто запастися терпінням. І вином.

З усіма своїми спиногризами я застосовувала однакові методи тренування:

Горщик. Він має бути зручним і привабливим. Додаткові бали можна заробити, якщо в ньому є підсвітка й музичка. Купити його можна зарання та поставити в кімнаті, щоб дитина звикала до його наявності. Я завжди дозволяла дітям гратися з горщиком. Хочеш — перевертай, хочеш — складай у нього іграшки, хочеш — на голову насади... Головне, щоб дитина зрозуміла, що цей об'єкт — безпечний.

Показуй приклад. Не соромся примоститися на той горщик сама. Тільки легенько, не всією дупою, скраєчку, щоб не розчавить прибор. Дитина має бачити, що мама також не боїться горщика і сміливо ним користується. А ще краще сади на нього всіх по черзі:

чоловіка, бабу, діда... Демонструй дитині, що це абсолютно нормальний людський процес. Заохоть маля посадити на горщик улюблені іграшки і присісти самому, але ніколи не сади силою. У цьому ділі нема місця примусу.

Не свари за обдєлані штани, натомість хвали, коли дитина на горщик нарешті сходила. Хвали так, як ніколи раніше. З ніжними усмішками, оваціями, обіймами, поцілунками, закликанням тата, баби, діда і собаки, щоб усі побачили, яка ж молодець твоя розпрекрасна дитина. Не дозволяй нікому знецінювати маленькі перемоги твого пупса, тому якщо хтось ляпне щось на кшталт «тоже мені досягнення — на горщик попісять...», автоматично задавай йому напрямок руху кібєнімать і продовжуй сміливо пишатися своєю малявкою.

Дитяча білизна. Накупляй цілу купу якісних, зручних і веселих дитячих трусиків, враховуючи вподобання і захоплення саме твоєї дитини. Динозаври, супергерої, пташечки, квіточки, Свинка Пеппа... — труселя мають радувати дитяче око. Розповідай маляті, що матера накупляла стільки краси саме для нього і він може обрати, які хотів би одягнути сьогодні. Дітки здатні захоплюватися дивними речами, і труси далеко не останні в цьому списку.

Терпіння. Запасись ним, як компотами на зиму. Тобі здаватиметься, що процес налагоджений і ти можеш розслабитись, а ніт. Іди, витирай, мий, пери. А не хочеш прати, то тихенько викинь ті колготки, поки ніхто не бачить. Я сама так робила декілька разів, коли здавали нерви.

Терпіння, риба, терпіння — і все буде добре.

Садочок: «нарешті!» чи «нарешті?»

Мама віддає першу дитину в садочок. Баба плаче, просить маму залишити кохане дитя вдома. Клянеться-божиться, що буде глядіти й виховувати внучатко аж до інституту. Мама, зваживши всі «за» і «проти», зі щемом у серці приймає рішення, що в садочок вони все-таки йдуть.

Мить, м'яко кажучи, хвилююча, правда? Стільки важливих вимог і питань, які треба поставити. Які вихователі: вік, стаж, відгуки від інших мам, знак гороскопу, родословна, етнічне походження, за кого голосували на виборах? Практикують методику Монтессорі? Чи є стендфордський диплом у дитячого психолога? Нема?! Як нема?! Ну, таке собі завідєніє... Яка кількість дітей у групі? Кількість постійно сопливих дітей? Кількість дітей зі щепленнями і тих, хто купив довідку про їх наявність? Англійська? Німецька? Китайська? Мова жестів глухонімого ефіопського племені Мутурбрта? Чим побільше лінгвістичних знань для моєї найобдарованішої малявочки. Її треба тими знаннями начинити, як ковбасу перед Великоднем.

А по гуртках у нас шо? Танці, співи, малювання, макраме, карате, висипання картин бурштином, азбука Морзе? Усе найсучасніше і найнеобхідніше для мого любого вундеркінда.

І ще обов'язковою вимогою для нас є наявність у садочку власного контактного зоопарку з мадагаскарськими блакитними фазанами. Є? І басейна з дельфінами. І соляної кімнати. Скажіть, чим ви годуєте дітей? Шеф-повар проходив стажування у Франції? А ці яблука точно органічні? А молоко? Дайте номер телефону ферми, яка вам його постачає. Я хочу познайомитися з коровою особисто.

Моя дитинка просто так не засне. Треба, щоб ви їй чухали спинку, співали колискову, а ногою легенько вистукували ірландський степ, бо вона так любить, вона так звикла.

Нарешті, отримавши задовільняючі тривожну материнську душу відповіді, мамасіта веде своє чадо в групу. Прийшли — плаче, роздягає дитину — плаче, роззула — плаче... Віддала вихователькці, а таке враження, що гастролюючому цирку. Руки трусяться, почуття провини з'їдає зсередини. Серце калахкає, хочеться забрати кровиночку назад.

Наважилась нарешті вийти надвір. Стала раком і, ховаючись, підглядаєш у вікно знадвору, щоб побачити й оцінити ситуацію в групі. Угледівши своє дитя серед інших, почала хукати на скло й малювати пальцем сердечка, щоб зірочка знала, як ти її любиш. Прибиральниця матюком і шваброю відганяє від підвіконня. Їй ці захукані вікна потім мить.

Прийшла додому, ридаєш, позираючи на годинник. Рвешся забрати раніше. Баба, спустошивши всі запаси валідолу, завиває, здіймаючи руки до образів, бо «пустка в хаті без дитяти».

Нарешті час забирати нашу бубочку. Як вона там? А чи їла? А чи спала? А чи какала? А чи ніхто не ображав? А чи всі побачили красиві білюсільки колготи за 800 гривень, куплені спеціально для цього дня? Думки бомбардують материнську голову.

Дорогою в садочок зайшла в магазин і накупляла дитині кіндерів, шоколадок, іграшок і нові заколочки — щоб і вона, і всі в групі знали, як сильно мама скучила...

Мама відправляє четверту дитину в садочок. Баба плаче від щастя. Сказала, що думала, що не доживе до цього прекрасного дня. Божиться, що «робіть, шо хочте, більш глядіть не буду. Вони мене кончать. У мене тиск 200 на 140...».

Вимоги, питання — усе це здається мамі не таким і важливим. Вихователька є — і на тому спасібо. Що? Вона недавно свого чоловіка сковорідкою відгамселила і була за це затримана на три доби? Ну, шлюб — штука комплексна. А може, він заробив. Вона інколи матюкається? Вихователям прастітєльно, у них робота нервова. І взагалі, то не матюки, а спосіб вербальної релаксації. Прибиральниця садочка в дев'яностих відмотала строк за рекет і озброєне пограбування? Життя прожить — не поле перейти, у дев'яностих усі виживали, як могли. Хто ми, щоб судить? У групі всередині +15 — хай дітки закаляються, ми не боїмся. +30? Жар кості не ломить. У групі коклюш? Ми ризикнем. Вітрянка? Ми вже боліли. Ремонт не робився десять років? Грибок на стінах? Я прийду побілю! Які питання! Вапна, відро, щітка — все на місці.

Хочу попередити, що моя дитина їсть геть усе, тому ховайте від неї вазони. Проблем не буде, хіба лише в тих, хто спробує її під час трапези потривожить. Ви у вихідні працюєте? Нє? Шкода…

Привела… Садочок працює із 7-ї ранку. Матера зі спиногризом у всеготовності стоять біля дверей о 6:50, радісно смикаючи клямку, пританцьовуючи і щось наспівуючи.

Закинувши дитя в групу, не озираючись ні на мить, без зайвих слів мама швидко пре на вихід, так швидко, що аж підняла за собою пилюку і збила з ніг задуту від сліз новоспечену мамочку, яка стояла на дворі, вчепившись мертвою хваткою у підвіконня. Прибиральниця вже її відганяла від вікна, махаючи мокрою тряпкою. Матера подивилась на це і з посмішкою промовила: «Ну, ну…».

Прибігши додому, міцно обійнявши бабу, мама відкрила шампанське. З бабою на двох вдули цілу пляшку, щоб відсвяткувати цей чудесний день. Перша — за всіх мам, друга — за українські садочки, третя, традиційно, — за любов…

День промчався дуже швидко, бо «счастлівиє часов не наблюдают». Не поспішаючи, поважною ходою, одна з останніх, іде матера забирати дитину із садочка. По дорозі зайшла в магазин. Купила там банку горошку, туалетного паперу й шоколадку.

На порозі, при вході в садочок, без найменшого почуття провини мама зжерла ту шоколадку, а фантік викинула. «Комар носа не підточить», — подумала вона, витираючи рота й розпливаючись у щасливій посмішці, і зацьомала своє четверте золото, якого не бачила цілий день.

Оце сиджу і пальці загинаю, рахуючи, скільки років сумарно я маю справу із садочками. Виявляється, дев'ять років.

Перші тижні в садочку, звичайно, найтяжчі. Особливо, коли мале плаче. Особливо, коли вихователька змушена забирати його силою, а воно вчепилося тобі в халяву осінніх сапожок і верещить так, що пташки з дерев падають. То хєрня, що, зайшовши в групу, воно через хвилину про тебе забуде і гасатиме цілий день, відскакуючи від стін. Дитина дві хвилини поплакала й забула, а в тебе цілий день серце болить. Коли ж надходить час забирати малятко із садочка, ти приходиш і тихенько заглядаєш у групу, намагаючись побачити, що ж воно робить там без тебе, з ким грається, чим зайняте. Через щілину у дверях бачиш, як воно тягає якусь машинку, регоче й періодично жує рукави з кофти. Фух, усе добре. Щасливе. Ну, видно ж, що щасливе.

Але тут твоє золото уздріло, що матера здалеку спостерігає за його персоною, вмить насупилося, зробило мостик нижньою губою і давай знову волати, засопливившись по самого чуба. Вихователька виводить його тобі, ніяковіючи, і клянеться, що все ж добре було. І їв, і грався, і спав... Ці її клятви ти змушена читати по губах, бо дитина продовжує верещати, вражаючи децибелами.

У ті дні, коли ви прийшли в садочок без крику, ти відчуваєш себе супермамою. Навіть сонце надворі яскравіше світить, люди якісь гарніші ходять, і в душі лоскочеться таке приємне відчуття того, що ти все робиш правильно.

Таких днів стає дедалі більше, бо дитина звикає до нового середовища, обростаючи друзями, тому ти маєш нагоду роззирнутися й зрозуміти, що ж насправді відбувається і куди ви потрапили.

Познайомившись з батьками, узявши участь у декількох змістовних розмовах про воші, ставши свідком грандіозного скандалу з елементами голлівудського бойовика, який розгорівся на фоні вибору подаруночків під ялинку, ти окреслюєш дві крайнощі, у які схильні впадати мамасіти, і намагаєшся знайти своє місце серед них.

Перша крайність — це мама-з'ясувалка. Її улюблена тема — вичисляти, хто саме приніс соплі/кашель/гострики/коросту в групу. Вона, як Еркюль Пуаро, вибудовує логічні цепочки і зрить у корінь. Шукати винного — її кармічне покликання, і вона з ним справляється на «відмінно». Писати в чатах петиції на тему «Безсовісні батьки водять сопливих дітей у садочок. Коли це кончиться? Потрібно щось робить!» — також її коньок. При цьому вона ніколи нікого не вкаже на ім'я, бо трошки сцикуха. Зайобує всіх батьків рівномірно, але конфронтації з кимось конкретним все ж уникає. Ця людина завжди тримає руку на пульсі подій, щоб у потрібну хвилину запропонувати свою експертну думку, бо грамотна вона в усіх сферах, від дитячої психології до особливостей експериментального вирощення порічок у тундрі. Любить з'ясовувати, чому на ремонт здаємо по 200 грн, а не по 199. Чому жалюзі в групі не вертикальні, а горизонтальні? Чому на сніданок рисова каша, а не гречка? Жодного разу сама нічого не організувала, але всім хронічно незадоволена, бо «можна було б краще все зробити». Ця прекрасна дама готова радо вступить у рукопашний бій із трирічним Миколкою, бо він пчихнув на її Міланку. Напише про це у вайбері о 12-й ночі. Піде трусити бідну виховательку, бо головна роль на утрєнніку дісталася не її кровиночці, що апріорі несправедливо. Принагідно поцікавиться, у пасивно-агресивній формі, звичайно ж, чому носок Міланки був одягнутий навиворіт і де подівся стразік з доціної кофти. Десять разів напише про той стразік у чаті. Буде думати, що його вкрала та сама дитина, яка принесла в групу воші. Піде з'ясовувати, чому її доці після сну заплели хвостик, а не красівий колосок, бо привела вона її в садочок з колоском, і принагідно попросить бідну виховательку ще раз пошукати той довбаний стразік, який насправді Міланка сама ж ковтнула і давно викакала.

Друга крайність — це мама, яка приводить дитину з підозрою на вітрянку/коклюш/коксакі/лихоманку Ласса в садочок, бо сьогодні їй треба сходить на нагаточкі і рєснічкі. Морда кірпічом, девіз «Нічьо не знаю». Офіційно клянеться, хрест на пузі, що дитинка кашляє, бо по дорозі просто печенюшкою поперхнулася, і через мінуту воно пройде. Бреше в очі, навіть не переймаючись, чи їй хтось вірить. Цьому легендарному покемону до дупи все і вся, у неї завжди важливіші справи.

Є підозра, що така мама володіє гіпнозом, бо чим іще можливо пояснити той факт, що вихователька приймає її дитину з кашлем, як у туберкульозного в'язня житомирської колонії, без зайвих слів і запитань? Через двадцять хвилин, вийшовши з-під гіпнозу, вона намагається видзвонити цю «то лі дєвочку, то лі відєніє», щоб усе ж забрала своє дитя додому негайно, але вже дзвони хоч в рельсу, слухавки ніхто не бере, побачимся вєчєрком.

Вона неуловіма, як чорний месник, а бацили з її хати точно такі само небезпечні, як і його летальна зброя. І ніхто не дасть їй ради, бо за щасливим збігом обставин виявиться, що сія мамасіта — невістка брата завідувачки садочка, тому всі незадоволені, на чолі з вихователями, можуть поцілувать її в сраку.

Я довго думала, щó потрібно усвідомити, щоб триматися адекватного центру в цій системі координат, не впавши ні в першу, ні в другу крайність. Про що собі необхідно нагадувати щодня, ведучи й забираючи своїх дітей із садочка?

І дійшла висновку, що садочок — це не місце, куди я привела дитину, щоб та перечекала там день, поки я займаюся своїми справами. Я не хочу, щоб з восьмої години ранку і до шостої вечора моя дитина чекала на мене з думками «Ну коли вже мама по мене прийде?», вдивляючись в кожну морду, що втиснулася у вхідні двері.

Я хочу, щоб для моєї дитини садочок був тим місцем, де веселощі і дурощі (у хорошому розумінні) б'ють ключем. Мені абсолютно неважливе напічкання дитини знаннями до країв. Це відбуватиметься в школі. Мені важливо, щоб вона класно проводила час, пізнаючи світ і спілкуючись із друзями. Я хочу, щоб наприкінці дня моє дитя перло до мене, замурзане й розтріпане, розповідаючи, як сьогодні він будував ракету з гімна і палок, як побачив жука, як співав пісню. Я хочу, щоб він дивувався щоразу, коли чує: «Твоя мама прийшла», — бо так заграся, що й не помітив, як день пролетів. Я хочу, щоб садочок у згадках не був тією «обязаловкою», куди просто довелося ходити.

Так, звичайно, круті вихователі — це вже половина успіху. Я з великою повагою ставлюся до людей, які свідомо обрали цю професію і пов'язали своє життя з роботою з дітьми. Якби мені довелося працювати в садочку, то вже після першого тижня на посаді виховательки Катерина потрапила б спочатку в «ТСН», а потім і за ґрати, бо хтось стовідсотково викинув би в мережу відео, на якому вона з обезумівшим поглядом посилає всіх на хєр і душить якусь матеру дитячими колготками, тому що вона виносила їй мозок через плямку від борщу на прелестних біленьких ажурних дорогущих колготочках, бо через її неуважність і некомпетентність дитя заплямувало цей шедевр легкої промисловості.

Нема в мене терпіння на таких батьків, буду відвертою. Одягають своїх дітей у садочок, як до першого причастя, і чекають, що в такому самому вигляді їх і забиратимуть у кінці дня. Не отримавши бажаного, починають довбати ту бідну виховательку за кожну затягнуту ниточку, плямку на штанцях, пропалу заколочку завбільшки з мишаче око і шкарпеточку навиворіт. А потім по дорозі додому довбуть і дитину, бо та неакуратна, замазура, роздзява. З вашими, блядь, заколочками і стразіками, дами і господа!

Я переконана, що дитина, вийшовши із садочка, не має бути чистою, вона має бути цілою й щасливою. Плями на колінах від трави, на дупі від багнюки, на грудях від каші, на лиці від фломастера свідчать про те, що день минув недарма, що дослідження навколишнього світу триває, що контакт з ним відбувається. Саме тому всі речі, які одягають мої діти в садочок, усі іграшки, які вони вирішують туди принести, я автоматично вважаю потенційно загубленими й зруйнованими на віки вічні. Це питання не фінансових достатків, а надання своїй дитині можливості насолоджуватися дитинством, без переживання за якусь блядську курточку, кофточку чи сандалики. Я не вдіваю своїх дітей у садочок, як на весілля до багатих родичів. Я не купую їм нових футболок, бо на старих не відіпралась пляма. Брудні речі перуться й одягаються знову, навіть якщо їхній вигляд далекий від ідеального. Так, інколи мої сини схожі на жителів вокзалу, але, за іронією долі, саме в такі дні вони пруть мені назустріч з радісними криками: «Мамо, ти не повіриш, що я сьогодні робив!..» — і для мене це найбільший кайф.

Не можна вчити дітей берегти матеріальні речі (з яких, до речі, вони виростуть уже через пів року) шляхом внутрішніх моральних репресій. Саме тому навіть у часи безгрошів'я, відправляючи Артема в садочок, я чергувала під усіма секондами міста Рівне в дні завозу і набирала йому купу дешевих лахів, які він міг угандошувать щодня, насолоджуючись дитинством. Це стосується не лише одягу. Я завжди наголошую, що іграшки синів — це їхня власність. Якщо ти обираєш принести цю машинку в садочок, то сам пильнуй, щоб вона не канула в лету, бо ні я, ні тим паче виховroutine не будемо рачкувати і шукати пропажу. Це твоя зона відповідальності, саме твоя. Приніс її назад із садочка? Супер. Не приніс? Штош, співчуваю, ходи обніму і поцілую.

Хтозна, можливо, саме завдяки цій довбаній машинці, а точніше, моїй відмові від тероризування виховательки через її пропажу, у моєї дитини буде трошки менше шансів вирости тією людиною, яка у власних бідах завжди винить когось іншого. Не факт, звичайно, але ризикнути варто.

Мене страшно бісять дорослі, які приходять з дітьми на дитячий майданчик, і починається: «Аліса, там не сядь, там не стань! Аліса, не трогай пісок, на тобі ж нова курточка. Аліса, не лізь на гірку, там брудно. Аліса...». І стоїть та бідна Аліса, руки по швах, не ворушиться, як та лебідка з безе на весільному короваї. Дівчинка вся ясна і нарядна, у білій курточці, у білій шапці з баламбоном з єнотової сраки, у білих кросівочках, у світло-блакитних джинсах... Стоїть, як хуй на іменинах, слугуючи живим пам'ятником маминому самоствердженню, бо поки вона стоїть, її мама отримує купу компліментів про те, яка ж чиста, красива й акуратна її дитина.

А поряд бігають чумазі діти, граючись у доганялки, будуючи замки з піску, висипаючи його собі на голову, пробуючи на смак, міряючи глибину калюжі, з'їжджаючи з гірки...

У садочку Аліса також мусить тримати марку, тому поки діти гасають на прогулянці, вона стоїть біля вихователька, як солдат, і вони обидві стережуть нову Алисину спідничку від плям.

А потім, під час обіду, дитина капне на цей убьор супом і буде плакати годину, переймаючись, що мама насвариться. А з нею запереживає і вихователька, бо розуміє, що коли по Алісу прийде матуся, їй треба буде малювати всю хронологічну картину інциденту, виправдовуючи і себе, і дитину.

Я не раз була підневільним свідком таких розмов. Спочатку якось ніяково, і ти вдаєш, що нічого не чуєш, продовжуючи взувати свою дитину. Потім стає смішно від аргументів, якими оперує ця матера, в стилі «Ви хоч знаєте скільки воно коштує?». А потім стає страшно, бо ти чуєш, як мама шепоче дитині на вушко: «Як так можна було їсти? Прийдем додому, то я тобі покажу. Ніяких мультиків сьогодні...». Дитину карають за те, що вона дитина. За суп на спідничці, йобвашумать. Як це насадить на голову? Як?

А ця одвічна боротьба з батьками, що приводять сопливих дітей у садочок? Моє любіменьке. Пікає телефон. Відкриваєш батьківський чат у вайбері. Одна мама стабільно написує про відвідування садочку сопливими дітьми, яких вона бачить щоранку, приводячи свого Ромчика в групу, який до речі, через ось таких безсовісних ідіотів уже шостий раз за півроку хворіє на ГРВІ. Дві мамочки охотно піддакнуть, погоджуючись, що сопливі діти і їхні батькі — сволочі ще ті. П'ятнадцять мам мовчки прочитають і подумають: «Боже, яке йобнуте». Чотири мамочки проігнорують, бо воно їм до сраки, пиши хоч у міністерство. Два тати, прочитавши ці діалоги, швиденько видалять цей вайбер з телефонів. Вихователька прочитає і подумає, що пора їхать на Італію.

Від себе скажу, що я та мама, яка приводить сопливого сина в садочок. У наш садочок у Сан-Дієго діти з кашлем і нежитем ходять постійно! Бувають періоди, коли вся група так бухикає, як я в сьомому класі, вперше спробувавши сірі «Прилуки». Ніхто й слова не скаже. При цьому дітям дозволяється босими бігати по двору при +15, бавитися холоднющою водою, обливаючись нею з ніг до голови, їсти те, що впало на землю, качатися по піску...

О, ледь не забула, шок-інфа: діти в садочку сплять під кондиціонерами! Твій ангелик дрімає, а холодний кондиціонер дмухає йому просто в морду. Жесть? І гуляють дітки в дощ, навіть якщо забули парасолю й гумові чоботи. Просто мокнуть. Граються багнюкою, стрибають у калюжі, веселяться, регочуть і мокнуть. У 99,9 % випадків усе це відбувається без шапки.

Поки хтось підбирає щелепу зі сторінки цієї книжки, що впала від прочитаного, я скажу, що батьки, з якими мені доводилося пересікатись у садочку синів, вірять у колективний імунітет, дають йому можливість сформуватися та не шукають винного. Наприклад, два місяці тому в групі завелися воші. Мама, яка перша помітила «квартирантів» на голові своєї дитини, пише в батьківському чаті: «Дорогі батьки, сьогодні я знайшла на голові Джексона воші. Просто попереджаю, щоб ви були в курсі та вчасно вжили заходів, поки ця зараза не завелась і у вашій шевелюрі. Гарного дня!». Усі інші батьки: «Сенк'ю». Кінець. Завіса.

Так, звичайно, є й заборони на відвідування дитиною садочка. Сидите вдома, якщо у твого чада температура, сухий удушливий кашель, висипка по тілу, діарея, рвота. Логічні обмеження, шо, нє?!

Нормальним вважається, якщо дитина повернеться додому в чужій кофті чи трусах (і таке в нас буває), боса, у штанах навиворіт, розмальована фломастерами, зі слаймом на грудях... Чужі речі, які позичило ваше дитя, ви спокійно перете й повертаєте назад, із чистою совістю та без довбання мозку вихователям.

Такий підхід надзвичайно імпонує моїй душевній організації. Катерину одразу засмоктало в цю секту свідків здорового глузду і материнства без паніки.

І, як же в кожній секті, якщо попавсь, то хер вибере шся. Розумію, що я в ній навіки, остаточно і безповоротно. Приєднуйся! Як кажуть, «і тєбя вилєчат, і мєня вилєчат…».

«Катю, про які прогулянки під дощем ти блеєш? У нашому садочку дітям не дозволяється бігати. Бігати!!! Тому що впадуть, розіб'ють лоба, а відповідатиме за це вихователька. Їй до пенсії два роки лишилося, вона просто хоче дожить до того часу без нервотрьопки. Після того як один впливовий хер погрожував нашій Людмилі Петрівні судом, бо його син на прогулянці впав і зчесав коліно, усі діти гуляють надворі, як в'язні колонії суворого режиму, повільно й гуськом, намотуючи кола навколо майданчику. Не можна бігати, стрибати, з'їжджати з гірки…» — написала мені одна підписниця.

Я знаю, що таке зчесані колінка, набиті ґулі, подряпана спина, порізана стопа у дитини… А ще я знаю, що таке зламаний ніс.

Одного березневого дня сиджу я вдома, насолоджуючись компанією однорічного Юлисика, який, як завжди, жере щось з підлоги і довбеться в носі. Артем у школі. Гнат у садочку. Лунає дзвінок. Беру слухавку. Виховтелька Гната повідомляє, що сталося дещо неприємне. Діти бавилися надворі після сну, Гнат біг, спотикнувся і впав, приземлившись обличчям так-атак на сходи. Він сильно вдарив носа і, судячи з усього, зламав. Говорила це вона таким голосом, що здавалось от-от і сповзе по стіні.

Катерина, як же порядна матера, мчить у садочок, не відчуваючи під собою землі. Заходжу. Бачу Гната з носом Сосо Павліашвілі й розумію, що перелом є стовідсотково. Вихователі дивляться на мене зі сльозами на очах, перепрошують, що так сталось, і починають присягатися, що він просто біг і впав, його ніхто не пхнув, він ні через що не перечепився, просто спіткнувся... Руки в обох трусяться, голос тремтить. Гнат, який уже більш-менш, заспокоївся і стих у моїх обіймах, підтверджує історію.

А далі лікарня, рентген, і я бігаю коридорами, шукаючи туалет, бо від нервів мене завжди тягне до унітазу. Перелом підтвердили. Лікувалися ми знеболювальними й полуничним морозивом. Приїхавши додому, ми з чоловіком увечері ще й пляшечкою червоного підлікувалися, бо змарніли на нитку від тих переживань.

Через два дні Гнат повернувся в садочок.

Що ж я зробила з виховательками за те, що не вгледіли мою розпрекрасну дитину? Засудила? Вимагала звільнення? Обматюкала при всіх? Нє? Ну, хоч відвісила їм погляд зневаги, щоб вони його відчули аж десь під печінками? Ні. Я просто подякувала їм за ті дзвінки й електронні листи, які вони писали мені, цікавлячись здоров'ям Гната, поки він оклигував від падіння. Я повідомила, що ми з чоловіком не маємо до них жодних претензій з однієї простої причини: ми знаємо свою дитину. Ми його знаємо. Він бігає, скаче, ходить на голові, робить сальто в повітрі, стрибає з висоти під мої шалені крики « Гнате, не вздумай!»... У цьому весь він. Це наш Гнат.

«Катю, ото не ляпай. Добре, що все добре. А якби, не дай Боже, шо, то шо?» — задасться одвічним екзистенційним питанням хтось із читачів. Річ у тім, що оце «не дай Боже, шо» супроводжує наших дітей протягом життя. Можна сидіти вдома на дивані рівною сракою і гоп — «не дай Боже, шо» у формі ґулі на лобі. Можна спокійно йти по вулиці, тримаючи маму за ручку і гоп — «не дай Боже, шо» у формі розбитого ліктя. Можна наминать з дитиною смачнющі черешні, аж раптом гоп — і «не дай Боже, шо» у формі зламаного зуба... Але ж через подібне ми не вимагаємо від дітей, щоб ті припинили сидіти, ходити і їсти. Через подібне ми не записуємо себе в лави херових батьків, що недостойні мати будь-яку справу з дітьми. Саме тому перед тим як почати любити в голову вихователькок за розбите В РЕЗУЛЬТАТІ ДИТИНСТВА коліно, просто згадаймо, скільки разів наші спиногризи грималися, коли за ними дивилися саме ми.

Зрештою, ці всі синці, ґулі, подряпини забуваються. Також забуваються сварки батьків через збір коштів на ремонт, на подарунки вихователям до 8 березня, скандали через загублену туфельку від Барбі і колективну вітрянку, віртуальний мордобій у вайбері через розбіжності в поглядах на те, яким же має бути солодкий подаруночок під ялинку, бо в одних діти цукру не їдять, а у других без пів кіло «Ромашки» спать не ляжуть... А от утрєнніки в садочку не забуваються ніколи, особливо якщо про їх проведення ти дізнаєшся напередодні ввечері, о годині приблизно 21:00.

Для мами вечір — це пора, коли хочеться витягнути ноги. Для дитини вечір — це пора одкровень. Саме тоді вона згадує, що, виявляється, завтра братиме участь у концерті, на який треба вивчити три пісні, вірш і східний танець, а також принести поробку із сірників, сирників і 50 каштанів.

Ти на хвилину застигаєш у блаженному ахуї, а потім починаєш пригадувати, що саме про це тобі казала вихователька три тижні тому. «Хоч би не забути...» — тоді думала ти, йдучи із садочка додому, але потім твоє дитя закатало істерику і ти відволіклась, детально пояснюючи, чому ви не можете забрати цю бездомну ворону додому.

Пропоную разом перенестися в незабутню атмосферу дитячого свята в садочку.

«Свято осені»

Іра *залітає в хату*: Коля, тобі пизда!

Коля *аж підскакує*: Шо таке?

Іра: Ти якого хера мені не сказав, що у малої «Свято осені» завтра в садочку?

Коля: Та я цеє...хм... не знав.

Іра: Шо «не знав»? Шо «не знав»? Не прикидайся шлангом, я тебе прошу. Мені вихователька сказала, що тобі говорила два тижні тому, як ти малу забирав.

Божена: І пісіка дала!

Іра: І віршика дала. Правильно, доця. Коля, блять, де той віршик?

Коля повільно піднімає мужній стан з дивана і йде в коридор. Винувато шуршить по всіх кишенях. У цей час Іра розкладає на столі жовте листя, палки, каштани, шишки — усе те, що вони встигли назбирати в парку після садочка, шукаючи осінній реквізит і три рази вступивши в собаче гімно. Коля підходить до дружини й просовує їй пожмаканий вологий папірець, до якого прилипла шкарлупа від сємок.

ІРА: Боже, як зі сраки достав. Шо в тебе в тих карманах вєчно купа сміття? Свиня натуральна.

ІРА *пробігається очима по віршику*: Ну йобтвоюмать, на вісім рядочків! На вісім, сука, рядочків! Божено, коли ми маєм його вчить?

БОЖЕНА *починає плакати*: Я не хоцю пісіка.

ІРА: «Струсила грушка листя шерехке. Струсила і, зажурена, зітхає...» Оце я точно, як та грушка. Ви двоє мене доконаєте. Коля, сіюмінутно откривай вино! Я без градуса це не переживу!

КОЛЯ: А де штопор?

ІРА: В сраці! Доцю, хватить ревіть! Скажи «шерехке».

БОЖЕНА: Серехе...

ІРА: О, чуствую, перформанс буде то шо нада.

КОЛЯ *з кухні*: Знайшов! А де бокали?

ІРА: За образами! От включи мозгі хоч раз в жизні. Де можуть буть бокали, Колю? От де?

ІРА: Божено, повторюй: «Струсила і зажурена зітхає...»

З кухні чується звук биття скла.

ІРА: О, ти подиви! Нєбось те безруке таки найшло бокали. Боже, я вже не можу. Коли це кончиться? Візьми віника і замети зразу, поки ніхто в те стікло не вліз.

КОЛЯ: А віник де?

Іра мовчки пензлює на кухню і прибирає бите скло. Повертається і сідає на диван біля Божени, яка натягує колготи на голову.

Коля *приносить вино і подає Ірі*: Ірка, я забув сказать... Вихователька шось таке казала...

Іра: Коля, «шось таке» — то наші любодіяння. Ти можеш по суті говорить? Мені нема коли, ми віршика вчимо. Доцю, повторюй за мною: «Струсила груша...»

Коля: Малій на завтра костюм треба.

Іра пирскає вином Божені в очі й голосно закашлюється.

Перевівши дух, Іра: Божено, не плач, мама не хотіла. Іди витри бузю рушничком. *Повертається до чоловіка*: Який, блядь, костюм в час ночі, Коля?

Коля: Дупла.

Іра: Шо?

Коля: Дупла.

Іра: Дупла?

Коля: Да!

Іра: Пизда дрозда просто!

Коля: Нє, дупла.

В хаті западає напружена тиша. Іра витріщається в одну точку, періодично посьорбуючи вино вже з пляшки. Коля сидить навпроти, дивлячись на Іру. Божена качається по підлозі і намагається запхати в носа каштана.

Коля: Ірка, то ж не кінець світу. Шо ти оце журишся? Зараз щось придумаєм. Я поможу тобі з костюмом. Божена хай шо-небудь з того листя склепає...

Іра: Ой, з костюмом він поможе, кутюр'є хєров. Тобі Версаче часом не родич який, нє? Мийте ласти і лягайте спать, не кумарте. Я сама все зроблю.

Коля: А подєлка для дисплея? То ж Божена має сама робить.

Іра: Ага, сама! Пам'ятаєш вона тобі на День батька композицію з пластиліну принесла в подарок? Ти ще возмущався, чого діти в садочку хуї ліплять. Пам'ятаєш? Так от, лопух ти, то була гармата! А зараз представ, шо вона сама на завтра може наліпить.

Коля: То який смисл тоді цих свят, якщо батьки все за дітей роблять?

Іра: Ой, пани мої дрібнесенькі, а воші, як биб. Як ми заспівали! Які слова ми знаєм! «Смисл»! Як для людини, яка в пакеті з пакетами сама пакета не знайде, ти дуже багато пиздякаєш. Ідіть мостіться, ще раз кажу. Божено, перестань жерти зубну пасту! Знов срачка нападе. Шо це за дитина, я не знаю. Колю, іди почисть їй зуби!

Ніч для Іри була довгою і неспокійною, але на ранок костюм був готовий. Подєлка (двох'ярусна композиція з водоспадом із пофарбованого моху, оленями із шишок та жолудів, що схилились і п'ють джерельну воду, та парящей над ними совою з кленового і дубового листя) також чекала на столі.

Прийшовши в садочок та поставивши сей шедевр на дисплей, Іра почала оглядати роботи інших діток. Одразу видно, що ті всі 4D-аплікації, Мона Ліза з жолудів і лісова хатинка з підсвіткою та робочим водопроводом — діло рук чотирирічних дітей. Не група, а зборисько самородків просто!

Нарешті почалося свято. Божена у своєму костюмі стояла і їла кози, чекаючи черги, щоб розказати віршик, який вона, єстєствєнно, забула, бо не знала. По костюмах інших дітей (білочка, листочок, морковка, грибочок. . .) Ірка поняла, що її сім'ю вихователька недолюблює, раз дупло дісталось її Божені. Сама вихователька ж, у костюмі золотої осені, монотонно читала сценарій, показуючи всім видом, що краще б вона коротала свій час на клубніці в Польші, ніж тут, серед цього прекрасного бомонду. Один-єдиний тато Петі радісно та жваво кружляв серед натовпу, нашіптуючи батькам на вушко, щоб подєлки з гарбуза не вздумали викидати, бо він їх поросятам забере.

Я знаю, що садочок — це новий важливий етап у житті кожної сім'ї, а все нове може інколи лякати. Проте, якщо батьки зуміють вчасно змиритися з думкою, що всі діти хворіють на ГРВІ, падають і набивають ґулі, брудняться, як ноги в полі, ловко підхоплюють воші, вітрянку і слово «блядь», уперше почуте від Тимофійка, то цей новий досвід може стати просто чудовою пригодою як для дитини, так і для мами з татом. А якщо навчитися «блокувати» тих притрушених, які засрали тобі всю переписку у вайбері, бо ще й досі не можуть знайти стразіка від кофтинки, то якість життя виходить на новий вищий рівень. Пам'ятай, що здоровий похуїзм врятував уже не одну матеру.

Усе буде добре.

Школа

Той день, коли мій старший син пішов у школу, був одним з найемоційніших у моєму житті, бо всі ті підготування стимулюють приступ ностальгії. Усе починається зранку, коли ти розплющуєш очі й розумієш, що почалося... А потім ідеш на кухню готувати сніданок, дивишся на своє дитя, яке смикає портфеля в передчутті нового етапу його життя, й усвідомлюєш, що він подорослішав. Буквально за одну ніч.

Ти смажиш те яйце, яке він, паразіт, звичайно ж, відмовиться їсти, а сама згадуєш свій перший клас з усіма його чудесними (і не дуже) моментами.

Усе починалось із закупів до школи, на які витрачалося стільки грошей, що можна було маленьке весілля відгуляти і Горбунова взяти тамадою. Всі ті зошити в косу лінійку, альбоми для малювання, фарби, олівці, пенали, пластикові обгортки на книжки й ознака буржуазії — ручки гелеві. Перший шкільний рюкзак, темно-синій, з черепашками-ніндзя. Його, як і першого ліфчика, ти не забудеш ніколи.

Мама будить вранці. Встаєш і йдеш умиватися. Снідаєш солодким чаєм з грінкою. Поки мама скубе тобі коси, заплітаючи в них величезні білі банти, бабуся копошиться в клумбі, вирізуючи айстри на букет учительці. Біла блузочка з дивними розочками на булавці, червоний сарафан і капронові колготки — все як годиться, все як у всіх.

Ідеш у школу. Іти далеко, хвилин 45. Перший дзвоник. «Чому так холодно? Чому цей дядько так довго говорить? Скільки нам тут ще стоять?» — думаєш ти, слухаючи промову директора, періодично перемикаючи увагу на джмеля, що літає над твоїм букетом.

Нарешті закінчилось. Усі рушили всередину школи. Заходите в клас. Учителька розсаджує вас за партами. Ти хочеш сидіти за першою партою середнього ряду, з ось тією симпатичною дівчинкою в рожевій кофтині, але опиняєшся на передостанній, з якимось стрьомним хлопчиком. Хлопчики, до речі, всі здаються тобі стрьомними. На дошці щось написано, але ти не вмієш читати. Батьки кучкуються позаду, біля вішаків.

Учителька починає свій перший урок цього навчального року, розповідаючи про себе, про школу, про те, що необхідно принести завтра на перший повноцінний день навчань, і про «Україна — рідний край». Ти концентруєшся на тому, щоб запам'ятати лише її ім'я, бо решту запам'ятає ж мама.

Помічаєш, що якісь дівчатка вже роззнайомилися між собою й активно перешіптуються. Ти ж сидиш біля того стрьомного хлопчика, який, якогось фака, так мотиляє однією ногою, що замазав тобі новенькі білі колготки. «Дурне якесь», — думаєш ти, відсовуючи крісло подалі.

Урок закінчився. Люди потоком ринули на вулицю, підхопивши тебе й маму і обтоптавши вам ноги.

Ти думаєш, що вже всьо, а ніт. Час фотографуватись. Якийсь вусатий дядько тицяє тобі в руки «Буквар» і три штучні червоні троянди, на яких виблискують краплинки пластмасової роси, і просить усміхатися. Мама, метушась, поправляє тобі пейси, що вилізли з бантів. Ти дивишся в камеру «мильниці» і починаєш либитись якось дивно і трошки перелякано.

Час для традиційного колективного фото на сходах школи. Учителька посередині. Фотограф виставляє та переставляє дітей, формуючи ідеальну картинку. Дівчаток ставлять у нижчий ряд, хлопців — на сходинку вище. «Так, ти, — показує пальцем на тебе фотограф, — піднімайся в другий ряд і ставай разом з хлопцями. Ти дуже висока. Закриваєш собою інших дітей на фото, тому швиденько на задній план».

Привіт, перший зароблений комплекс! «Я висока...» — повторюєш ти подумки, піднімаючись на ту одну блядську сходинку. «Я висока! Чому мені мама про це не казала? Я не хочу бути високою!» — продовжуєш ти. Піднімаєш очі, з радістю обнаружуєш, що у хлопчачому ряді вже стоїть одна «дилда», тому ти не будеш єдиною, ти будеш другою. Дивишся на цю дівчинку, яка так само не розуміє, чому вона не може стояти біля вчительки, як решта дівчаток, і думаєш: «Будемо дружити».

А потім мама веде тебе додому і по дорозі купує морозиво на палочці «Каштан». Ось це найприємніша частина цього дня. Ти чеберяєш у тих нових тухликах, які трохи труть, бо ще нерозношені, намагаючись кусати той шоколад з морозива так, щоб він не летів на нову білу блузочку. Мама ж у цей час відволікає тебе розповіддю про завтрашній навчальний день аж із трьома уроками, готуючи доню до неминучого. А ти шо? А ти ідеш, облизуючи руки, на які потекло розтале морозиво, і думаєш, що якщо мама купуватиме «Каштан» щодня, то в ту дурну школу можна все-таки й походить. Наступного дня дідусь везе тебе по науку на ровері. Закріпивши прищепкою одну калошву штанів, щоб та не плуталася в цепа, дід посадив тебе на раму і почав жваво крутить педалі. Їдеш, ділова, вітер морди колихає, обганяєш однокласників, які чешуть пішки, і думаєш: «Як добре, що в мене є дід, а у нього є ровер».

Приїхали. Дідусь зсадив тебе з рами, вручив портфеля в руки, почекав хвилину, щоб переконатися, що ти зайшла в клас, а не блудиш по школі, як та мара, і поїхав додому.

А в класі шум і гам. Хтось плаче від розлуки з мамою, хтось скаче, як дикий бабуїн, а ти чухаєш затерплу від їзди на рамі дупу і намагаєшся повісити свого рюкзака на гачечок збоку парти.

Повісила. Сіла. Спина рівно, руки склала одна на одну так, як учора показувала вчителька. Поки чекаєш початку уроку, візуально ділиш парту навпіл. Ти не хочеш, щоб той стрьомний хлопчик ліз на твою половину. І взагалі, чому одних дівчат посадили з дівчатами, а інших — із хлопцями? Це несправедливо. Бачиш «дилду» і радісно їй усміхаєшся. От з нею ти хотіла б сидіти за однією партою. Сьогодні точно наважишся підійти і запитати, як її звати.

Вчителька заходить у клас. «Добрий день, дітки!» — вітається вона. «Доб-рий день!» — відповідають ті, розтягуючи слова, як батюшка на всеношній. Вона просить вийняти зошити в косу лінійку і ручки. Будемо вчитися писати похилі лінії.

І ти пишеш, стараючись тримати ручку правильно, а спину — рівно. Учителька ходить поміж рядами парт, заглядаючи у зошити учнів. Зупиняється біля тебе, бере твої писання і показує всьому класу. «Ось подивіться на цей зошит. Як усе чистенько й рівненько. Молодець!» — заявляє вона на весь клас. Почувши це, два хвости на твоїй голові стають дибака. Діти обертаються на ту передостанню парту, щоб побачить, хто ж там такий безподобний сидить, а ти всміхаєшся сама до себе, любуючись тими палочками у власному зошиті. Тебе переповнює почуття гордості, настільки велике, що в портфель не влізе. Спорим, що після цього «дилда» перша підійде до тебе знайомитися?

Учителька проходить далі, зупиняючись біля хлопчика за другою партою середнього ряда. «Ні, неправильно. Пиши акуратніше. Ти почав не з того рядочка», — звертається вона до однокласника, який навіть голови не піднімає, бо найбільше хоче в цю мить просто вгрузнути в крісло, розчинитися, стати невидимим.

Ти дивишся на це і розумієш, що не хочеш бути на його місці. Ніколи. Точніше, ти боїшся опинитися в такій самій ситуації, зробити помилку, не відповідати рівню, бути гіршою.

Саме тому ти розплачешся, вперше побачивши виправлення червоним чорнилом, які залишить вчителька у твоєму зошиті. Ти вириватимеш цілий аркуш домашньої роботи, який уже списала до половини, бо зробила помилку, бо неідеально, бо краще переписати, почавши спочатку.

Тебе страшно дратує той факт, що вас змушують іти в шкільну їдальню на обід по парах і тримати одне одного за руки, бо йти тобі зі стрьомним хлопчиком, у якого, до речі, на руці велика бородавка. Весь дискомфорт забувається вмить, щойно ти пригубиш солодкого шкільного чаю, запхаєш у рота котлету, в складі якої 20 % м'яса і 80 % хліба, і гризнеш батона з яблучним повидлом. Дивно, але ці смакові комбінації запам'ятовуються на все життя.

У тебе є багато друзів-дівчат. Сьогодні твоя найкраща подруга Іра, а завтра — Надя, а післязавтра вони обидві з тобою не говорять, падлюки такі, тому аж на цілий тиждень ти душею прикипиш до Олі. Ти намагаєшся розібратися в цій концепції дружби, але воно якось так усе заплутано, що хер поймеш.

З хлопцями легше. Він потягнув тебе боляче за косичку, закинув твою стирачку за вєшалку, сказав, що ти «дура ушата», угатив тобі кулаком у живіт — усе, значить, любить. У голові в тебе ця логіка не в'яжеться аж ніяк, але дорослі так говорять, а їм завжди видніше.

Ти, згадавши власний досвід, починаєш хвилюватися. Ти не хочеш, щоб твоє дитя було тим, хто вгрузає в стільчик, бо його зошит недостатньо охайний, тим, хто смикає дівчат за коси, демонструючи «любов», тим, чию руку гидує брати дівчинка по дорозі до їдальні... Ти переймаєшся глобальним: чи увіллється він у колектив, чи почуватиметься комфортно, чи знайде друзів, чи зможе відстояти власні кордони, якщо буде потрібно. Ти переживаєш за насущне: чи попроситься вчасно в туалет, чи не забуде помити руки, чи не запаментає защібнути ширіньку і не стане посміховиськом серед однокласників.

Не бійсь! Передусім адекватно оціни готовність дитини до школи. Ні, я не про вміння читати, писати й розповідати про погоду трьома іноземними мовами. Цього нехай навчають учителі, поможи їм, Боже. Я про моральну готовність, уміння витримувати розлуку з батьками, концентрувати увагу, розподіляти внутрішній ресурс та й, зрештою, самостійно і впевнено обслуговувати себе в туалеті.

Ми женемося, як дурні, за тими академічними показниками, вдаючи, що лише вони мають значення. Ми будемо примушувати дитину читати по десять сторінок у день, не зважаючи на її сльози і повну відсутність власного педагогічного таланту, лише для того, щоб при нагоді виїбнутися перед колегою, сказавши: «Мій Павлик, ідучи в перший клас, уже читав. Ніцше. В оригіналі». Нащо?

Я, знову ж таки, відмовляюся брати участь у цій мамській гонці. Уже якось без мене, дівки. Потім маякніть, хто там виграв, чия дитина найкраща, коли нагородження і заслужена попойка в честь переможців. Прийду на могорич, але змагатися не маю бажання.

Я вважаю, що найголовніше в школі — зуміти закохатися в сам процес навчання, бо це одна з тих любовей, яка, ставшись, триває все життя і допомагає крокувати в ногу із сучасним світом.

А для цього потрібно просто пояснити дитині (і нагадати собі) що:

Помилок не варто боятися. Їх не уникнути. Без них процес навчання та засвоєння знань неможливі. Ми ж у школу за цим і прийшли, за знаннями, чи якого милого? Використовуй помилки як платформу, від якої відштовхуєшся, щоб злетіти вгору, а не як тягар, що тягне вниз. Пробачай собі їх наявність. Не дозволяй страху перед ними змусити тебе відмовитись від шансу спробувати.

Учителька — звичайна людина, і не треба її канонізувати. Так, вона навчає діток. Це тяжка робота. А ще вона їсть, п'є, ходить у туалет, любить, ненавидить, втомлюється, знає слово «блядь» і, як і кожна людина, інколи помиляється.

Я сама, будучи малою, вважала, що вчителі — це якісь надлюди, оповитті вуаллю таємниці. Повага до них межувала зі страхом, з бажанням завжди подобатися та із залежністю від їхньої похвали й прийняття. А потім мені довелося стати свідком того, як одна з педагогів нашої школи волокла додому свого випившого судьбоносного, періодично штурхаючи його в плечі та обзиваючи чоловічим статевим органом. Ситуація дурна — життєвий висновок безцінний, бо в ту мить до Катрусі прийшло розуміння, що вчителі — живі люди. І так стало легко і приємно. Бажання сподобатись та залежність від їхньої думки поступово відсіювались, а от повага залишилася.

Саме повага повинна бути основою стосунків між учителем і учнями. Учителі не мають на неї монополії, тому повага мусить бути взаємною. Діти також мають на неї право, і це право не треба заслужити. Воно першопочаткове.

Оцінки — це не вирок, не характеристика, не гарантія успіху. Усі ми, напевно, колись вважали, що відмінники — це хороші, чемні, дружні, старанні, привітні діти. Така собі світла сторона класу, вершки в слоїку домашнього молока. І ти так хочеш належати до цього кола, аж пердиш. А потім «ляп штанями об дорогу» — і хтось із них зачиняє тебе в туалеті, демонструючи своє прєвосходство. Ти волаєш там пів години, аж поки прибиральниця не виявить тебе серед обдєланих унітазів. Надважливий життєвий урок засвоїла вмить: оцінки ні про що не говорять.

Через трохи, для закріплення матеріалу, життя підкидає тобі ситуацію, в якій ти стаєш свідком, як однокласник Миколка, який в двійках, як Лукашенко при владі, тобто постійно, стає єдиним, хто заступився за друга, коли його почали втрамбовувать у стіну старші на штири літа бугаї.

Крім того, що оцінки не характеризують тебе як людину, вони ж і не мають нічого спільного з успіхом. Цей урок буде закріплений уже після школи, коли ти дізнаєшся, що Миколка став крутим бізнесменом, має сім шоурумів житомирських шкарпеток, об'їздив пів світу і зараз рятує від вимирання черепах на Галапагоських островах, в той час, як відмінницямедалістка-червонодипломниця Таня, яка свого часу закрила тебе в параші, стала #щасливадружинасвогочоловіка і #щасливамамасвоїхдіток та цілком і повністю присвятила себе написанню хейтерських коментарів у стилі «щоб ти здохла» в соціальних мережах.

Оцінка — це, всього-на-всього, показник. Інколи це показник прогресу, інколи це показник старанності, а інколи це показник настрою вчительки, бо що? Правильно, бо вона — жива людина.

Допоможи знайти «своє». Я йшла в школу, як чистий аркуш, тому знання почала поглинати швидко і спрагло, як поглинає животворящу чекушечку алкоголік Валєра під стінами легендарного і широковідомого у вузьких кругах кафе «Міраж» (Гоща, прівєт!).

Проте «недовго в клюбі були танці, бо поломили патіфон» і любов до книги закінчилась, так і не наставши, одразу після прочитання моєї першенької. Правду кажуть, перший раз не забувається. Бабуся мене змусила. Я противилась, пояснювала, що ця не подобається, що почну читати будь-яку іншу, але моя ба була невблаганною, бо «як це книга може бути нецікавою? Не лінуйся! Читай!».

Книга, як зараз пам'ятаю, була про козака, який шукав щастя, а в цьому йому помагала говоряща кобиляча голова, яку він знайшов у ямі, ідучи вкраїнським полем світ за очі. Назви цього «шедевру» не згадаю (видно, така захисна реакція мозку — забути, кібенімать, цей травматичний експіріанс), та суть вам коротенько гладдю вишила. Ілюстрації відповідали змісту.

На той час мені було лише 7 років, але я бігом докумекала, що зілля кролям рвать куди цікавіше, ніж бороздіть літературні океани. Після першого читацького досвіду вся шкільна літературна програма мені була не в радость, а оті «списки літератури на літо» взагалі до самої спини.

Було так до того моменту, аж поки, років так у 12–13, мені не потрапила в руки книга «Лобо — володар Курумпо» Ернеста Сетон-Томпсона. З перших сторінок я поняла, шо то воно, і вчепилась у неї, як корова в цебра після спекотного дня. Прикипіла, якщо одним словом. Як я переживала за того вовка! Як я плакала в кінці! Я так за утопаючим Лео в «Титаніку» не побивалась! Я так за Пчьолой, Філом і Космосом з «Бригади» не плакала! Я не могла уявити, що книга може викликати стільки емоцій. Саме тоді запухша і схлипуюча Катерина, намотуючи соплі на кулак, впустила любов до літератури в своє серце.

Саме тому я не силую своїх дітей читати, а просто чекаю, коли вони знайдуть «свою» книгу. Артем її знайшов. Збірка Джеффа Смітта «Кості» покорила його серце. Який це кайф чути «Мам, можна я сьогодні пізніше спати ляжу? Я дуже хочу дочитати...». Гнат «свою» ще шукає. Я йому допомагаю, обережно пропонуючи варіанти.

Права на дитинство не можна позбавляти.

Уяви! Школа, стандартний набір: читання, писання, математика, англійська, природознавство. Гуртки: художня різьба по дереву, квілінг, сучасні танці. Музична: фортепіано, сольфеджіо, хор. Спортивна школа: волейбол, гімнастика, джиу-джицу. Багато? Ну, дитиною ж треба займатись, її треба розвивати по-максимуму.

Питання: а коли ж цій максимально розвинутій дитині гатить прутом кропиву, лазить по деревам, будувать халабуди і рятувать бездомних цуценят? Коли ж насолоджувати дитинством? Як втиснути його в цей щільний графік? Скільки можна пічкати дитя уміннями? Де ті межі, коли досить?

А потім випадково виявиться, що матера цього самородка все життя мріяла стати музикантом і віртуозно володіти лобзіком. Совпаденіє? Не думаю. Найми собі того репетитора з гри на фортепіано, Свєта, і не ганяй дитину, як Марка по пеклу. Її шкільні роки — це не марафон з реалізації твоїх забутих мєчт!

«Мамо, ти вже відучилася. Тепер моя черга»

Пам'ятаю перший шкільний проект Артема. Йому потрібно було намалювати певну кількість різноманітних фруктів, вирізати їх і приклеїти на плакат, створюючи математичний фруктовий салат. Одним словом, якісь дивні приклади з клубніки і поричок.

Доки я споглядала, як син малює, вирізає і клеїть ту «красу», ледь крововилив не злапала. Усе криве, косе, задрипане. А моя ж душа просить, щоб усе було в кращих гощанських традиціях, тобто красіво. Тут треба підправить, там треба підтерти. Хочеться, щоб люди подивились на роботу твоєї дитини і ахнули, затремтівши в екстазі захоплення.

Хвилинне помутнєніє розуму, і ти не зогледілась, як уже сидиш з ножицями і обаяніем Фредді Крюгера, сама вирізаючи ті апельсинки-малинки, а твоє дитя дивиться на тебе очима повними сліз і не розуміє, чому ти заважаєш займатися тим, що йому подобалось, тим, що він придумав сам, тим, чим він дуже пишався, допоки ти не влізла зі своєю експертною думкою і «красівим» баченням його проекту.

І вмить стає так соромно, бо ти розумієш, що це не про допомогу дитині, а про присвоєння собі його перемоги. Ти, здорова кобила, не знайшла кращого варіанту самореалізації? Згадуєш, як сміялась з поробок у садочку, виконаних батьками за дітей, а сама що? Вибачаєшся, віддаєш ножниці і клянешся, що допомагатимеш лише тоді, коли він сам попросить.

Драми не уникнути

Згадай себе. Як мліло серце, коли ти дивилася на однокласника Сергійка, а він писав на парті слово на букву «Х» і мило тобі посміхався. Ти ділилася з ним пирожком і думала: «Ось вона любов», радіючи що у дев'ятирічному віці зустріла того, за кого вийдеш заміж. Більш можна не шукать, вот он принць.

Прозріння не змусило себе довго чекати, і вже на День всіх закоханих ти зрозуміла, що Сергій тобі не судьба, а Людка тобі не падружка, тому що, поки ти даремно будувала грандіозні плани на майбутнє, вони взяли і обмінялись валентинками. Ех, серце дівоче вдрєбезги...

Минули роки. Ти не можеш пригадати рис обличчя того сєрцеєда, але добре пам'ятаєш відчуття пустоти і образи, незважаючи на те, що любовний трикутник приключився досить рано, в третьому класі.

Саме тому я нагадую собі не обезцінювати почуття дітей. Я хочу бути тою мамою, яка розуміє, яка чує, яка не насміхається, яка не соромить тебе фразою «розкажи-но тьоті Лесі, кого з класу любиш. Ну розкажи! Ти ж мені розказував».

Недавно мій старший син, якому майже 12 років, по дорозі зі школи додому зізнався мені, що йому подобається дівчинка з класу. Подробиці історії достойні екранізації: він подобається їй, вона подобається йому, але «коваль ногу кує і жаба свою тиче» — на арені з'являється його найкращий друг... Сюжет захоплюючий, не дать не взять.

Син активно жестикулює, вдаючись у найменші подробиці, а я в цей час слухаю і думаю лиш про одне:

«Як добре, що він розповідає це мені. Як приємно, що в цьому ніжному і трішки йобнутому віці я являюсь для нього тією людиною, якій можна і, головне, хочеться відкрити найпотаємніше». Я дихаю через раз, боючись ляпнути якусь дурню, боючись втратити цей зв'язок, боючись загубити якусь важливу для нього деталь.

«Мені здається, я не готовий до серйозних стосунків» — підсумовує він і дивиться на мене, чекаючи відповіді. І я розумію, що рефлекторно мені хочеться розсміятися і бовкнути щось типу «Які стосунки? Ти ще гімно мале!», але я ловлю ці слова на півдорозі і не дозволяю їм вирватись.

Я розумію, що це стандартна відповідь людини, покоління якої (як і ті, що були перед ним), виросло всіляко знецінюючи дитячі почуття, бо лише дорослі мають на них патент.

Усвідомлюючи це, я кажу собі «стоп» і відповідаю словами, які б сама хотіла почути в його віці, звертаючись, як до рівного: «Не готовий? Почекай. Ти зрозумієш, коли прийде час, не переживай. А я завжди буду поруч, якщо ти захочеш поговорить про любов, про дружбу, чи просто уточнить, де носки».

Син сміється. Я собою пишаюсь. Носки як завжди в другій шухляді його шафи, але він про це не знає.

Ти не мусиш усім подобатися. Якби я була вчителькою, то починала б із цього свій перший урок. Перефразовуючи мудру фразу, автора якої я не запам'ятала, хочу повідомити, що люди, які нас оточують, поділяються на три категорії. 1. Ті, що нас любитимуть, що б ми не робили. 2. Ті, що нас не любитимуть, що б ми не робили. 3. Ті, яким на нас насрать з високої гори.

Тому не треба очікувати від своєї дитини дружби з кожним однокласником чи абсолютної синергії з кожним вчителем. Не вимагай цього! Головне, щоб твоє дитя завжди знало, що ти, матера, завжди в тій першій категорії. Ти та, яка любитиме, незважаючи ні на що. Маючи впевненість у цьому, дитині набагато легше пережити моменти, коли життя стикатиме її з людьми категорій 2 і 3.

Знаходь час слухати свою дитину

Зізнаюся чесно, це шмат роботи. У 80 % випадків ті діти несуть таку хрінь, що не насадить на голову, про Майнкрафт, Сабнотіку, ютубера Спайкейка, нерфгани і породу морської свинки, яку купили однокласнику. Ти в тому не розбираєшся взагалі, тому відповідаєш стандартним «ага», «нічого собі», «та ти що», імітуючи інтерес і всіляко демонструючи, що слухаєш, що завжди знайдеш на це час, що для тебе ця тема надцікава. Всю цінність цих розмов ти осягнеш, коли між Майнкрафтом і Спайкейком почне проскакувать щось дійсно важливе, наприклад, розповідь про сварку з другом, чи різкий коментар від вчителя, чи конфлікт зі старшекласником, чи бійку на уроці фізкультури...

Ти розумієш, що маєш доступ до тієї інформації, яку кожна мама хотіла б знати вчасно, щоб мати змогу підтримати, допомогти, захистити, підказати, застерегти. Але, на жаль, не кожна має таку нагоду, бо в ті часи, коли її дитя хотіло розказати про якийсь задрипаний Майнкрафт, у неї не було ні часу, ні бажання слухати.

Скільки раз дитина може тягнутись до тебе й чути відмову перед тим, як усвідомити, що мамі це нецікаво, що мама зайнята, що у неї свої справи? 10? 20? 30?

Слухати своїх дітей, знаходити час, щоб слухати — я вчуся цьому щодня, я постійно про це собі нагадую, бо вважаю, що ніяка школа, з усіма її викликами, конфліктами, розчаруваннями, поганими оцінками, упередженими вчителями, поразками, перемогами, дружбою і любов'ю, вам не страшна, якщо ти розумієш, що твоя дитина завжди з тобою ділиться.

А от страшно — це коли школу закривають, на карантин, наприклад. Мушу зізнатись, що ніщо так не вплинуло на усвідомлення важливого значення шкільної освіти в житті людини загалом і моєї сім'ї зокрема, як той дурний коронавірус.

«Ото, як маєш, то не цілуєш...» — повторювала подумки я, намагаючись вчасно вмикати Zoom, переконуватись, що мої діти не просто п'яляться в екран комп'ютера по 6 годин на день, а й уважно слухають, що з того екрану розповідає вчителька, просити, молити, пропонувать хабарі, щоб ці спиногризи, хоча б як-небудь, повчили уроки, і паралельно слідкуючи, щоб не підгоріло м'ясо, яке вони, до речі, зжеруть за три хвилини, а через п'ять будуть ловить мене по хаті, з одвічним «Мама, шо є їсти?».

Рік такого життя. Рік! Читала, я вище писала, що вчителі — звичайні люди? Читала? Ото забудь, бо вони святі. Крапка.

Всім батькам, що пережили навчання онлайн, залишившись хоч при сумнівній, але клепці, присвячується.

Дистанційне навчання.

Батьківський чат у вайбері.

Учителька: Доброго ранку, батьки! Домашнє завдання на сьогодні:

- ☑ Прочитати і переказати оповідання «Як білочка й їжачок ходили до сімейного психолога», с. 43–64. Виписати основні тези.
- ☑ **Математика**: всі приклади і задачі зі сторінок 83–124.
- ☑ **Природознавство**: не забуваймо вести журнал погоди! Прохання не лише відмічати опади, а й вказувати їх кількість і точну годину, напрямок та силу вітру (вимірювати, облизавши пальця та виставивши його у вікно), а також зробити глобус з папьє-маше і відмітити на ньому всі столиці світу.
- ☑ **Англійська**: написати твір на тему: «Economical problems in the third world countries».
- ☑ До речі, учитель музики передає привіт і просить записати відео, на якому ваша дитина співає партію з «Аве Марія».

Мама Віті: Люди, ви ж в курсі, що наші діти в другому класі! Який глобус? Які тези? Яка Марія? Ви подуріли?

Тато Васі: Ідіть на хуй!

Мама Тані: Хамло! Не дивно, що ваш Вася весь час на дітей плюється! Моя Танюша все виконує з задоволенням. Оскільки через карантин вона не відвідує уроки фехтування і макраме, карате і танці, в неї з'явилося багато вільного часу, тому задавайте ще щось для додаткового опрацювання!

Мама Злати: Усе! Моя домашня школа закривається. Я завтра виписую своїм малим дятлам дипломи і буде випускний. Видаліть мене з цього дурного чату.

Мама Петі: Хто вже читав те оповідання про білку і їжака? Що той сімейний психолог їм порадив? Бо я зі своїм Олєжкой розведусь скоро. Ми вчора ледь не побились через ці грьобані уроки. Цей валянок не знає, що в прикладі спочатку виконуємо множення, а тоді додавання, якщо додавання не взяте в дужки!

Мама Олі: А я, наприклад, не розумію, чому не можна всіх дітей закрити на період карантину в школі? Я б з радістю їм 4 рази на день носила їсти.

Мама Петі: Підтримую!

Мама Віті: Підтримую!

Мама Тані: ♀ ♀ ♀ дурний жарт! Надворі гуляє страшний вірус! Невже ви ризикнете здоров'ям ваших дітей?!

Мама Олі: У мене шестеро дітей. Я готова ризикнуть всім! Чоловік почав у магазин ходить без маски і просить людей покашляти на нього, в надії, що захворіє і його покладуть в лікарню, подалі з цього дурдому. І знаєте що? Я його навіть не засуджую!

Вчителька: Мама Олі, ще раз прошу, перестаньте підкидати ваших дітей на поріг школи, а сама бігом втікать. Від цього директор наш навчальний заклад швидше не відкриє!

Мама Каті: Шановні батьки, візьміть до уваги методику, яка допомагає мені знімати стрес в цих екстремальних умовах: щовечора я випиваю бутилку вина, самоізолююсь в шафу і кричу в подушку.

Тато Васі: Ще раз кажу, ідіть всі нахуй з цим навчанням і з цим чатом! В мого сина вже око сіпається від ваших завдань. Ми їх робить не будемо!

Тато Руслана: Дружбан, я з тобою солідарєн. Я малому купив тройко поросят, хай вирощує. А то цей блядський карантин неясно на скільки затягнеться, а глобуса на хліб не намажеш.

Мама Тараса: Як здать дитину в дєтдом, щоб про це ніхто не узнав?

Вчителька: Для батьків Тараса в сотий раз повторюю: це не Гугл, це батьківський чат! Ви минулого тижня тут рецепт пасок шукали всю ніч, а в мене телефон пенькав!

Мама Тараса: Ізвіняюсь! Як невдобно вийшло.

Мама Іри: Моя іра молодець вона вже все зрабила поставите ій піять бо вона все зрабила вже.

Вчителька: Іро, віддай мамі телефон! І не бери без дозволу! Що це за неподобство?!

Мама Тані: Свєта, які ж у Танюшиному класі припижджані батьки і вчителька!

Мама Тані: Ой! Помилилась чатіком!

Мама Тані: То я мала на увазі клас з фехтування...

Тато Васі: Іди нахуй!

Вчителька: Роботи здати до 17:00.

Мама Тані: Буде зроблено! Дякую за вашу працю! Гарного дня!

Мама Каті: Я піду знову покричу в подушку...

Перша година ночі.

Мама Тараса: Як постійно бухать і не казаться п'яною?.. Ой, я шо, опять не туда написала? Ізвіняюсь!

Харчування дітей

Якби мене запитали, що найтяжче в материнстві саме з наземних турбот, то, кладучи руку на серце, відповім: нагодувати. Діти хочуть жерти, а от жерти вони хочуть не все. Спочатку дитя починає повзати, і ти змушена фізично відтягувати його від миски кота, тому що синок хоче спробувати на смак продукти життєдіяльності Мурчика. А вже через рік ти виварюєш йому страви, достойні похвали від Гордона Ремзі, а воно носом крутить і жере лише хліб і яблука. І власними дітьми ця нервотрьопка не обмежується.

Прийдеш, бувало, до похресника на Різдво з мішком цукерок, а виявляється, що Ромчик уже їх не їсть, бо то зло і смерть. І ти стоїш з тою торбою, як хуй на іменинах, і що саме смішне, в очах самого ж Ромчика читаєш емоцію, яку коротко можна описати лише одним словом «бля». Місяць тому ж була, носила дитині кіндера й мандарини, а тут бач, як усе мгновєнно помінялося.

Після п'яти хвилин тупцювання в дверях і ніяковіння за ті конфети мама Ромці запрошує гостю за стіл. Наївшись різного роду пророщених круп, безглютенових хлібів і кокосової стружки, закусивши це діло спіруліною, дякуєш, кланяєшся і преш у двері. Господиня на коня пропонує випити по стопці камбучі. Як тут одказать? П'єш і йдеш.

По дорозі заходиш до похресниці Русланки. Даєш їй торбу цукерок. Мала при тобі одразу її вкладає. Потім, з'ївши ще половину кілограмового «Київського торта», три «Гуллівера» і сім налисніків, Руслана біжить гратись, а ти слухаєш причитання куми щодо поганого стану зубів і постійних болей у животику її пелюсточки. Думаєш: «Дєйствітєльно? Не може буть! Напевно, мало солодкого їсть. Коб трошки більше жерла».

Приходиш додому після таких гостин, лягаєш у ліжко і думаєш, як хочеться не потрапити в жодну із цих воронок, бо одній дитині можна все без міри, а іншій — не можна нічого, крім гички. Як триматися адекватної середини?

Ці роздуми розбурхують спогади з дитинства. Що їла я з сестрами, будучи малими? Вранці на сніданок наминали якусь «неживу» кашу чи яєшню. Я, до речі, дуже любила ходить у курник, до кубла, і збирати ті яйця на сніданок. Тривало це до моменту, поки там мене не перестрів сумасшедший півень і почав відчайдушно лупить. Я його ще досі пам'ятаю, козел червонопір'їй. Катерина віщала як дурна і боронила своє життя, відбиваючись віником-драпачем.

У теперішні часи якби таке сталось з дитиною, то мама вже завела б її до психолога, щоб пропрацьовувати травму. Але 25 років тому все було по-іншому. Баба мені виписала таких феєричних пиздяк, бо я в стані афекту того півня ледь не забила. Він, бідний, аж на два тижні перестав любить курей і почав накульгувати. Баба збиралася вже рубать стражденного коґута і варить з нього холодець, але птах це, напевно, відчув, і в той самий день до нього повернулись і гордовита хода, і ерекція.

Обідів я взагалі не пам'ятаю, бо нас у ту пору дня в хату неможливо було загнати. Ми будували халабуди в кущах і там же їли все те, що натрощили в садах: недоспілі яблука, зелені абрикоси й аґрус, немиті черешні… Усе свіже прямо з дерева. Нерідко після такої вишуканої трапези, в тій самій халабуді, дітей нападала срачка, і наша локація на пару днів закривалась на капітальний ремонт і ребрендінг.

Часто бувало, що ми на ходу перекушували хлібом із цукром. Це просто неймовірний делікатес! Ловіть рецепт: берете скибку хліба, легенько вмокаєте її у водичку з однієї сторони, а потім цю ж мокру сторону вмокаєте в цукор. Усе. Бутерброд готовий. Смак нереальний, текстура неймовірна, рецепт виходить у будьякої господині.

Вечері я пам'ятаю добре, особливо зимові, бо тоді, в самому кінці дев'яностих, по всій Гощі вимикали світло, і ми їли при свічках. Це завжди була картопля (найчастіше в мундирах), сало і салат з квашеної капусти, солоного огірка і цибулі, помазаний такою смердюченькою, нерафінованою соняшниковою олією (ох, як я люблю таку олію ще досі!). Всю цю вечерю пропонувалось запить кислим молоком (так ми називали домашній кефір). Не хочеш кислого молока — не хочеш пить, свободєн!

Якось малою я потрапила в лікарню. Не пам'ятаю, що за хворь мене скосила (можливі причини: ангіна і дуже страшна ангіна), але пролежала я там тижденьдва. Коли прийшли аналізи крові, лікарі і медсестри були вражені. Незважаючи на довготривалу і виснажливу болячку, всі показники, а особливо гемоглобін, були як у породистого бика на самому піку сексуальної активності. Вони ринули до мами, щоб дізнатись, у чому ж секрет? Питають: «Чим ви її годуєте? Напевно, гранатовий сік щодня п'є? Вітаміни? Що ж ваша доця таке їсть?». Мама, зашарівшись, спокійно відповіла: «Товмачі».

Зараз думаєш, чи варто давати той йогурт дитині, чи ні, а колись магазинний йогурт був показником статусу. Як ми його хотіли! Пам'ятаю, наш сусід працював у зоопарку. Якийсь великий київський супермаркет списав прострочені йогурти і їх привезли в Рівненський зоопарк для мавп, щоб ті доїдали. Сусід — чоловяга жвавий і проворний, подумав, що якщо мавпа їсть і не здохла, то і дітям можна, та й приставив тому йогурту ноги. Стибзив для своїх спиногризів ящик, прихвативши і нам один. Я так тим мавпячим йогуртом обжерлась, що й досі до кисломолочки байдужа, а от спогади гріють душу. Ех, були часи, мать його нищечком, ой були! Такі дикі, але прекрасні.

Історія мого чоловіка ще цікавіша. Довгий час він жив з дідусем і бабусею у штаті Індіана. Разом з ним дід і баба виховували ще з десяток всиновлених дітлахів різного віку. Бабуся була відповідальна за кухню. Наварювала цілі баняки, накривала трапезу, кликала всіх до столу. А дідусь був відповідальний за мотивацію всього сімейства їсти те, що дають, і не крутить носом, бо якби його жінка підлаштовувалася під смакові преференції кожного члена родини, то їй вже давно ноги захололи б.

Методи діда Вільяма були сумнівними з точки зору дитячої психології, але дієвими з усіх інших точок. Біля кожної тарілки Вілл клав вирізку з газети, на якій була зображена спухша від голоду, знесилена африканська дитина. Зайве говорити, що всі діти матлошили ту їжу із заплющеними очима, один поперед одного, просячи добавки, а дідусь радів апетиту внуків, синів і дочок, пишаючись своїм виховним талантом.

Правила дому, або «Матера вам не наймичка!»

Я би хотіла хмарою літати в небі...
Я би хотіла квіткою у полі стать...
Та ким завгодно, хоч гімна кусочком,
Якби лиш в хаті срач не прибирать.
Готова стати навіть поетесой,
Щоб на хореї ямби положить.
Не буду, діти, вам варити їсти,
Бо мушу свою музу сторожить.
Яка вже є! Як всі люди мистецтва,
Така загадочна й спокійна, намасте!
Ви, дітки, собі грайтеся тихенько.
Облиште маму! Завтра поїсте.
Закриюся в кімнаті до світанку.
До дупи всі обов'язки і осуд!
У мами загострилась творча криза,
На фоні ліні мити брудний посуд.

(12/09/2019)

Наш з чоловіком власний досвід допоміг сформувати чітку позицію щодо харчування дітей. Правила нашого дому:

- Мама завжди дуже смачно готує. Нема тих страв, які не вийшли. Є просто якісь недодєлані рецепти;
- Тато готує найсмачніше, але не треба про це щоразу нагадувати мамі. Мама в курсі;
- «Тут вам не ресторан» — їмо те, що є і не крутимо носами;
- Вечеряємо разом, за столом, вдаючи, що ми — культурні люди;
- Перед тим як казати «фу», потрібно хоча б раз спробувати запропоноване на смак. Не судимо їжу за зовнішнім виглядом (особливо, ту, що приготувала мама);
- Ні примусу! Ні сльозам над тарілкою! Ні «одну за маму, одну за тата, за брата, за троюрідну сестру тьоті, що вийшла заміж за олігарха з Лісабону. . .». Ні харчовому насиллю!
- Ні покаранню дітей за відмову вечеряти. Проте якщо раптом о 21:00 хтось схаменеться й усвідомить, що страшно голодний, то мусить покласти зуби на полку і чекати ранку. У нас нема цілодобового румсервісу. Увечері мама з татом відпочивають. Вони мають на це право;
- Адекватні порції. Беремо стільки, скільки можемо з'їсти. Краще попросить добавку, ніж, не доївши, викидати продукти у смітник;
- Якщо суп лишається сьогодні, розігріваємо його на обід завтра. Нікого через це холера не

вхопить. Оце «а мій голуб їсть лише свіжозварене» тут не літає. Нема у нас в хаті таких голубів, нема;

- Десерт — це логічне завершення вечері, а не винагорода, спосіб мотивації чи шантажу дітей. У нашій сім'ї ти не отримаєш шоколадку за те, що вчасно повчив уроки. Ти отримаєш шоколадку, тому що після вечері ми разом їмо десерт. Солодощі — це, всього-на-всього, їжа, а не інструмент контролю та домінації над дітьми;
- Поївши, дякуємо, беремо свою тарілку і ставимо у раковину, а краще — у посудомийку. Тут не єгипетський олінклюзив. Кожен прибирає за собою;
- Все, що дитина може зробити сама, нехай робить сама: помити яблучко, намазати хліб маслом, залити молоком пластівці, зробити мамі чаю... Так, в межах своїх можливостей. Так, неідеально, але самостійно;
- Дозволяємо дітям допомагати на кухні, особливо коли вони виявляють бажання. Не нервуємось через розсипані в процесі колективного приготування вечері цукор, борошно, розмазану по люстрі гірчицю, тричі впавший на підлогу і облизаний собакою шмат м'яса, загрубо нашинковану картоплю... Тому що сьогодні ти дивишся на це і думаєш: «Я сама швидше справлюсь», а вже завтра ти справляєшся виключно сама геть з усім і хер допросишся про допомогу.

Продовжуючи останній пункт про допомогу, зауважу, що це правило стосується не лише кухні, а й усіх побутових справ. Ми не розподіляємо їх на чоловічі та жіночі. Я не хочу, щоб мої сини росли з розумінням, що сім'я — це мама з каструлями, віником і хронічними мігренями, яка цілодобово обслуговує усіх, щодня приносячи в жертву власні інтереси, бо: 1) вона жінка; 2) тато ж заробляє гроші; 3) ми, дітки, постійно «ще маленькі»; 4) суспільство диктує, що і першої причини достатньо. Ні! Так не буде! Як казав хтось з мудрих, «а хєрушки!».

«Матера вам не наймичка» — друга за популярністю мантра в моєму житті (після #кібєнімать, звичайно ж). Ці прості слова, вчасно, внятно і впевнено сказані ротом, допомагають чоловіку зрозуміти, що бутерброд він може зробити сам, у сина руки не повихитуються, якщо він попилососить персидського ківера, а доця не заробить панічну атаку, якщо помиє після себе тарілочку. В побуті, де співіснують декілька людей, кожен з них повинен мати певні обов'язки щодо підтримання комфортного для всіх рівня життя. Крапка!

Я знаю жінку, яка в обідню перерву пре з роботи додому, щоб погріти милому супчик (милий через карантин працює з дому). Вдумайтесь, блядь! Погріти супчик. А тепер мінутка логістики: милий в хаті; холодильник в хаті; супчик в холодильнику, що в хаті... Якого хера, питається в задачі. А Рая біжить на всіх парах, на льоту перескакуючи через ларьок з газетами, щоб Віталька не сидів голодний, бо спухне-згине коханий мужчина, пропаде, як пук на вітрі.

І тут проблема не у Вітальці (йому, взагалі-то, заєбісь, пра?), а у Раї, яка впряглась і тягне свого побутового інваліда, посилаючись на «істинне призначення жінки», в той час, коли сама забула, коли останній раз відвідувала гінеколога з ерозією шийки матки розміром з Пуерто-Рико.

Я знаю мужика (36 рочків бубочці), який, лишившись із сином вдвох аж на цілий день (жінка на зміні), дзвонить до мами і питає: «Як варить макарони? Ми голодні». Матуся все детально пояснює, вплоть до того, що «водичка має забулькать перед тим, як кидати вермишельку...», а тоді починає рясно обсирати невістку, бо синочку прийшлось стикнутись із кулінарним челенджом. Забулькать водичка має! Чули? Да наїжся ти дусту одне з другим! Як так можна виховувати сина, що воно на четвертому десятку не може приготувати макарони, щоб нагодувати себе і свою ж дитину? Сидить, жде, як ластів'ятко жовтороте в гніздечку, щоб жінка, скатіна така, вернулась з роботи, наварила, подала, погодувала, прибрала і здивувала перед сном новою віртуозною технікою бойового мін@ту.

А найпечальніше в цій всій історії те, що часто жінки самі її і створюють. Комусь з дитинства мами і бабусі бубніли, що «ти повинна, бо ти жінка», промовляючи це так, ніби в кінці шляху тебе чекає медаль. Самі ж ці прекрасні дами жіночого щастя не те що не мали, вони стидались про нього мічтать, бо в їхньому світі порядна матера — це спрацьована, замучена і нещасна жінка, яка постійно переймається тим, що скажуть люди, шкодує собі грошей на нові підколінки і з 40 років береже найгарніше плаття на смерть.

Хтось сама впряглася в «наймички», намагаючись задобрить, здивувать, догодить, а потім одного дня прокинулась і зрозуміла, що життя минуло швидше, ніж моє захоплення Клабхаусом, а вона не досягнула ні власних цілей, ні оргазмів, зате протягнула на своїх плечах всіх і все. Не отримавши за це очікуване «спасіба» (про медаль вже і мовчу), жінка заводить українську народну пісню, яка відома, на жаль, багатьом: «Да я собою жертвувала, кращі роки життя на вас поклала, а ви... Скоти невдячні!», отруюючи цим оксамитовим вокалом життя найдорожчих їй людей — її дітей. Для мене ось це є найстрашнішим.

Заявивши своїм домашнім, що «матера вам не наймичка», готуйся до супротиву. Це абсолютно нормально. Їх можна зрозуміти. Жили собі люди комфортабельно, носки на карніз закидали, а тут треба і яйця смажить, і ліжко застелити, і пилюку по хаті поганять, і чай собі бідовим заварить коли-не-коли...

Спочатку тяжко. Таке враження, що світ рушиться. Страх, шок, паніка... Матера сказала «досить». Батько обняв дітей і не знає, як жити далі. В його голові купа питань: де носки, де кружки, скільки порошку сипать в стіралку...

А хто це сидить в куточку? Матера? Якась така довольна. Шо це? Шо вона робить? Маску наносить на лице? Мама любить маски? Ого! Не знали. Каву п'є, чи шо? Гарячу? Ми думали, вона лише холодну любить. Посміхається? А мама гарна, коли посміхається, ти диви! Пропонує всім разом фільм подивитись? З поп-корном? Клас! Зараз ідем, мам, тільки тарілки після себе помиємо. Да, тато теж іде. Він вже прання розвісив.

Сім'я — це про повагу, підтримку і любов, а не відповідність гендерним шаблонам. Виховання дітей —

це про створення цілісних, самостійних на усіх рівнях, впевнених у собі особистостей, а не передача їх, як естафети з рук в руки, від мами — до дружини чи чоловіка. На моє скромне переконання, ніхто, лежачи на смертному ложі, не згадав: «Їбійомать, як класно я тюль стірала, чи підлоги намивала, чи голубці крутила... Ох, ще б разочок, ще хоча б разочок...».

Не забивай на себе. Не забувай про себе. Тоді все буде добре.

головах твоїх дітей: де носки, що таке «фак», як роблять холодильники, чи є у бейбі Йоди пісюн, де мій планшет, а чого не можна лизати забори...

Посмажила дітям омлет, але тут починається: а я хотів млинчики; а я кашку з ягодами хотів; а я фаршировану шийку матки молодої куниці з тушкованими пупами індонезійських рябчиків...

Хтось вивернув чашку з молоком на підлогу. Хтось у цю калюжу вступив і поніс по всій хаті. Хтось обісцяв кришку унітаза і забив його, намагаючись змити свої власні труси. Хтось обісрався по самі підруки так, що чисті лише очі. (Пальцями тикати не будемо, правда, Форест?)

Переодягаєш найменшого і чуєш, що старші уже б'ються. По звуку розумієш, що в ход пішла качалка з середньої кухонної шухляди. Хтось плаче, хтось скаче, Артем по-прежнему шукає носки. Хтось розбив рамку, хтось перевернув вазона, хтось укусив собаку, хтось лишив відбиток голої сраки на скляному журнальному столику. Артем по-прежнему шукає носки.

Ти ідеш в туалет, щоб побути на самоті якихось нещасних 5 хвилин. Та яке?! 3 хвилини! Тільки зняла штани, як у двері вбиральні вже ломляться, бо у трансформера відпало колесико. Ти дивишся на те колесико і розумієш, що зараз лише 8:30 ранку, а матера вже всьо. Нема настрою, сили, енергії і бажання покорять цей день. І так стає сумно і жалісливо.

А потім стається щось неймовірно просте та водночас прекрасне. Отак різко і нізвідки. Якесь таке щоденне, але водночас особливе диво, свідком якого тобі пощастило стати: Форест посміхнеться тобі беззубим ротом, вперше перевернувшись на бік; Гнат намалює найкрасивішого в світі ведмедя і скаже: «Це тобі»; Артем (в носках!!!) запропонує зробити чаю і розкаже про можливість створення колонії на Місяці; Юлисик запросить подивитись разом мультики і буде просто так тебе чмокать куди дістане (переважно в коліно); чоловік напише смс, що «вечерю не готуй, замовим піцу. Я тортик купив, і вина, і тої вашої смердючої риби (він про оселедець)»

І ти дивишся на це все і просиш ту всєлєнну лише про одне: «Пошли мені мудрості, щоб помічати красу таких буденних моментів. Щоб не забувати радіти їм. Щоб не обезцінювати їх. Бо мої діти так швидко ростуть. Вони ж спать лягають одними, а прокидаються вже іншими. Більшими, дорослішими, іншими... І три мішка грошей також, всєлєнна, пошли. Але це вже не обізательно...».

Насправді ми, мами, бачимо такі дива щодня, а от вміти ними насолоджуватись — це ціле мистецтво, яке я вчусь опановувати. Так, саме вчусь. Це робота над собою — помічати такі прості і водночас найважливіші миті, не дозволяти буденним проблемам затьмарити їх значення і, головне, не сприймати їх як належне, тому що вони, як і завтра, не гарантовані нікому.

У нас є сімейна традиція: збираючись за столом, за вечерею, ми запитуємо кожного: «Який був найкращий і найгірший момент сьогоднішнього дня?». Відповідають усі по черзі.

Буває так, що про найкраще тобі нема чого сказати, а про найгірше можна навалити цілу копицю, бо втомилась, бо затуркалась, бо кавун несмачний попався, бо пиріг пригорів, бо хочеться вирватись...

А потім відповідають твої діти, і,виявляється, що для них найкращою миттю сьогоднішнього дня була та, коли ти намазала сину величезну канапку з Нутеллою, або коли вийняла із-за дивана архіважливу частинку його «Леґо», або коли розсміялась над його жартом про попу папуги. І ти слухаєш це і розумієш, що ті всі кавуни і горілі пирохи — така дурня. Ось вона — твоя найкраща мить сьогоднішнього дня. Ось вони — твої щоденні спонсори цієї миті. Ти тільки вмій помічати її серед буденних випробувать. Ти тільки вмій подивитись на минувший день через призму їхніх очей — і зрозумієш, що він безцінний.

Нагадуй собі помічати, і все буде добре.

Найкраща мама

Хочу поділитися з тобою, моя найпрекрасніша читачко, результатами власного антропологічного дослідження й запропонувати тобі зробити щось подібне для кращого розуміння своїх дітей загалом і себе зокрема.

Так ось, посадила я синів і питаю: «Хлопці, а скажіть мені, яка я мама. Озвучте всі слова, що спадають на думку, коли ви згадуєте про мою скромну (і страшно красіву) персону». Сидять. Мовчать. Думають.

Артем: Добра.
Юлисик: Ніжна.
Гнат: Смішна. Можна йти?
Артем: Але оці твої танці — це хай бог милує.
Юлисик: Согласєн.
Гнат: Согласєн. Можна йти?
Юлисик: Розумна.
Артем: Любляча.
Гнат: Цікава. Можна йти?
Я: Ще ні.
Гнат: Надоїдлива!

Артем: Ти — ходяче свято.

Юлисик: У тебе гарна шия.

Артем: Втомлена.

Гнат: Я люблю твій суп.

Я: Тобто я смачно готую?

Гнат: Я так не сказав би.

Юлисик: Роздратована.

Артем: Талановита.

Я: Ось тут в яблучко, я щітаю!

Артем: ...І скромна.

На знак солідарності з братами Форест голосно пукнув, усміхнувшись мені беззубим слюнявим ротом.

Штош, я стовідсотково погоджуюсь з усім, що сказали про мене мої діти. Я давно перестала намагатися бути найкращою мамою. Що таке ця «найкраща мама»? Хто визначає, яка мама «найкраща»? У яких змаганнях дають цей титул? А медаль? А грамоту? А молоко за врєдность? А надбавку до пенсії?

Я не хочу бути «найкращою мамою», я хочу бути просто хорошою. Мені цього достатньо. Дітям цього достатньо. Саме тому інколи я можу дозволити собі таку розкіш, як бути втомленою, роздратованою, сердитою, надоїдливою і не відчувати за це провини.

Я приймаю той факт, що не все в житті моїх дітей залежить від мене. Я вчу себе перейматися лише тим, що від мене все ж таки залежить.

Я пам'ятаю, що бути мамою — це важлива, але не єдина складова мого життя. Я щодня повторюю, що мої діти мені нічого не винні. Вони не просилися на цей світ. Це було моє свідоме рішення — народити їх.

Вони не зобов'язані виправдовувати мої сподівання та надії. Я не маю права самореалізовуватися через них, вішаючи на їхні голови тягар власних мрії, які не здійснилися, бо мені забракло сили, бажання, сміливості втілити їх у реальність.

Я дозволяю собі відчувати потребу у відпочинку, зокрема й від дітей. Я приймаю той факт, що для когось я — погана мама. Я розумію, що єдина людина, з якою змагатися є сенс, — це я вчорашня, а не Таня/Валя/Галя.

Я щаслива, що моє покоління жінок стало першим, яке почало нарешті говорити правду про материнство, переставши присипати його цукровою пудрою. Так, інколи ми втомлюємося, ми сумніваємося, ми зриваємося, ми сумуємо за тими дівчатами, якими були до народження дітей... Це абсолютно нормально.

А ще ми — цілителі, бо «зараз мама поцьомає, і вже не болітиме». Ми — детективи, бо «що значить "де носки"? В шухляді. Як нема? Як "я дивився"? Зараз як знайду...». Ми — мотиватори, бо «посуд не помиєш — планшета не получиш». Ми — чемпіони з рукопашного бою, бо «якщо той Денис ще раз тебе зачепить, то лупиш його прямо в носа. Поняв? Я дозволяю!». Ми — мистецькі критики, бо «а що це тут намальовано? Якась муха з бантом. Шо? То я? Ой, ну дуже красіво». Ми — інженери, бо «ну чого ти плачеш? Не плач! Зараз мама візьме скотч, і робот буде як новий». Ми — науковці-епідеміологи, бо «ні, то не ми заразили вашу Міланку вошами, а вона нас!»... Ми — це сотні ролей щодня.

А ще ми — абсолютна і безумовна любов. Материнська любов має початок, але не має кінця. Вона — єдина константа в цьому мінливому світі. Вона — те, що дає життя. Вона і є тим, що це життя може зруйнувати. Зрештою, вона — найголовніше, що матиме значення в самому кінці, коли час прощатися, коли час іти. Я хочу використовувати її мудро. У мені стільки цієї любові, що зараз от-от — і вибухну. Бахну так, що повилітають вікна, задрипаються офіранки і собака обсереться з переляку. Бахну так, що ударна хвиля знесе все на своєму шляху, від Сан-Дієго і аж до самих Курозван.

Як я хочу, щоб мої діти цю любов відчували на кожному життєвому кроці. Як я хочу, щоб вони нею укривалися в моменти, коли хтось говоритиме їм, що вони «недостатньо»... Недостатньо розумні, недостатньо красиві, недостатньо успішні... Ми всі зустрічаємо таких людей у житті, для яких ми — «недостатньо», правда?

Як я хочу, щоб у той момент вони згадали про мене, свою (страшно красиву і не по годам моложаву) МАТЕРУ, ту, яка їх любить безумовно й безпричинно, для якої їм не треба в космос летіти, щоб бути тими «достатньо»... А згадавши, випростали мужні плечі, усміхнулись і сказали тій людині: «Іди-но ти кібенімать». Як я хочу їх навчити говорити це в потрібні моменти...

Як я хочу, щоб моя любов їх захищала, зігрівала й окриляла, надихала, давала впевненість, дарувала свободу, стала джерелом внутрішньої сили й світла, які ведуть по життю, коли темно і страшно, самотньо і скрутно.

Але ще більше я хочу, щоб вона їх не обмежувала й не прив'язувала до себе, як те теля до вишні. Як я хочу, щоб вона їх не ламала, намагаючись утиснути в рамки саме мого бачення їхнього життя. Як я хочу, щоб мої діти розуміли, що їм не потрібно цю любов заслужити. Як я хочу, щоб моя любов не стала єдиною важливою любов'ю в їхньому житті…

- Хочу вміти приймати їхній вибір з повагою.
- Хочу вміти приймати їхні помилки з терплячістю.
- Хочу вміти приймати їхні прагнення свободи з розумінням.
- Хочу вміти вчасно відпустити і відступити.
- Хочу вміти насолоджуватись і радіти, споглядаючи збоку.

Що для цього треба? Я вважаю, що все просто. Проживати власне життя, а не жити дітьми. Не розчинятися в них. Не спустошувати себе, люблячи. Не відмовлятися від себе справжньої, забуваючи про власні мрії.

Чи вдасться мені це? Не знаю, час покаже. Але я точно знаю одне: ця книжка, що написана між «Мамо, витри попу!» і «Мамо, що є їсти?», слугує підтвердженням, що я принаймні намагаюся. Тому що я — матера. А матера — це 1 % затурканості, 1 % здорового похуїзму, 1 % гумору, 1 % самоіронії, 0,5 % легантних матюків, 0,5 % таланту локалізувати Артемові носки і, головне, 95 % абсолютної, безумовної, безкінечної любові. До дітей, до себе, до життя. Любові, якої вистачить на всіх, аби-но видержали.

Цілую в рота,
Катя Бльостка

«Медицина доказова і не дуже»

Андрій Сем'янків (MED GOblin)

Андрій Сем'янків (MED GOblin) — автор однойменної сторінки у соціальних мережах про лікування та медицину. Андрій у минулому лікар-анестезіолог. Зараз його популяризаторська сторінка про медицину має понад 31 тисячу підписників.

Книжка Андрія — простий і зрозумілий для всіх путівник медичними нетрями: від того, як працюють наше тіло та ліки, як і чому (не)варто худнути, що ховається за народною медициною, гомеопатією та розшифровкою генетичного коду, і до медичної мафії, конспірології та навичок розпізнавання призначених вам фуфломіцинів.

Придбати паперову книжку

Придбати електронну книжку

«Коли я нарешті висплюся? Як засинати і прокидатися із задоволенням»

Ольга Маслова та Ніка Бєльська

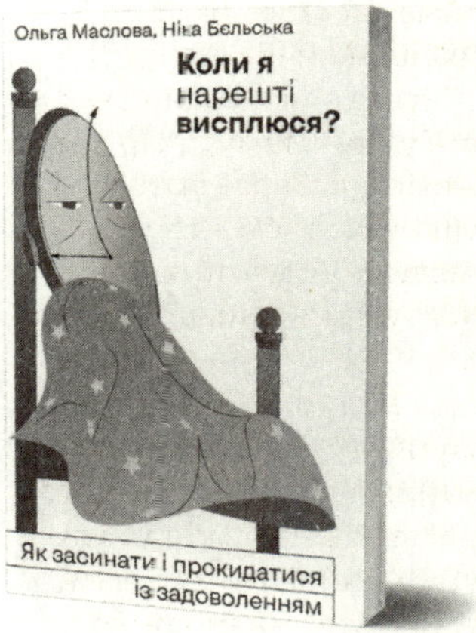

Придбати паперову книжку

Придбати електронну книжку

Ольга Маслова — науковиця, популяризаторка науки. Сьогодні консультує інноваційні компанії та наукові проєкти, просуває власні проєкти: науково-популярну ініціативу Nobilitet та ароматичний проєкт Needorium.

Ніка Бєльська — біологиня, популяризаторка науки, консультантка зі сну. У США Ніка сертифікувалась як професійний викладач йоги (навчання протягом 3 років), консультант зі сну та коуч зі здорового довголіття.

Книжка Ольги та Ніки розповідає про те, як працює наш біологічний годинник, чому необов'язково вставати рано, щоб бути успішним, як працює мозок уві сні, чи можна пити каву на ніч, чи допомагає ромашковий чай та ортопедичні матраци, як (чи не) сплять діти і скільки треба спати кожній людині.

«104 дні без поліетилену»

Маріанна Бойко

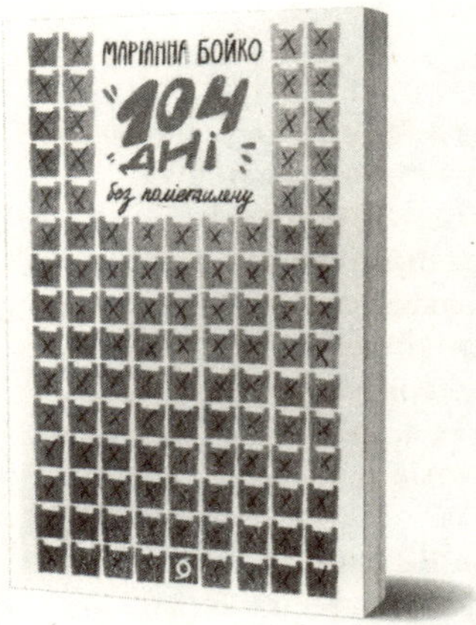

Маріанна Бойко — екоблогерка, лекторка зі свідомого споживання, мотиваційна спікерка.

Клієнти Маріанни — малий, середній, великий бізнес, міжнародні організації (компанії «Лореаль», «Інтертоп», ООН, Укргазбанк, Procter & Gamble та інші).

У 2015 році Маріанна вирішила поекспериментувати та запустила проєкт «104 дні без поліетилену». Протягом цього терміну потрібно було не використовувати в побуті поліетиленове пакування.

У своїй книжці авторка дає відповіді на буденні, але дуже актуальні питання для всіх, хто хоче організувати більш екологічно свій побут. Як піти за покупками без жодного пакета? Як бути із шампунями та косметикою? І що робити, якщо турботлива продавчиня на ринку наполегливо пакує вам городину в пакет, здивовано промовляючи: «Доцю, та це ж безкоштовно»?

Придбати паперову книжку

Придбати електронну книжку

Літературно-художнє видання

Серія «Життя»

Катя Бльостка
Матера вам не наймичка,
або Чому діти — це… прекрасно

Літературна редакторка *Ольга Дубчак*
Коректорка *Дарина Важинська*
Верстальниця *Наталія Коваль*
Дизайнер обкладинки *стронґовський*
Головна редакторка *Ольга Дубчак*
Відповідальна за випуск *Ілона Замоцна*

Підписано до друку 18.01.2022
Формат 84×108/32
Цифровий шрифт Leksa

Друк офсетний.
Наклад 5000 прим.
Ум.-друк. арк. 10,25.
Зам. № 603974

Видавець ТОВ «Віхола»,
а/с 68, м. Київ, 03189.
Свідоцтво про внесення до Державного
реєстру видавців ДК № 7318 від 12.05.2021,
www.vikhola.com

Віддруковано ТОВ «Конві Прінт»,
вул. Антона Цедіка, 12, м. Київ, 03680.
Свідоцтво ДК № 6115 від 29.03.2018.